Georges Huber

Machtvoll wirkt sein Arm

Es wird regiert – von oben. Nur die Ohren nicht hängen lassen! Nie! Denn es wird regiert nicht in Washington oder in Peking, sondern es wird regiert, und zwar hier auf Erden, aber ganz von oben, vom Himmel her! Gott sitzt im Regimente! Darum fürchte dich nicht! *Prof. Karl Barth*

Kommentar zu den Bildern:

Erste Umschlagseite: Beseelung Adams
Wie die geschlossene Blume des Sonnenlichtes, so harrt das schlummernde Leben Adams der Schöpferhand. Durch Gott wird dem verschlossenen Mund die Sprache und dem flehenden Blick die Seele. Von rechts heranbrausende himmlische Gewalten: Gottvater schwebt nahe der Erdoberfläche. Über den Zeigefinger seiner ausgestreckten Hand springt der erweckende Funke über auf die ersten Menschen. Im wehenden göttlichen Mantel geborgen eine Engelschar; vor ihnen das höchste Wunder, das Ebenbild des Herrn, die Krone der Schöpfung: Freude, Staunen, Entsetzen in ihren Gesichtern – die Erschaffung des Menschen als kosmisches Geschehen.

Vierte Umschlagseite: Eva, ehe sie noch ins Leben trat
Sie ist für Gottes Allwissenheit präexistent wie die Menschheitsgeschichte. Da der Mann unter dem Geheiss der Rechten des Schöpfers sich aufrichtet, ersteht hier auch das Weib unter seiner Linken. Fassungslos klammert sie sich an des Schöpfers Arm, der auf ihrer Schulter liegt. Sie ist ganz Psyche, strahlendes Auge – Reinheit, Mass, weibliche Hingabe; alles Gefällige ziert und erhöht sie zu wundervoller Sitte und Anmut. Ihr Blick folgt dem Auge Gottvaters und seiner ausgestreckten Rechten: So ersteht das erste Menschenpaar, Mann und Weib verkörpern Gottes Ebenbild. Sie wird ihren Platz im Arm des Schöpfers verlassen und Adam zum vollreifen Menschen erhöhen, Gefährtin des zukünftigen Herrn der Erde.

Dr. Karl Isper, Salzburg

VIA·VERITAS·VITA

Dr. Georges Huber

DR. GEORGES HUBER

Machtvoll wirkt sein Arm

Vom Walten der Göttlichen Vorsehung

CHRISTIANA-VERLAG STEIN AM RHEIN

Lebenslauf und Werke des Autors:
Dr. Georges Huber, geboren 1910 in Trubschachen (Bern). Gymnasium in St.Maurice (Wallis). Studium der Sozialwissenschaften und der Philosophie an der Katholischen Universität und am Collège de France, Paris. Seit 1937 in Rom als freier Journalist und Schriftsteller. Studium der Theologie an den päpstlichen Universitäten in Rom. Werke, u. a.: «Le cardinal reçoit toujours» (Kardinal Lercaro), «Das missverstandene Konzil» (in vier Sprachen erschienen), «Vers l'unité des chrétiens», Biographie «Paul VI.» (6 Sprachen), Biographie «Johannes Paul I.» (3 Sprachen), «Mein Engel wird vor Dir herziehen» (9 Sprachen), «Machtvoll wirkt sein Arm» (4 Sprachen).

Titel der französischen Originalausgabe: «Le bras de Dieu – pour une vision chrétienne de l'histoire», Edition Téqui, Paris. Ins Deutsche übertragen von Dr. Lisl Gutwenger, Wien.

Italienische Ausgabe: «Dio è Signore della storia – Per una visione cristiana della storia», Edizione Massimo, Milano.

Spanische Ausgabe: «El brazo de Dios – Una vision cristiana de la historia», Ediciones Rialp S.A., Madrid.

Bild- und Photonachweis:
Erste und vierte Umschlagseite: Ausschnitte aus dem Bild: Beseelung Adams durch Gott Vater von Michelangelo in der Sixtinischen Kapelle in Rom. Photo: Dr. Karl Ipser, Salzburg.

Imprimatur:
Paris, le 8 janvier 1976, E. Berrar, Vicaire épiscopale

Erste Auflage 1984: 1.–7. Tausend

Druck: Bargezzi AG CH-3000 Bern
Printed in Switzerland
ISBN 3 7171 0848 4

INHALT

Zum Geleit

Es gibt eine Glaubenswahrheit, auf die Papst Johannes Paul II. immer wieder zurückgreift, um die Gläubigen im Trubel der gegenwärtigen Umwälzungen zu beruhigen: Gott, und zwar Gott allein, ist der Herr der Geschichte.
Schon auf der ersten Seite seines programmatischen Rundschreibens *Redemptor hominis* stossen wir auf die kräftige Behauptung: «Jesus Christus, der Erlöser der Menschen, ist der Mittelpunkt des Kosmos und der Weltgeschichte.»
In der Generalaudienz vom 16. Februar 1983 betont der Papst mit Nachdruck die Herrschaft Gottes über das Weltgeschehen: «In Tat und Wahrheit gehört alle Zeit Gott an. Die ganze Geschichte entfaltet in der Zeit den göttlichen Heilsplan. Alle Jahre der Geschichte und alle Tage des Jahres folgen einer Spur, die Gott gelegt hat, und vollziehen so seine Herrschaft über die Geschichte.»
Die chinesische Christengemeinde von Manila auf den Philippinen erinnerte der Hl. Vater am 18. Februar 1981 an die allumspannende Herrschaft Gottes, die sich ungeachtet des gegenteiligen Anscheins über das ganze Weltall erstrecke. Er lud seine Zuhörer ein, die Geschehnisse sozusagen «mit den Augen Gottes» zu betrachten: «Öffnet eure Augen und euren Geist zu Gott, der in seiner Vorsehung alle Ereignisse lenkt und seine Pläne in allen Vorkommnissen verwirklicht. Aus den Leiden des Menschen und sogar aus seinen Schwächen und Irrtümern lässt er neue Blüten spriessen.»
Die Pläne der Vorsehung schliessen auch Verbrechen und Verfehlungen ein. Gott weiss sie zu verwerten und aus ihnen Vorteile zu gewinnen, die uns zwar verborgen bleiben, ihm aber offen liegen. So verhält es sich mit dem entsetzlichen Anschlag vom 13. Mai 1981 auf dem Petersplatz. Johannes Paul II. spielt darauf an und schreibt am 14. Juni 1981 an den Patriarchen von Konstantinopel, Demetrius I.: «Die Endabsichten der göttlichen Vorsehung übertreffen jegliches menschliche Verstehen; doch wir wissen, dass sie stets aus der göttlichen Barmherzigkeit hervorquellen.»
Trifft es nicht zu, dass wir heute mit einem gewissen Ab-

stand von diesem Delikt bereits etwas vom Guten ermessen können, das der «Herr der Geschichte» daraus zu ziehen wusste zur menschlichen und geistlichen Bereicherung des Papstes und zum Wachstum seiner Autorität und Beliebtheit in Kirche und Welt?
Die Rede in der Generalaudienz vom 30. Dezember 1981 bietet uns wohl die einschneidendste Äusserung Papst Johannes Pauls II. über die Weltherrschaft Gottes, welche die ganze Geschichte – die grosse Geschichte der Völker und die kleine Geschichte der Individuen – umgestaltet in die geheimnisvolle Rückkehr der menschlichen Geschöpfe zu ihrem Schöpfer und Vater: «Denken wir über die Zeit nach, die vorüberfliesst, unerbittlich vorbeigeht und unsere Existenzen mit sich fortführt. Mit seinem göttlichen Wort befreit uns Jesus von der Angst vor der sinnlosen Leere und versichert uns, dass in der gigantischen und geheimnisvollen Kurve der Zeit die ganze Geschichte der Menschheit eine blosse Rückkehr zum Hause des Vaters ist, eine Rückkehr ins Vaterland. Deshalb nimmt jede einzelne Existenz teil an dieser gewaltigen Rückkehr zum Vater. Geboren werden bedeutet: den Weg zum Vater beginnen; leben bedeutet: täglich, ja stündlich einen Teil des Weges zurück ins eigene Haus gehen.»
Gott ist wirklich der Herr der Geschichte. Dies ist die geoffenbarte Wahrheit, die der Verfasser dieser Arbeit im beglückenden Lichte des christlichen Glaubens vertiefen möchte.

I.
Das Anliegen dieses Buches

Steht ein Christ offen zum Glauben an das Wirken der Vorsehung, dann reagiert seine Umgebung teils angenehm überrascht, teils peinlich berührt.
Der Kreis Gleichgesinnter wird es wie das wohltuende Einströmen frischer Luft empfinden, wenn er von einem Christen überzeugend erfährt, dass Gottes Hand das Herz des Menschen hält, dass Er die Ereignisse der Geschichte leitet und «alles zum Wohle seiner Freunde lenkt».
Anderen hingegen erscheint schon die Anspielung auf die Vorsehung verdächtig. In übertriebener Sorge um ihre Selbstbestimmung lehnen sie jegliche Einschränkung ihrer Freiheit ab. Insbesondere ist für sie der Eingriff Gottes in menschliche Belange mit der Autonomie des Menschen unvereinbar.
Wie oft begegnete ich als Journalist bei gebildeten Laien wie bei kirchlichen Amtsträgern solch hartnäckiger Besorgnis um die Freiheit.

Menschliche Freiheit und göttliche Allmacht

Einst war ich Gast des Generalobern einer Ordensgemeinschaft. Beim Essen berichtete der Gastgeber von den fast unüberwindlichen Schwierigkeiten, denen die Mitglieder seiner Gemeinschaft in einem Staat des Nahen Ostens gegenüberstanden. Um ihm mein Mitgefühl zu bekunden, bemerkte ich, dass Gott alles zum Wohle seiner Freunde wende, und dass es durchaus in Seiner Macht stehe, Widerstände gegen seine Pläne zu brechen.
Als ob ihn mein Hinweis verletzt hätte, antwortete der Generalobere: «Wo bliebe da die Freiheit des Menschen?»
Ich wollte mich näher erklären, begegnete aber dem Blick des Generalassistenten, der mir verständlich machte: «Widersprechen Sie unserm Generalobern nicht, er hat Theologie studiert. Wagen Sie sich als Laie nicht auf ein Gebiet vor, das ausserhalb Ihrer Zuständigkeit liegt.»
Ich verstand die Warnung und wechselte das Thema...
Ungefähr zur selben Zeit schickte mir der Verleger der

deutschen Ausgabe meiner Biographie Pauls VI. eine Besprechung zu, welche in einer bedeutenden deutschen Zeitung erschienen war.
Sie stammte von einem protestantischen Pastor und war ausser in einem Punkte sehr wohlwollend.
Auf der letzten Seite meines Buches hatte ich geschrieben, das ganze Leben J.B. Montinis erscheine wie eine providenzielle Vorbereitung auf das Papstamt. Mir war bewusst, dass sich die Leser an einer solchen Feststellung stossen könnten. Deshalb hatte ich, um meine Behauptung zu untermauern, einige Bibelstellen zitiert, die zeigen, dass Gott die Führer seines Volkes von langer Hand auf ihre Aufgabe vorbereitet.
Trotz dieser biblischen Belege warf mir der Autor der genannten Buchbesprechung mit spitzer Ironie vor, ich opfere die Freiheit des Menschen der Allmacht Gottes: Waren denn die Leute, die in der Zeitspanne vom 27. September 1897 bis zum 21. Juni 1963, d.h. von seiner Geburt bis zur Wahl als Nachfolger Johannes' XXIII., ihren Einfluss auf J.B. Montini ausübten, noch wirklich frei, wenn Gott sich ihrer als Instrumente zur Vorbereitung des künftigen Papstes auf sein Amt bediente?

Die Frage nach dem Sinn des Leidens

Die schroffe Reaktion des Generalobern und die Kritik des deutschen Pastors trafen mich aber weniger hart als die Aussage eines Prälaten an einem internationalen Kongress für Kranke und Behinderte. An den Plenarversammlungen in einem römischen Amphitheater nahmen gegen 400 Kranke teil, unter ihnen viele Querschnitt-, Halb- und Totalgelähmte: 32 mussten auf Bahren, 70 mit Rollstühlen ins Amphitheater gebracht werden. Über hundert gingen an Krücken oder Stöcken. Das Gesamte ergab ein erschütterndes Bild körperlich behinderter Menschen. Sie suchten an diesem Kongress in der Ewigen Stadt durch Erfahrungsaustausch und gemeinsames Beten Erleichterung für ihr schweres Los und Anregung für ihr Apostolat.
Dass in den Arbeitsgruppen das Problem des Leidens aufgeworfen wurde, war naheliegend. Dass die vorgebrachten Erklärungen nicht alle Kranken zufriedenstellen konnten, war ebenfalls unvermeidlich. So musste der Präsident des Kongresses, ein Prälat, die brennende Frage auch vor

die Plenarversammlung bringen: Steht Gott in Beziehung zur Krankheit? Welches ist die Stellung des Leidens im Plan der Vorsehung?

Der Prälat gab folgende Antwort:

Gott ist der Schöpfer alles Geschaffenen. Die einst aus seiner Hand hervorgegangenen Geschöpfe sollen nun nach ihren eigenen Gesetzen handeln. Gott greift nicht in ihr Tun ein, ausser im Wunder. Weil Gott der Urheber jeglichen Daseins und jeglicher Dynamik ist, respektiert er als erster die Selbständigkeit der Dinge und die Freiheit der Menschen. Dann warnte der Präsident seine Zuhörerschaft vor «einer zu kindlichen Vorstellung, welche die Menschen in ihrem Glauben einengt und besonders Kranke und Behinderte in ihrem Verständnis des Leidens beeinträchtigt»: Abgesehen von Wundern enthalte sich Gott jeglichen Eingriffs in das Leben der Menschen und in den Ablauf der Geschichte: Beide würden allein von den Gesetzen der Natur und der Psychologie bestimmt.

Zum Schluss versuchte der Referent zu erklären, was die Kranken unter dem «Plan der Vorsehung» zu verstehen hätten. Er verstand diesen Plan als ein dialogisches Geschehen: Einerseits bezeuge Gott den Menschen seit ihrer Kindheit seine Liebe und den Respekt vor ihrer Freiheit; andererseits hätten die Menschen in den schönen und den schweren Stunden ihres Daseins diese Gottesliebe zu erwidern. Die 400 Kranken und Behinderten, die nach Rom gepilgert waren, um Licht und Kraft aus dem Glauben zu schöpfen, wurden mit Gemeinplätzen abgespeist. Sie hofften auf Brot, und man gab ihnen dürres Holz.

In meinem Unbehagen über die Ansprache des Prälaten, der unmittelbar nachher von Zuhörern aus dem Saale geholt wurde, wandte ich mich an seinen Stellvertreter: «Monsignore, ich bin schmerzlich berührt von den Ansichten Ihres Kollegen. Sie stehen im Widerspruch zur Haltung Ijobs, der Gott als Ursprung seiner Prüfung erkannte: ‹Gott hat mir das Gute gegeben, Gott hat es mir genommen...› Die eben gehörten Ausführungen des Präsidenten widersprechen zudem den Kommentaren des heiligen Augustin, des heiligen Gregor und des heiligen Thomas von Aquin, ganz abgesehen von den Interpretationen vieler anderer geistlicher Lehrer zum Buche Ijob.»

Der Vizepräsident blieb von meiner Erregung völlig unbewegt und versuchte, mir verständlich zu machen, dass ich die Heilige Schrift falsch interpretiere. Die heutigen Exege-

ten seien einhellig der Auffassung, dass die Bücher des Alten Testamentes der Erstursache, nämlich Gott, zuschreiben, was in Wirklichkeit den Sekundärursachen, d.h. den Geschöpfen zuzuweisen sei: also Menschen, Tieren, Sachen, Ereignissen... Hier wurde unser Gespräch brüsk abgebrochen, weil mein Gesprächspartner zum Telefon gerufen wurde.
Glücklicherweise setzte am folgenden Tag der Papst in seiner Ansprache die Akzente wieder richtig. Im Sinne der Heiligen Schrift und der Überlieferung erinnerte Paul VI. die 400 Pilger daran, dass Krankheit und Prüfungen, die in unser Leben einbrechen, auf die Vorsehung zurückgehen, dass sie einer geheimnisvollen Liebe entspringen, deren Sinnwirklichkeit nur der Glaube erfasst.

Ein Bekenntnis Johannes' XXIII.

Das Gespräch mit einem Theologieprofessor, den ich einige Monate später traf, bedeutete für mich eine weitere Überraschung. Im römischen Zentrum St. Louis warteten wir auf den Beginn eines Vortrags. Mein Nachbar war ein Priester im Clergyman. Er stellte sich als Dogmatikprofessor einer päpstlichen Universität vor.
«Ich freue mich für Sie», sagte ich. «Als Dogmatiker stehen Sie gleichsam im Herzen der theologischen Wissenschaften. So haben Sie das Glück, die künftigen Priester in das Dogma vom Wirken der Vorsehung einzuführen.»
– «Vom Wirken der Vorsehung? Davon spreche ich selten, so wenig wie möglich...»
– «Ah!...»
– «Das würde die Studenten schockieren...»
– «Behandeln Sie in Ihrer Vorlesung die Prädestination?»
– «Nie!»
Vor Verwunderung blieb ich einen Augenblick sprachlos. Als ich im Geiste die Antwort zusammensuchte, die meine Auffassung ausdrücken, aber den Theologieprofessor nicht verletzen sollte, ertönte der Lautsprecher: «Exzellenz, meine Damen, meine Herren, ich habe die Ehre, Ihnen den Referenten vorzustellen...»
Der Vortrag begann.
Ich war unfähig, den Ausführungen des Redners zu folgen. Statt dessen musste ich an den Dogmatikprofessor denken, der «so wenig wie möglich» von der Vorsehung

spricht, aber auch an die verhängnisvollen Folgen eines solchen Schweigens. Schrieb nicht Thomas von Aquin, einer der grössten Kirchenlehrer, dass sich die christliche Lehre auf zwei Grundpfeiler abstütze: Auf die Existenz Gottes und die Vorsehung? Wie kann man künftige Priester ausbilden, wenn man sich dabei über eine Grundwahrheit sozusagen ausschweigt?

Wie sollen sich Theologiestudenten vor Entmutigung schützen, wie sich vor dem Zauber abwegiger Geschichtsphilosophien absichern, wenn man ihnen so spärlich von der Offenbarung gibt, in deren Licht der Sinn der Geschichte klar erkennbar wird?

Aus meiner langen Laufbahn als Journalist liessen sich weitere Episoden erzählen, die aufzeigen, wie sogar von Erziehern geistlichen und weltlichen Standes ungenaue oder irrige Anschauungen über die Vorsehung verbreitet werden. Andererseits kenne ich ermutigende Beispiele von Christen, die an das Wirken der Vorsehung glauben und aus diesem Glauben heraus leben. Aber ich möchte mich auf ein einziges Beispiel beschränken, das in seiner Schlichtheit und Tiefe ganz dem Geist des Evangeliums entspricht.

Einige Wochen vor seinem Tod, dessen Herannahen er deutlich spürte, sagte Papst Johannes XXIII. zu Besuchern: «Kennen Sie das Geheimnis meiner Grundhaltung ungetrübten Frohseins? Ich bin davon überzeugt, dass Gottes Hand die Herzen der Menschen und die grossen und kleinen Ereignisse der Geschichte lenkt. Dieser Glaube an das Wirken der Vorsehung hält mich in der Verfassung unzerstörbaren Friedens.»

Das Verdienst Leos XIII.

Viele Jahre habe ich über meine mannigfaltigen Erfahrungen nachgedacht. So reifte allmählich der Entschluss, eine Studie über Gott als den Herrn der Geschichte zu schreiben.

Diese Studie ist weder ein apologetisches Werk noch eine Abhandlung über Fragen der Dogmatik oder der Theodizee. Sie wendet sich nicht an die Theologen, sondern an alle Christen, welche die Autorität von Lehramt und Tradition anerkennen. Sie möchte dazu beitragen, nicht nur mit dem Verstand, sondern auch mit der Kraft des Glaubens das machtvolle Wirken Gottes zu erkennen, der die Menschen führt und doch ihre Freiheit voll gewährleistet. Ich will meinen Brüdern helfen, Gottes unsichtbare Gegenwart in den unscheinbaren Ereignissen des Alltags wie in den grossen politischen, wirtschaftlichen und militärischen Geschehnissen der Weltbühne zu erspüren. Vor allem möchte mein Buch es dem Leser leichter machen, aus dem christlichen Verständnis der Geschichte ein frohes Existenzgefühl zu schöpfen.

Der vorgesehene Weg

Zunächst befassen wir uns mit den Schwierigkeiten, denen der Christ heute begegnet, wenn er zur kirchlichen Lehre vom Wirken der Vorsehung steht.
Anschliessend legt das Buch auf möglichst einfache und verständliche Weise die Lehre der Kirche dar, wobei einzelne Punkte bewusst in journalistischer Form verdeutlicht werden sollen.
Da sich dieses Buch an Christen richtet, deren Leben täglich mit Prüfungen konfrontiert ist, wende ich mich im dritten Teil konkreten Problemen des Alltags zu.
Gleich zu Beginn der Arbeit drängte sich die Frage auf: Welcher Autorität soll diese Untersuchung folgen? Wenn heute der theologische Pluralismus hoch im Kurs steht, gibt es dann unter den verschiedenen Wegen einen, der grössere Sicherheit als andere verspricht?
Viele Theorien geben vor, den Sinn der Geschichte entschlüsseln zu können, ohne dass sie dazu imstande sind. Wird ein Christ dadurch nicht verunsichert, weicht er deshalb nicht Entscheidungen aus oder gerät sogar auf Irrwege?
Die Kirche weist auf Thomas von Aquin hin, den sichersten Interpreten der kirchlichen Lehre[1)]. In der Enzyklika *Studiorum Ducem* spricht sich Pius XI.[2)] besonders eindringlich zugunsten der Lehre des Aquinaten über Vorsehung und göttliche Führung aus. In einer Zeit der Vorherrschaft von Technik und Humanwissenschaften lässt sich ein Journalist bei seiner Geschichtsbetrachtung von einem Kirchenlehrer des Mittelalters führen, nämlich von Thomas von Aquin. Auf die Frage, ob der Aquinate mit ausserordentlichen natürlichen und geistigen Gaben ausgestattet sei, schliesst sich Papst Pius XI,[3)] den Aussagen Leos

XIII. und Johannes' XXII. an: der heilige Thomas habe die Kirche mehr erleuchtet als alle andern Kirchenlehrer zusammen.

Ein Hinweis Pius' XI. auf das Werk Leos XIII. enthüllt die hervorragende Bedeutung, welche die Kirche der Verbreitung des philosophischen und theologischen Lehrgutes des Aquinaten beimisst. Leo XIII., der die Kirche während eines Vierteljahrhunders leitete (1878–1903), ist bekanntlich der Verfasser von zahlreichen Enzykliken über die soziale Frage, den Staat, die Freiheit und über den Heiligen Geist als Seele der Kirche. Eine Enzyklika war der Förderung der Herz-Jesu-Verehrung gewidmet. In acht Rundschreiben lud Leo XIII. das christliche Volk zur Marienverehrung ein. Ebenso bekannt ist, dass er sich um eine Annäherung der Kirche an die moderne Welt bemühte und besonders in England und im Nahen Osten die ökumenische Bewegung in die Wege leitete. Nach Ansicht Pius' XI. lässt sich trotzdem kein Werk Leos XIII. mit seiner Enzyklika *Aeterni Patris* vergleichen, mit welcher der Thomismus an Seminarien und Universitäten erneut verankert werden sollte: «Wir sind davon überzeugt, dass dies der grösste und wertvollste Dienst war, den Leo XIII. der Kirche und der Gesellschaft erwiesen hat. Selbst wenn alle übrigen hohen Verdienste wegfielen, diese eine Leistung würde den Namen dieses grossen Papstes unsterblich machen»[4)]. Warum? Weil Leo XIII. das Übel an der Wurzel bekämpfte.

Richtiges Handeln setzt richtiges Denken voraus. Grundlage einer geordneten Theologie ist eine gesunde Philosophie. Eine gotische Kathedrale braucht solide Fundamente: Pfeiler und Spitzbogen können sich nicht wie Sonnenstrahlen frei im Raum halten: sie bedürfen der sicheren Stütze.

Anlässlich der Feier des 700. Todestages des heiligen Thomas von Aquin empfahl Papst Paul VI. bei seiner Ansprache in Castel Gandolfo seinen Zuhörern – Studenten, Dozenten, Professoren, Politikern und Journalisten – das Studium und die Auseinandersetzung mit dem Gedankengut des grossen Kirchenlehrers. Mit Recht gab man Thomas von Aquin den Ehrennamen «Doctor universalis», d.h. Lehrer für alle, und tatsächlich beschränkt sich seine Lehre nicht auf den Klerus, auf Theologen und christliche Philosophen, sondern er ist Lehrmeister für alle, die mit Erziehung und Unterricht beauftragt sind[5)].

Die drei Stufen der Gewissheit

Pius XI. hebt in der Enzyklika Studiorum Ducem den heiligen Thomas besonders hervor. Mehr als jeder andere Kirchenlehrer werde er sowohl den Forderungen des Glaubens als auch den Erkenntnissen der Vernunft gerecht, zwei Ebenen der Wirklichkeit, die für ihn «wie die zwei Enden einer Kette» seien. Er gibt weder die objektiven Gegebenheiten des Glaubens preis noch die sicheren Ergebnisse der Vernunft. Das Beispiel des Aquinaten beweise: der Glaube brauche die Vernunft nicht auszuschliessen – dies bezeichne man als Fideismus; andererseits verlange die Anerkennung der Vernunft und der Wissenschaft keineswegs die Missachtung des Glaubens – dies wäre Rationalismus.

Glaube und Vernunft widersprechen einander nicht, sie führen auf verschiedenen Wegen zu Gott. Kardinal Journet bemerkt dazu:

«Ein Abgrund trennt beide; denn sie gehören nach einem Wort Pascals zwei wesensverschiedenen Ebenen an»[6].

Diese Verschiedenheit der Ebenen bedingt auch eine Verschiedenheit der Gewissheit. Nach Thomas von Aquin «ist die vom göttlichen Licht eingegebene Gewissheit grösser als die, welche aus dem Licht der natürlichen Vernunft hervorgeht»[7]. Im gleichen Sinne bemerkt Paul VI.: «Geistliche Erfahrungen erbringen einen viel höheren Gewissheitsgrad als die Syllogismen verstandesmässiger Schlussfolgerungen»[8].

Das sind entscheidende Prinzipien für die Behandlung des Problems der Vorsehung und ihrer Rolle innerhalb der Geschichte. Trotz ihrer hohen Stellung und ihres Mitspracherechts in sämtlichen Fragen hat die Vernunft weder das letzte Wort, noch verfügt sie über die Autorität, die im Gespräch stehenden Fragen endgültig zu entscheiden. Ihr zur Seite steht ein weiser Partner: der Glaube als Teilnahme des Menschen am Wissen Gottes. Der übernatürliche Glaube ermöglicht es dem Christen, mit den Augen Gottes Einsicht in den göttlichen Plan zu gewinnen.

In tragischen Schicksalsmomenten der Völker und in schmerzvollen Lebenslagen des Einzelmenschen wird die Vernunft den sicheren Halt verlieren und zusammenbrechen. In solchen Augenblicken neigt der Mensch zur Flucht ins Absurde, in die Revolte oder in die Verzweiflung. Das sind Stunden, in denen der Glaube helfen kann;

das sind Stunden, in denen er sagen muss, dass ein Ausweg aus dem Ungenügen der Vernunft möglich ist: nämlich durch den mutigen Sprung in das Vertrauen, dass Gottes Weisheit alles lenkt, seine Macht alle Kräfte meistert, seine Liebe letztlich alles Geschehen zum Wohl seiner Geschöpfe lenkt.

Jenseits von Vernunft und Glauben bestehen noch weitere Quellen der Wahrheitserfahrung. Raissa Maritain schreibt: «Thomas von Aquin bietet das Beispiel einer ausserordentlich harmonischen und wirksamen Einheit des Erkennens aus Wissen, Glauben und mystischer Erfahrung.»

Wenn das Lehramt die Echtheit dieser Erfahrung bestätigt, findet der christliche Forscher darin eine Gewissheit, die der bloss auf menschliche Erkenntnis abgestützten Theologie fehlt. Echte mystische Erfahrung enthält jenes Licht und jene Wärme, die im Gegensatz zu rein rationaler Argumentation das Innere der dafür empfänglichen Menschen erleuchtet und begeistert. Es handelt sich gleichsam um ein Phänomen echter Symbiose. Aus dem Innern des Mystikers fliesst ein Lebensstrom in die Herzen der Leser. Wir erachten darum neben den Philosophen und Theologen auch den Mystiker als Zeugen für die Wirklichkeit der göttlichen Vorsehung. Dies umso mehr, als die Kirche auch Mystikern den Titel eines Kirchenlehrers verliehen hat, wie beispielsweise Paul VI. der hl. Katharina von Siena und der hl. Teresa von Avila.

Notenblatt und Gesang

Misst man den echten Mystikern stets die ihnen gebührende Bedeutung zu? «Der Kirche ginge Wesentliches verloren, würde die Glaubenswahrheit vom kirchlichen Lehramt nur in Form abstrakter Analysen vorgelegt», sagte Kardinal G.M. Garrone am 29. Oktober 1971 in seiner Ansprache über den Beitrag, den die hl. Katharina von Siena und die hl. Teresia von Avila als Kirchenlehrer geleistet haben. «Es ist notwendig und von Gott so vorgesehen, dass die Glaubenswahrheit uns auch auf dem Wege persönlicher Erfahrung erreicht, damit die Lehre der Kirche nicht nur in unpersönlichen Formulierungen, sondern in lebendiger Sprache von Menschen verkündet wird, die Gott erfahren durften und uns von dieser Erfahrung berichten.

Die theoretische Verkündigung muss unbedingt durch solch lebendige, konkrete Verkündigung ergänzt werden»[9] Wie Gottes Geist am Werk ist, drückt Thomas von Aquin in einem sehr tiefen Vergleich aus: «Durch die Heiligen kommentiert der Heilige Geist die Lehre, die er in der Heiligen Schrift grundgelegt hat. Wie er sich in den Autoren der Biblischen Schriften aussprach, so spricht er auch durch die Heiligen»[10].

Zwischen der Heiligen Schrift und dem Leben der Heiligen bestehe, so beschreibt es Franz von Sales mit einem treffenden Bild, ungefähr der gleiche Unterschied wie zwischen dem Notenblatt und dem Gesang, dem aufgeschriebenen und dem gesungenen Lied.

Die ins Leben umgesetzte Theologie spricht nicht nur aus den glühenden Schriften grosser Mystiker, sondern – wenn auch bescheidener – aus der Existenz jener Christen, die in hochherziger Treue zu ihrem Gott halten: Eine arme Bäuerin, die ihr Kreuz in der Kraft des Glaubens trägt, wird Wesentlicheres zu sagen haben als ein Theoretiker auf der Kanzel, der nur über ein angelerntes Wissen verfügt, oder ein Theologe ohne persönliche Gotteserfahrung.

Die Kriterien, mit denen ich an diese Studie herantrete, sind also: Treue gegenüber den legitimen Anforderungen des Verstandes, Ernstnehmen der Offenbarung, Vertrautheit mit den Erfahrungen der Mystiker – und dies alles in Gehorsam gegenüber dem Lehramt der Kirche und in voller Offenheit gegenüber den Ideen und Problemen der Gegenwart.

Das vorliegende Buch wurde von einem Laien für Laien geschrieben. Dem Verfasser lag daran, die theologischen Fachausdrücke soweit wie möglich zu vermeiden, ohne deshalb in eine ungenaue Ausdrucksweise zu verfallen.

Trotzdem bedürfen wir einiger philosophischer Begriffe: Zunächst seien die Ausdrücke Erst- oder Primärursache und Zweit- oder Sekundärursache genannt. Wie schon die Worte andeuten, herrscht die Erstursache vor. Philosophisch angewendet hiesse dies: Gott ist Erstursache, der Mensch die Zweitursache. Mit den Begriffen Erst- und Zweitursache wollen wir uns an das Herzstück der christlichen Lehre von der göttlichen Vorsehung heranwagen, freilich ohne jemals das tiefe Geheimnis ausloten zu können.

Die Begriffe «Erst- und Zweitursache» werden in diesem Buch oft wiederkehren. Sie sollen klar voneinander unterschieden werden. Schriftsteller und Prediger enttäuschen oft ihre Leser oder Zuhörer, weil sie diese beiden Ebenen zu wenig auseinanderhalten. Wir betonen die absolute Vorrangstellung der Erstursache gegenüber den Zweitursachen und halten uns damit an die Heilige Schrift. Für die Erstursache, d.h. für die Weltherrschaft Gottes schrieben Kirchenlehrer ihre Kommentare; Heilige bezeugten durch die Art ihres Lebens die Weltherrschaft Gottes; Mystiker haben Gott als die alles überragende Ursache erfahren und darüber Zeugnis abgelegt. Fénelon schreibt: «Der Mensch bewegt sich, und Gott führt ihn», und ein von der Heiligen Schrift inspiriertes Sprichwort sagt: «Der Mensch denkt, Gott lenkt».

Dieses Sätzchen, das alle Angehörigen des «getreuen Volkes Gottes» (Paul VI.) ohne Schwierigkeiten annehmen, beantwortet tief und wohltuend einfach die Frage: «Was ist der Sinn der Geschichte?». Viele unserer Zeitgenossen werden dieser Frage ratlos gegenüberstehen. Doch das Sprichwort: «Der Mensch denkt, Gott lenkt», wirkt wohl befreiender als viele gelehrte Abhandlungen. Wir werden noch sehen, welch unerhörte Dynamik ihm innewohnt.

II.
Die zwei Enden der einen Kette

An den Debatten des Ersten Vatikanischen Konzils über den Entwurf zur Konstitution über den Glauben schlug ein Konzilsvater einen Zusatz über die Vorsehung vor, der vom Plenum angenommen wurde: «Gott schützt und lenkt alle Geschöpfe, die er gemacht hat, und entfaltet seine milde Macht von einem Ende der Erde bis zum andern. Alle Dinge stehen unverhüllt und offen vor seinen Augen, sogar jene, die erst in der Zukunft durch das freie Handeln der Geschöpfe zustande kommen»[10].
Zur Erläuterung seines Vorschlags erklärte der Konzilsvater: «In vielen Ländern zweifeln auch katholische Theologen am Vorauswissen Gottes in bezug auf kontingente Handlungen, das heisst in bezug auf das freie Wirken der Menschen»[11].
Mit der Annahme dieses Zusatzes zur dogmatischen Konstitution über den Glauben führten die Konzilsväter des 1. Vatikanums, wie ein deutscher Theologe in der Folge schrieb, keine Neuerung ein[12]; sie brachten lediglich eine bereits in der Offenbarung klar enthaltene Wahrheit mit erneuter Kraft zu Bewusstsein. Die Gläubigen haben diese Wahrheit schon immer gekannt, und die Kirche hat sie stets verkündet. Die von den Konzilsvätern gemeinten Theologen zogen Gottes Vorauswissen in Zweifel, weil sie keine Möglichkeit sahen, das Vorauswissen Gottes mit der Freiheit des Menschen in Einklang zu bringen.
Trotz der Definition durch das 1. Vatikanische Konzil besteht aber diese Schwierigkeit bis in unsere Tage hinein weiter. Sie ist wohl für die heutigen Christen das Haupthindernis, die traditionelle Lehre von der Vorsehung zu verstehen.
Eine andere, ebenso klassische Schwierigkeit ergibt sich aus dem Problem des Übels: Wie lässt sich die Tatsache des Übels mit der Existenz einer liebenden Vorsehung vereinen? Zu den früheren Hemmnissen gesellen sich solche aus moderner Zeit. Sie erwachsen aus dem Fortschritt von Wissenschaft und Technik, aus der Säkularisierung, aber auch aus dem verschwommenen Inhalt der Begriffe Zufall und Schicksal.

Einmal erfasste Wahrheiten keinesfalls preisgeben!

Die genannten Schwierigkeiten verdienen, dass man sich näher mit ihnen befasst. Eine genauere Analyse hilft nämlich, das Wirken der Vorsehung besser zu erfassen, aber auch die psychologische Situation der Mitmenschen tiefer zu verstehen, die in ihrem Vorsehungsglauben verunsichert sind.
«Wer zu stehen glaubt, der sehe zu, dass er nicht falle», mahnt die Heilige Schrift[13)]. Der kluge Alpinist vergewissert sich zuerst über eventuell vorhandene Gletscherspalten, dann kann er schwierige Stellen umgehen und den Gletscher mit grösserer Sicherheit überqueren. Das Abklären der Hindernisse ist darum keine verlorene Zeit. Es verhindert verhängnisvolle Fehltritte.
Der französische Bischof und Prediger Bossuet formuliert für das Studium der Beziehung zwischen menschlicher Freiheit und göttlicher Allmacht als Hauptregel: «Auf keinen Fall darf man einmal erkannte Wahrheiten preisgeben, auch wenn es im Augenblick schwierig erscheint, sie mit neuen Erkenntnissen zu vereinen. Man muss im Gegenteil, um es mit einem Bild auszudrücken, die beiden Enden der Kette fest in der Hand halten, auch wenn die Verkettung des Mittelstücks noch nicht sichtbar ist»[14)]. Das bedeutet, mit voller Überzeugung zu beiden Wahrheiten stehen, deren eine durch unsere persönliche Erfahrung, die andere durch die Offenbarung beglaubigt ist: Der Mensch handelt frei, aber die Allmacht Gottes umfasst und lenkt alles Existierende, auch die freien Taten des Menschen. Das gleichzeitige Bejahen beider Wahrheiten ist eine Grundforderung, um die Lehre von der Vorsehung überhaupt zu erfassen.
Es dürfte kaum Probleme bereiten, jenes Kettenende festzuhalten, das für die menschliche Freiheit steht. Denn hier geht es um eine einfache Erfahrung des gesunden Menschenverstandes. Ein normaler Mensch wird ohne Schwierigkeiten zugeben, dass er frei handelt. Schwieriger ist das Festhalten jenes Endes, das die Allmacht Gottes symbolisiert. Die Annahme dieser Wahrheit setzt gelegentlich heroischen Glauben voraus und erzeugt eine innere Zerrissenheit, wie sie Abraham empfand, als Gott ihm befahl, seinen Sohn Isaak zu opfern. Es entsteht ein wahrhaft dramatischer Zwiespalt, wenn uns die Gnade eingibt, ja zu sagen, während unser ganzes Inneres sich auflehnt und aufschreit: Nein, nein, nein!

Wohl mit Recht wurde darauf hingewiesen, dass das kleine Bindewort *und* die katholische Lehre kennzeichnet: Natur *und* Gnade, Aktion *und* Kontemplation, Freiheit *und* Autorität, Jesus *und* Maria. Pascal schreibt dazu: «Der Glaube umfängt mehrere Wahrheiten, die sich zu widersprechen scheinen... Es gibt in Glaubens- und Sittenfragen eine grosse Anzahl scheinbar widersprüchlicher Wahrheiten, die trotzdem in wundersamer Ordnung aufeinander bezogen sind. Die Ursache aller Häresien – und Häresie heisst: wählendes Herausgreifen – liegt in der ausschliesslichen Betonung von Einzelwahrheiten... So kommt es gewöhnlich aus mangelnder Einsicht in die Komplementarität zwei sich gegenüber stehender Wahrheiten zur Häresie, zur willkürlichen Auswahl. Der Häretiker glaubt, die Zustimmung zu einer Wahrheit bedeute Ausschluss der andern, so dass er die eine annimmt und die andere ausklammert...» [15].

Als sähe er den Unsichtbaren

Solches Ausklammern geschieht häufig in bezug auf die Frage der menschlichen Freiheit und der göttlichen Allmacht, in bezug auf die Existenz Gottes und die Wirklichkeit des Übels.
Ein französischer Geistlicher, Michel Lépine, Nationalpräses der Christlichen Männerbewegung Frankreichs, schreibt: «Die Hauptschwierigkeit unserer Zeitgenossen besteht darin, eine Abhängigkeit von Gott anzunehmen, die nicht zur Selbstaufgabe des Menschen führt» [16]. Der Dominikaner Bro bemerkt: «Die Frage nach Freiheit und Vorsehung ist ein endloses Unterfangen; darum hat man Angst davor. Niemand will den ohnehin schwierigen Alltag zusätzlich mit intellektueller Angst belasten, die sich aus der Frage nach der Freiheit und den damit zusammenhängenden Ausdrücken wie Vorsehung, Prädestination usw. ergibt. Solche Begriffe sind gefährliche Fallgruben. Warum sich durch nutzlose Diskussionen in Gefahr begeben? Aber die Frage ist gestellt; und man kann sich ihr nicht durch neutrales Verhalten entziehen» [17].
Auf der Ebene der Vernunft ist die Frage nach der Harmonie von Freiheit und Allmacht Gottes nicht zu beantworten. Sie findet aber ihre Lösung auf der übergeordneten Ebene des Glaubens, wie dies einerseits durch die Heilige

Schrift, anderseits durch die Erfahrung der Heiligen bezeugt wird.
Vieles, was dem blossen Auge verborgen bleibt, wird mit dem Teleskop sichtbar. Wie dieses Instrument für die Sternenkunde unerlässlich ist, so bedarf es genauso des Glaubens, um die geoffenbarten Wahrheiten zu erkennen. Für die Heiligen gibt es keinen Zwiespalt zwischen der Freiheit der Menschen und der Allmacht Gottes. Für sie bilden beide eine untrennbare Einheit. Die Heilige Schrift bezeugt von Mose, «dass er mutig ausharrte, als sähe er den Unsichtbaren»[18]. Mose hielt die beiden Enden der Kette fest in seiner Hand.
Das Problem des Bösen konfrontiert uns mit noch beunruhigenderen Schwierigkeiten; denn die Gegenwart des Übels erschüttert unsere Gefühlswelt und stört damit auch den geordneten Ablauf unseres Denkens.
Ein Chronist berichtet von den Reaktionen der Sarazenen auf das Verhalten König Ludwigs des Heiligen in den schrecklichen Prüfungen seiner Gefangenschaft in Ägypten. Körperlich litt er an den Schwächungen durch Skorbut und Ruhr, seelisch unter der Trennung von seinen Angehörigen und insbesondere unter der Ungewissheit über das Schicksal seiner Frau, seiner Kinder und seiner Gefolgschaft. Dazu war er dauernd den Launen der Kerkermeister ausgesetzt. Trotzdem kam keine Klage über seine Lippen. Dafür aber betete der König unablässig. Die Moslems bewunderten seine Geduld. Der Chronist berichtet, wie sie ihn beurteilten: «Hätte Allah ihnen ebenso grosses Unglück geschickt, wie es Gott dem König zudachte, sie hätten ihn nicht verehren, ja nicht einmal mehr an ihn glauben können»[19].
Wie viele Christen denken heute ähnlich wie diese Moslems des dreizehnten Jahrhunderts!
Patrick de Ruffay überliefert folgende aggressive Aussage eines Christen: «Trotz aller intellektuellen Akrobatik der Theologen, die ich kenne, ist für mich die Tatsache von Übel, Leiden und Tod mit der Existenz eines unendlich gütigen Gottes völlig unvereinbar. Man kann allerhöchstens einen grossen Uhrmacher annehmen, aber mehr nicht»[20].
In gleicher Richtung geht die Beobachtung von Gabriel Marcel: «Alle Beweisführungen, welche die Theologen und Philosophen je vorlegten, vermögen nicht zu verhindern, dass die Wirklichkeit des Übels und des Leidens Unschuldiger dem Atheismus immer neuen Auftrieb verleiht»[21].

Solche Feststellungen lasten schwer. Tatsächlich reichen weder philosophische Analysen, selbst wenn sie von Christen vorgelegt werden, noch die Beweise berühmter Theologen aus, einen Menschen, den die Last des Leidens beugt, davon zu überzeugen, dass der Urheber seines Leidens ein Gott der Liebe sein soll. Ist das Gefühlsleben erschüttert, dann reicht reine Verstandeslogik zur Erhellung des Geistes nicht aus. Dazu braucht es den Flügelschlag kraftvollen Glaubens.
Für die Heiligen, für Männer und Frauen also, die aus ihrem Glauben leben und sich der Führung des Heiligen Geistes überlassen, verliert das Problem des Übels seine Schreckhaftigkeit. Sie haben auf höherer Ebene die Lösung gefunden und sehen das Übel gleichsam mit den Augen Gottes, des Herrn der Geschichte. Der Adler, der über den Berggipfeln kreist, erkennt die Dinge anders als der Hahn im vergitterten Hinterhof.
Zeichnet sich keine Lösung ab, dann belasten die Probleme des Übels und des scheinbaren Widerspruchs zwischen menschlicher Freiheit und göttlicher Allmacht die Menschen, insbesondere die Gebildeten. Der Schwung des religiösen Lebens ist gelähmt, ein blindes Vertrauen auf Gott ist unmöglich geworden. So bleibt der Weg zu einer im Übernatürlichen verankerten Unbeschwertheit verbaut. Wie könnten innerlich zerrissene Menschen zum Seelenfrieden finden, wie könnten sie ihn ausstrahlen! Wie könnten sie sich des Lichts freuen, wenn sie vom Dunkel des Zweifels umfangen sind!

Der Chirurg und das Messer

Begriffliche Ungenauigkeit erhöht noch die Hindernisse. Dies gilt in besonderer Weise von den Begriffen Erst- und Zweitursache und von ihrer gegenseitigen Beziehung.
Gott bezeichnet man als Erstursache, die Geschöpfe, insbesondere die Menschen, als Zweitursachen. Damit ist nicht eine zeitliche Folge, sondern die hierarchische Ebene angesprochen. Das heisst, dass die Erstursache in souveräner Unabhängigkeit existiert und handelt, während die Zweitursachen abhängig sind. Gott hängt von niemandem ab. Aber wie das Werkzeug vom Handwerker, so sind die Menschen in allem und für alles abhängig. In den Ereignissen der Geschichte wirken die Erstursache und die Zweit-

ursachen gleichzeitig. Um einen Vergleich zu gebrauchen: es handelt sich um eine Art simultanes Funktionieren verschiedener Teile der gleichen Maschine. Oder genauer: die Zweitursache ist in bezug auf die Erstursache das, was das Instrument für den Handwerker, der mit dem Instrument zusammen die gewünschte Wirkung hervorbringt. Beide handeln gemeinsam, aber nicht auf gleicher Ebene, sondern in einem Verhältnis der Über- und Unterordnung. Das entstandene Ergebnis ist die Frucht dieses Zusammenwirkens. «Was wir für das Werk von Geschöpfen halten, ist zugleich das Werk des Schöpfers», schreibt ein zeitgenössischer Theologe[22]. «Es handelt sich um eine mitverursachende Tätigkeit». Was wir das Werk der Axt nennen, ist zugleich das Werk des Holzhackers; was wir als das Ergebnis des Operationsmessers bezeichnen, ist zugleich das Werk des Chirurgen. Die Zweitursachen sind demnach am gemeinsamen Ergebnis beteiligt, jede an ihrem Platz und auf ihre Weise. Bei einer Operation nimmt der Chirurg Eingriffe vor, welche die Instrumente allein nicht ausführen könnten, da sie weder sehen, noch beurteilen, noch entscheiden, noch sich bewegen können. Anderseits bringt das Operationsmesser Wirkungen hervor, die einem Chirurgen ohne Instrumente unmöglich sind.

Demnach lassen sich gedanklich ohne weiteres folgende Unterscheidungen festhalten: Erstursache und Zweitursache handeln gemeinsam; die Erstursache ist den Zweitursachen übergeordnet; die Ergebnisse dieses Handelns sind, wenn auch in verschiedenen Wirkgraden, von beiden gleichzeitig verursacht. Berücksichtigt man bei der Frage nach der Vorsehung nicht alle diese Elemente, dann ergeben sich bald schwerwiegende Fehler: eine falsche Auslegung der Heiligen Schrift und die Abwertung, wenn nicht gar Leugnung der unwiderstehlichen Souveränität Gottes über die Geschichte. Man wird zwar zugeben, dass der Mensch handelt; aber man wird nicht mit der gleichen Überzeugung anerkennen, dass Gott ihn führt. Man versteift sich auf die vorwurfsvolle Frage: Wo bleibt da die menschliche Freiheit?

Der Christ wird jedoch in der Bibel, besonders im Alten Testament und in der Apokalypse, immer wieder feststellen, wie oft Gott als Ursache nicht nur der Naturerscheinungen, sondern auch der menschlichen Taten genannt wird. Dieser Hinweis auf die Kausalität Gottes erfolgt bald durch den inspirierten Autor der einzelnen Bücher der Heiligen Schrift, bald durch die beschriebenen Personen.

Satan und der Herr der Geschichte

Klassisches Beispiel dafür ist der reiche Grossgrundbesitzer Ijob, der in einer tragischen Folge von Schicksalsschlägen zunächst seinen Wohlstand, dann seine Kinder und schliesslich auch seine Gesundheit verliert. Dieser «Heilige des Alten Testamentes» [23] schreibt alle diese Prüfungen Gott zu: «Der Herr hat es gegeben, der Herr hat es genommen; der Name des Herrn sei gepriesen.» (1,21). Ijobs Frau ihrerseits lehnt sich gegen Gott auf; denn auch sie macht Gott für diese Unglücksschläge verantwortlich. Sie sagt zu Ijob: «Fluche Gott und stirb» (2,9). Sogar Satan, auf den diese Prüfungen zurückgehen, macht Gott dafür verantwortlich (1,11-12; 5-6).
Gott legte in die Naturordnung die sie beherrschende Gesetzmässigkeit: die Bahnen der Gestirne [24], den Rhythmus der Regenfälle [25], die Zeit der Ernte [26], den Zeitpunkt der Zeugung [27], die Begrenzung des Meeres [28]. Das ganze Universum gehorcht seinem Befehl [29]. Judith schreibt ihren Erfolg im Lager des Holophernes ebenfalls Gott zu. Im Preisgebet lobt sie Gott als den Herrn der Vergangenheit, der Gegenwart und der Zukunft [30].
Die gleiche Überzeugung findet sich an zahlreichen andern alttestamentlichen Schriftstellen. «Des Mannes Schritte sind von Jahwe her bestimmt; was versteht der Mensch denn von seinem Weg?» [31]. «Ich bin der Herr, und sonst ist keiner; ausser mir gibt es keinen Gott. Ich bin Jahwe, der Licht bildet und Finsternis schafft, der Heil wirkt und Unheil schafft; ich bin Jahwe, der alles dies wirkt.» [32]. «Gutes und Böses, Leben und Tod, Armut und Reichtum kommen vom Herrn» [33]. «Geschieht ein Unglück in der Stadt, ohne dass Jahwe es verursacht?» [34].
Man könnte viele Seiten mit Zitaten aus der Heiligen Schrift füllen, die Gottes Souveränität über Menschen, Ereignisse und Dinge bezeugen. Die Vorherrschaft der Erstursache über die Zweitursachen zieht sich tatsächlich als Leitmotiv durch alle Bücher der Heiligen Schrift. Der Schöpfer führt seine Geschöpfe zu den von ihm bestimmten Zielen. Darin liegt der Sinn der Geschichte.
Hier liegt in der Tat ein vortreffliches Offenbarungsele-

ment vor, das uns von der übernatürlichen Ebene her zukommt. Den Völkern der Antike war diese Wahrheit verborgen. Gott allein konnte den Schleier lüften, der dieses Geheimnis den Augen der Menschen verbarg. Nach der Lehre des 1. Vatikanischen Konzils vermag zwar die Vernunft aus eigener Kraft die Existenz Gottes zu entdecken; das setzt aber bereits eine sehr mühselige geistige Anstrengung voraus, zu der nur eine Elite fähig ist. Aber von sich aus käme die Vernunft nie auf die Existenz eines Gottes der Liebe, der mit seiner Macht die Erde umfasst, die ganze Weltgeschichte beherrscht und alle Dinge zielstrebig und unwiderstehlich auf sich als das letzte Ziel hinführt: So schafft er den mystischen Leib. Zur Erkenntnis der Vorsehung, deren Existenz einem Plato, einem Aristoteles und einem Cicero verborgen war, bedurfte die Menschheit einer Erleuchtung von oben. Tatsächlich lüftete Gott den Schleier um einen Spalt, um uns Einblick zu geben in seine Absichten und Pläne mit dieser Welt.
Die Entdeckung, wie und in welchem Masse die Vorsehung in unserer Geschichte wirkt, ist eine der kostbarsten Früchte der Vertrautheit mit der Heiligen Schrift. Sie eröffnet dem Menschen Ausblicke kosmischer Dimensionen. Sie verleiht ihm eine innere Sicherheit, die ihm keine Wissenschaft und keine philosophische Spekulation zu geben vermag. Sie erleuchtet ihn über den Sinn der Geschichte. Emmanuel Kant, der Vater der modernen Philosophie, gesteht, dass er in den vielen hundert Büchern, die er gelesen habe, nicht so viel Licht und Stärkung gefunden habe wie in den Versen des 23. Psalmes: «Der Herr ist mein Hirte, ich leide nicht Not; und muss ich auch wandern im finsteren Tal, ich fürchte kein Unheil, denn Du bist bei mir».
Trotzdem stellen wir fest, dass viel zu wenig Christen diese befreiende Wahrheit kennen. Statt den Menschen die frohe Kunde von Gott als dem Urheber allen Geschehens und dem Herrn der Geschichte zu bringen, werfen sich Prediger und Exegeten zu Kritikern und Verbesserern der inspirierten Autoren der Heiligen Schrift auf. In Verkennung des semitischen Genius behaupten sie, diese mythisch geprägte Welt sei infolge kultureller Unterentwicklung nicht fähig, Erstursache und Zweitursachen voneinander zu unterscheiden. Dies sei der Grund, warum menschliche Taten Gott selbst zugeschrieben werden. Es mag zutreffen, dass die hebräische Sprache damals über einen kleineren und weniger nuancierten Wortschatz verfügte als heutige

Sprachen. Auch mögen ihr Fachausdrücke gefehlt haben, um gewisse philosophische und theologische Nuancen auszudrücken. Es ist aber unzulässig, von der Begrenztheit des Wortschatzes auf geistige Armut zu schliessen. Darum lässt sich der Vorwurf keineswegs aufrecht erhalten, die inspirierten Autoren verwechselten das Wirken der Menschen und das Wirken Gottes.

Das Wort Gottes bedarf freilich einer Interpretation durch das Lehramt; niemals aber darf es korrigiert werden, auch nicht im Namen wissenschaftlichen Fortschritts. Massgebend ist das Beispiel der Kirchenväter und Kirchenlehrer, die in der Enzyklika Pius' XII. über die Biblischen Studien (Divino afflante) als beispielhafte Exegeten bezeichnet werden. Aufgrund einer kontemplativen Lektüre der Bibel gaben sie Gott, was Gott gebührt, und den Geschöpfen, was den Geschöpfen gebührt. Sie schrieben Gott das zu, was ihm als der universellen Erstursache zukommt, ohne dadurch den Beitrag der Zweitursachen zu schmälern. Kirchenväter und Kirchenlehrer anerkennen in ihren Kommentaren zur Bibel die universelle Souveränität Gottes über die Geschichte.

Jenseits von Freud und Leid

Im Kommentar zu Psalm 66 stellt der heilige Augustinus den gewöhnlichen Alltag des Menschen in diese grossen Zusammenhänge: Gott verteile alle angenehmen und traurigen Ereignisse. Ja, selbst die Feinde Gottes würden ihm alles Gute verdanken, auch dann, wenn sie es von anderen empfangen hätten. Gott stehe auch hinter jeder Strafe. Wer über Vermögen, Gesundheit und Sicherheit verfüge, schriebe dies in Unwissenheit Menschen, Engeln oder Dämonen zu. «In Wirklichkeit geht aber letzlich alles auf den zurück, der Macht über alles besitzt» [35].

Die Überlegungen des heiligen Augustinus mögen zunächst überraschen, sie sind jedoch die Anwendung eines philosophischen Prinzips auf die Exegese: Die Bibel stellt Gott als universelle Erstursache vor, die Philosophie lehrt die totale Abhängigkeit der Zweitursachen von der Erstursache. Die Erstursache entscheidet, die Zweitursachen führen aus. Sie setzen, ohne es zu wissen, Gottes Pläne ins Werk, aber in voller Autonomie und eigener Verantwortung. Diese geheimnisvolle Wahrheit entzieht sich frei-

lich dem Zugriff des Psychologen und der Untersuchung des Soziologen; sie liegt in der Heiligen Schrift begründet.
Als Haupturheber der Bibel kann Gott weder sich noch uns täuschen. Es liegt am Menschen, sich durch die Flügel des Glaubens zu den Höhen des Wortes Gottes emportragen, statt sich durch rationalistische Interpretation auf die Ebene einer säkularisierten Welt herunterziehen zu lassen.
Das geheimnisvolle Ineinandergreifen von Erst- und Zweitursache wird in der Heiligen Schrift so oft bezeugt, dass wir diese Tatsache einer ernsten Analyse unterziehen müssen. Im nächsten Kapitel werden wir dieses unfassbare Geheimnis näher zu ergründen versuchen. Zunächst möchten wir dazu den Boden vorbereiten. Wir erinnern an die Normen, die der heilige Thomas für die Exegese scheinbar paradoxer Bibelstellen festlegte, insbesondere für jene Texte, welche eindeutig menschliche Werke auf Gott zurückzuführen scheinen.
Zunächst ein philosophischer Grundsatz: Wer eine Handlung verursacht, handelt mehr als jener, der sie ausführt. Gott ist die Erstursache jeder guten Handlung, der handelnde Mensch die Zweitursache.
Thomas zitiert eine geoffenbarte Wahrheit aus dem Buche Jesaja (26,12): «Unser ganzes Tun, Herr, hast du in uns vollbracht»; ferner den Satz Jesu aus dem Johannesevangelium (15,5): «Ohne mich könnt ihr nichts tun», und aus dem Brief des Apostels Paulus an die Philipper (2,13): «Gott ist es, der in euch ebenso das Wollen wie das Vollbringen schafft, nach seinem Wohlgefallen».
Das Vorgehen des heiligen Thomas entspricht einer strengen Methode. Er geht Schritt für Schritt vor, ohne Etappen zu überspringen. Er baut seine Argumentation auf unbestreitbaren Tatsachen auf, die er teils aus der Philosophie, teils aus der Offenbarung bezieht.
So folgert er: «Die Heilige Schrift schreibt oft die Wirkergebnisse der Natur dem göttlichen Handeln zu. Denn Gott gibt jedem Handelnden die Kraft, nach seiner Natur oder seinem Willen zu handeln; gemäss dem Wort des Dulders Ijob (10,11): ‹Du hast mich mit Haut und Fleisch umkleidet, mit Knochen und mit Sehnen mich durchwoben›; oder gemäss dem Psalmwort (Ps. 17,14): ‹Vom Himmel redete im Donner Jahwe, der Höchste liess seine Stimme erschallen, aus dem Glanze vor Ihm brachen hervor Hagelschauer und Feuerkohlen›»[36].

Der General und seine Truppen

Durch die Betonung der Kausalität Gottes will die Heilige Schrift, wie Thomas von Aquin bezeugt [37], keineswegs das Handeln der übrigen Ursachen ausschliessen; sie unterstreicht lediglich den Primat des göttlichen Handelns.
Es muss betont werden, dass der Begriff Erstursache keine Exklusivität bedeutet. Schreibt man auch Foch oder Montgomery militärische Siege zu, wird damit in keiner Weise das Verdienst der «Handwerker ihrer Siege», nämlich ihrer Truppen, geschmälert: Eine solche Aussage anerkennt einfach die überragende Führerrolle von Foch und Montgomery.
Damit stehen wir beim Kernproblem der Vorsehung. Die angeführten Zitate sollen sowohl das Verhältnis zwischen menschlicher Freiheit und unwiderstehlicher Macht Gottes als auch das Problem der Beziehung zwischen Übel und göttlicher Vorsehung verständlicher machen.
Die Autoren und Helden der Heiligen Schrift schreiben die guten und unerfreulichen Ereignisse der Geschichte, die aufbauenden und zerstörerischen Phänomene der Natur hauptsächlich Gott als Wirkursache zu. Dies geschieht nicht, weil sie geistig beschränkt und zu keiner feineren Unterscheidung fähig sind, sondern auf Grund der Erleuchtung durch Gottes Geist besitzen sie eine tiefere Schau, die das Wesen der Menschen und Dinge durchdringt. Ihre Sprache verrät höchste Intelligenz.
Diese biblischen Gestalten drücken sich nicht wie von Mythen geblendete Primitive aus. Wenn Judith von Bethulien und die Königin Esther die erfolgreiche Rettung ihres Volkes Gott zuschreiben, wenn Gideon, Josua und David Gott für ihre militärischen Siege danken, wenn die Propheten Jesaja, Jeremia und Daniel und der Verfasser der Apokalypse betonen, dass Gott über die politischen und militärischen Grossmächte lacht und sie zur Verwirklichung seiner Pläne gebraucht, dann sind das Zeugnisse privilegierter Menschen, die Gott selbst über seine transzendenten Pläne erleuchtet hat. Sie verhalten sich wie qualifizierte Lehrmeister, die dem modernen Menschen Antwort auf seine beängstigenden Fragen geben: Wohin führt unser Weg? Was ist der Sinn der Geschichte? Von welchen Kräften werden die Ereignisse beherrscht?

Mehrdeutige Begriffe

Zu den Schwierigkeiten für das Verständnis der katholischen Vorsehungslehre gehört auch die Mehrdeutigkeit des sprachlichen Ausdrucks. Der Begriff «Wille Gottes» macht folgende Unterscheidung notwendig: Wille Gottes im Sinne von *Gebot*, und Wille Gottes im Sinne von *Plan*. Ebenso ist zu unterscheiden zwischen dem Plan Gottes im Gedanken Gottes und der Ausführung dieses Planes durch die Menschen. Auch der landläufige Ausdruck: «Gott *respektiert* die Freiheit des Menschen» bedarf einer Präzisierung, will man nicht die Allmacht Gottes in Frage stellen. Gewisse Autoren behaupten, nur eine Minderheit der Menschen lebe im Zustande immerwährender Gnade und damit unter Gottes Wirksamkeit, während die grosse Masse dem Bereich nackter Sinnenhaftigkeit verhaftet sei. Die Heilige Schrift: Gott herrscht unumschränkt über Menschen und Dinge. Nichts kann sich seiner Absicht widersetzen, alles trägt zur Verwirklichung seiner Pläne bei. Kein Haar fällt vom Haupt, ohne dass Gott es weiss. Mögen die Menschen Gottes Gebote missachten durch Lüge, Diebstahl, Totschlag, Unkeuschheit und Blasphemie, keine dieser Sünden geschieht ohne Gottes Vorwissen und ohne Beziehung zu seinem Plan. Es kann also in einem Menschen gleichzeitig die Verletzung eines göttlichen Gebotes mit der Verwirklichung göttlicher Pläne zusammenfallen. Als Jakobs Söhne ihren jüngsten Bruder an Händler verkauften, die nach Ägypten unterwegs waren, verletzten sie Gottes Gebot; aber gerade dadurch erfüllten sie ungewollt den Plan der Vorsehung. Joseph selbst enthüllte nach dem Tod seines Vaters Jakob den Brüdern diese Tatsache: «Ihr dachtet Böses gegen mich, Gott aber lenkte es zum Guten»[38]. Ein noch beeindruckenderes Beispiel für das Zusammenspiel der Verletzung göttlicher Gebote mit der Erfüllung göttlicher Pläne: Alle Amtsinhaber, welche für die Festnahme, Verurteilung und Kreuzigung Jesu verantwortlich waren, machten sich des grössten Vergehens schuldig, des Gottesmordes, des Todesurteils über einen in jeder Hinsicht Schuldlosen. Trotzdem entsprach ihre Tat dem ewigen Ratschluss Gottes. Gewiss erfüllten sie, wie seinerzeit die Brüder Josephs – Joseph gilt als Vorbild für Christus –, ungewollt und unbewusst Gottes Plan. Die Heilige Schrift bezeugt es mit unmissverständlicher Klarheit: «In dieser Stadt haben sich Herodes und

Pontius Pilatus mit den Heiden und den Stämmen Israels zusammengetan gegen Deinen heiligen Knecht Jesus, den Du gesalbt hast, um auszuführen, was Deine Hand und Dein Ratschluss vorausbestimmt hatten» [39].

Verletzung der Gebote Gottes und Erfüllung göttlicher Pläne

Die eben zitierte Stelle aus der Apostelgeschichte hat weitreichende Konsequenzen. Sie wirkt wie ein Scheinwerfer, dessen Lichtstrahl die gesamte Theologie der Geschichte beleuchtet. Sie beweist, dass die Volksmenge und die Amtsinhaber durch *eine* Tat sowohl Gottes Gebot verletzt als auch den Plan der Vorsehung verwirklicht haben. Erinnern wir uns nochmals daran, dass der Ausdruck «Wille Gottes» zwei verschiedene Bedeutungen haben kann: Einmal ist er *Gebot* im Sinne des positiv geäusserten Befehls, das Gute zu tun und das Böse zu meiden: «Das ist Gottes Wille, eure Heiligung». Das andere Mal bedeutet er Gottes von Ewigkeit her bestehenden *Ratschluss;* dieser umfasst sowohl das Gute wie das Böse: Gott bewirkt das Gute, aber er verhindert nicht immer das moralisch Böse. Er lässt es entstehen und wachsen, um es im Verborgenen zur Verwirklichung des Guten beizuziehen, wie ein Gärtner Dünger und Mist zur Zucht von Rosen und Tulpen verwendet.

Beachten wir deshalb mit geistiger Wachsamkeit die doppelte Bedeutung des Begriffes «Wille Gottes»: 1. Als Gebot Gottes und 2. als Plan Gottes. Ohne eine präzise Unterscheidung zwischen beiden Begriffen wird entweder das Übel in der Welt der Souveränität Gottes unterworfen oder der Vorsehung nur ein beschränkter Wirkungskreis zugewiesen. In beiden Fällen wird die Wirklichkeit verfälscht und das biblische Verständnis der Vorsehung beschnitten. Ebenso wichtig ist es, zu unterscheiden zwischen der Festlegung des Planes durch Gott und der Ausführung dieses Planes durch die Geschöpfe.

Thomas von Aquin bezeichnet das Festsetzen des Planes als Vorsehung. Die Ausführung im Lauf der Geschichte nennt er göttliches Walten. Heute jedoch wird unter dem Begriff «Vorsehung» beides verstanden: die Festlegung von Ewigkeit her sowie die Ausführung in der Zeit.

Bei dieser Unterscheidung handelt es sich nicht um eine

theologische Spitzfindigkeit, die einfache Gemüter eher verwirrt als erleuchtet. Die Unterscheidung erfüllt hier eine vorbeugende Funktion. Sie warnt die Gläubigen, sich von äusseren Gegebenheiten verwirren zu lassen. Mag sich darum die Menschheit noch so eigenständig auf der Weltbühne gebärden, sie wirkt ungewollt mit am Plan der Vorsehung. Indem sie ihre Geschäfte besorgt, führt sie – dessen unbewusst – die Geschäfte Gottes aus.

Zufall und Schicksal

Zu den für ein christliches Verständnis der Vorsehung hinderlichen Begriffen gehören *Zufall, Glück und Schicksal.* Ihr Inhalt ist verschieden, je nachdem, ob man den Begriff auf Gott oder auf eine nicht näher bestimmte mysteriöse Macht bezieht, der man die Entscheidung über den Verlauf der Ereignisse zuschreibt.
Zufall gibt es weder für Gott noch für die Menschen, welche die Ereignisse «mit den Augen Gottes sehen». «Was den Menschen als Zufall erscheint, ist Fügung Gottes» (Bossuet). Unerwartete Begegnungen und ein unvorhergesehenes Zusammentreffen von Geschehnissen schreibt der Ungläubige dem Zufall zu. Der Glaubende aber weiss, dass Gott sie von Ewigkeit her in seinen Plan einbezogen hat. Durch die Offenbarung erhielt das Wort «Zufall» im Ausdruck «Vorsehung» seinen neuen, eigentlichen Namen. Für die säkularisierte Welt bleibt hingegen der Zufall «Spottname der Vorsehung» (Chamfort). «Verzichten wir auf Wörter wie Zufall und Schicksal», schreibt Bossuet, «oder verwenden wir sie höchstens als Deckmantel für unsere Unwissenheit. Was wir in unserer Ratlosigkeit als Zufall bezeichnen, ist Absicht in dem höheren Ratschluss Gottes, der alle Ursachen und alle Wirkungen auf derselben Ebene umfasst. So strebt schliesslich alles dem gleichen Ziele zu. Nur wenn wir den Gesamtzusammenhang nicht überblicken, neigen wir dazu, unverständliche Einzelereignisse als Zufall zu bezeichnen»[40].
Welches ist der Inhalt des Begriffs *Schicksal?* «Insofern wir Ereignisse als von der göttlichen Vorsehung im *voraus angeordnet* und gleichsam im *voraus gesagt* ansehen, können wir den Begriff Schicksal zulassen»[41]. Thomas von Aquin hält, wie auch andere Kirchenlehrer, den Begriff trotzdem für doppeldeutig, «weil ihn viele dazu missbrau-

chen, der Position der Gestirne Schicksalsmacht zuzuschreiben».
Thomas von Aquin folgert mit einem Satz des hl. Augustinus: «Wenn jemand mit dem Begriff Schicksal den Einfluss des Willens und der Macht Gottes auf das irdische Geschehen meint, dann ist der Gedanke zwar richtig, die Ausdrucksweise aber korrekturbedürftig» [42].

Ohne Menschen geplant,
aber durch Menschen ausgeführt

Gottes Pläne gehen auf seinen eigenen Ratschluss zurück. Wie der Römerbrief mit feiner Ironie bemerkt, bedarf Gott keiner Ratgeber [43]. Gott hat sich nicht wie Grossindustrielle und Politiker oder wie Bischofskonferenzen mit einem Stab von Experten umgeben. Eine Mitwirkung von Menschen oder Engeln an Gottes Ratschlüssen ist schon deswegen unmöglich, weil diese von Ewigkeit her bestehen, lange bevor Engel und Menschen ins Dasein getreten sind. Gott hat seine Pläne auf göttliche Art gefasst, d.h. in einer Weise, die alle Möglichkeiten menschlichen Verstehens weit übertrifft. «So hoch der Himmel über der Erde ist», sagt das Buch Jesaja, «so hoch sind meine Wege über euren Wegen und meine Gedanken über den euren» [44]. «Meine Gedanken sind nicht eure Gedanken» [45]. Eher versteht ein Kleinkind den Mechanismus einer elektronischen Rechenmaschine, als der gewiegteste Theologe die Pläne Gottes, die jede menschliche Intelligenz überragen. Sie entziehen sich dem menschlichen Begreifen. Sie können so sehr vom üblichen Begriff der Weisheit [46] abweichen, dass der ungläubige Mensch sie als Torheit bezeichnet; aber damit gibt er lediglich zu, dass sie über seinen Horizont gehen.
Diese dem menschlichen Geist unbegreiflichen oder höchstens in Fragmenten zugänglichen Pläne führt Gott aber in der Zeit, d.h. in einem geschichtlichen Ablauf aus. Dabei bedient er sich – den meisten unbewusst – der Menschen. Man könnte dies mit einer Orchesteraufführung vergleichen, bei der die Musizierenden nicht wissen, dass das gespielte Stück von ihrem Dirigenten stammt.
Über der Geschichte ist ein geheimnisvoller Schleier ausgebreitet. Wir vermögen lediglich das äussere Profil, nicht aber die hintergründigen Gesamtlinien zu erkennen. Ob-

wohl von Menschen geprägt, ist die Geschichte in erster Linie Verwirklichung eines göttlichen Planes. Der heilige Augustinus vergleicht die Geschichte mit einem Lied, dessen volle Schönheit man erst erfasst, wenn es bereits verklungen ist[47].

So schreitet Gott inkognito durch die Geschichte und gestaltet sie mit unwiderstehlicher Kraft. Er ist allgegenwärtig und scheint doch fern zu sein. Er ist allmächtig und gilt doch, weil das Böse scheinbar überwiegt, bei vielen als machtlos. Aber der Schein trügt. Souverän herrscht er auch über die Herrscher. Die Menschen bewegen sich, Gott führt sie. Die Hände der Menschen arbeiten und werken, sie fügen zusammen und nehmen auseinander, sie bauen auf und reissen nieder, und gleichzeitig gehorchen sie unbewusst dem unsichtbaren Arm Gottes. Indem sie ihre eigenen Pläne verwirklichen, verwirklichen sie auch die Pläne Gottes.

Der Realismus der Menschen und der Realismus Gottes

Sind das chimärenhafte und mit einem realistischen Weltverständnis unvereinbare Überlegungen? Nein, denn sie stützen sich auf die Heilige Schrift. An vielen Stellen bezeugt sie die Souveränität Gottes über die Menschen oder, philosophisch gesprochen, die absolute Vorrangstellung der Erstursache gegenüber der Gesamtheit der Zweitursachen. Solche Erwägungen stehen nicht in Widerspruch zu einer realistischen Schau der Dinge, sie sind vielmehr deren Grundlage. Über den Realismus der Menschen hinaus, die nur einige Ausschnitte des Kosmos und einige Zipfel der Geschichte erfassen, umfängt der Realismus Gottes die Gesamtheit der Schöpfung und den ganzen Ablauf der Geschichte. Den Glaubenden eröffnet gerade die Offenbarung die Möglichkeit zu einer realistischen Schau der Dinge. Gott lässt sie die Welt mit seinen Augen sehen. Von den Terrassen des Pincio überblickt der Besucher einen Ausschnitt der Ewigen Stadt; überfliegt er Rom aber im Flugzeug, dann tut sich vor seinen Augen die ganze Stadt auf.

So überragt eine Betrachtung der Geschichte aus biblischer Sicht eine Geschichtsanalyse, die nur auf der Untersuchung innerweltlicher Ereignisse, Ursachen und Entwicklungen beruht. Die Geschichte erstreckt sich von der fernsten Vergangenheit in die fernste Zukunft. Sie steigt von der Ewigkeit Gottes herab und kehrt dorthin zurück.

Das Drama unserer Epoche

Für ein echtes Verständnis der christlichen Vorsehungslehre verdient ein Element unserer Zeitepoche besondere Aufmerksamkeit: Weil heute Technik und Naturwissenschaften übermässig bewundert werden, reagieren nicht nur glaubensferne Zeitgenossen, sondern auch gebildete Christen allergisch gegen Philosophie, Theologie und Spiritualität. Paul VI. hat die Besucher seiner Mittwochaudienzen oft auf diese Tatsache hingewiesen.
Der Papst sieht das «Drama unserer Epoche»: die einen – dogmatisch abgestützt – huldigen einer vorsehungsgläubigen Weltanschauung, die andern – wissenschaftsgläubig – klammern den Schöpfer aus. «Die Vorsehung ist in der Tat der Lichtreflex des göttlichen Gedankens in Welt und Geschichte; ihre augenfällige und ihre verborgene Weisheit durchdringt alle Dinge. Die Lehre von der Vorsehung gibt uns darüber Aufschluss, dass die Welt ihr Dasein und ihren Sinn Gott verdankt. Demgegenüber führt eine Denkweise, die sich einzig auf eine naturwissenschaftliche Analyse verlässt, zahlreiche Zeitgenossen zur Überzeugung, der Determinismus sei das einzige Naturgesetz und die einzige Naturerklärung» [48].
Dieses «Drama unserer Epoche» ist einerseits auf die Übersättigung mit dem Sichtbaren, andererseits auf eine geistige Unterernährung zurückzuführen: «Geistig sind die Menschen heutzutage mit empirischen und wissenschaftlichen Kenntnissen des Konkreten übersättigt. Sie interessieren sich nur noch für das Nützliche. Sie begnügen sich mit wirtschaftlichem Fortschritt und mit Vergnügen, mit der experimentell und sinnenfällig feststellbaren Welt, mit der Welt des angeblich Wirklich-Realen, mit den greif- und messbaren Wirklichkeiten des Experimentes. Darum empfinden sie kein Bedürfnis nach der Welt des Unsichtbaren, des Transzendenten, des Geheimnisses, nach etwas, das die innere Leere erfüllen könnte» [49].
In einer andern Mittwochansprache weist der Papst darauf hin, dass der einseitige Kult der positiven Wissenschaften den modernen Menschen aus dem Gleichgewicht

bringt. «Was heute zählt, ist die wissenschaftlich und rational abgestützte Kenntnis, das physische, quantitative, experimentelle Wissen, das aber den menschlichen Geist nur ungenügend ausfüllen kann. Man wähnt sich getragen von einer dem menschlichen Geist von Natur aus gewährten Sicherheit[50]. Bleibt die menschliche Intelligenz auf dieser Erkenntnisstufe stehen, dann begibt sie sich eines bedeutenden Vorzugs, nämlich der Fähigkeit, zu wesentlichen metaphysischen Wahrheiten vorzudringen. Auf dieser höheren, dem Menschen allein vorbehaltenen Geistesebene vermag der Mensch, kraft seiner natürlichen Fähigkeiten, aber noch mehr kraft der Offenbarung, Gott auf wirkliche und echte Weise zu begegnen»[51].
Ist es also verwunderlich, dass «die spekulative Fähigkeit des heutigen Menschen rudimentär ist»[52], dass er «vor dem Transzendenten Angst hat»[53], und dass er «auf geistig-religiöser Ebene sich wie ein Analphabet benimmt»[54].

Die neue Idolatrie

Die positivistische Mentalität lenkt den menschlichen Geist von den Bereichen höheren Wissens ab und erfüllt ihn mit einer Art Trunkenheit. Sie nährt in ihm die hochmütige Meinung, der Mensch genüge sich selbst und könne auf Glaube und Gebet verzichten.
«Wir haben den Weg der Weisheit vernachlässigt, um die Strassen der Wissenschaft zu gehen. Zwar schliessen sich Weisheit und Wissenschaft nicht gegenseitig aus, beide sind im Gegenteil aufeinander angewiesen; aber es ist eine Tatsache, dass sich die moderne Mentalität mit der Gewissheit und dem praktischen Nutzen ihres begrifflichen und wissenschaftlichen Rationalismus begnügt, und dies auf Kosten der philosophischen Beweisführung (vgl. Römer 1,20) und auf Kosten der Wahrheitserkenntnis durch moralische Rechtschaffenheit (vgl. Joh. 3,21).
All das erschwert eine christliche Lebensführung und Glaubenshaltung. Methodische Fehler, Unterlassungssünden und Abweichungen von der üblichen pädagogischen Linie werden heute von der öffentlichen Meinung recht übel vermerkt. Aber noch viel mehr hindern exklusiver Laizismus und materialistische Verblendung den modernen Menschen am Gebrauch seiner höheren geistigen

Fähigkeiten. Sie verbauen ihm den Kontakt mit der Welt des Religiösen und ihrer unabdingbaren Wirklichkeit. Diese tut Gott nur jenen auf, die sich in Demut um seine Erleuchtung bemühen» [55].

«An die Stelle des verdrängten Glaubens tritt nicht etwa die Vernunft, sondern eine grosssprecherische, selbstsichere Irrationalität, sagt Professor Sergio Cotta. Dieser Bemerkung möchten wir hinzufügen, dass an die Stelle des Glaubens ein mittelmässiger und unterwürfiger ideologischer Konformismus getreten ist» [56].

An die Stelle echten Gottesdienstes ist eine neue Idolatrie getreten. «Als Menschen unserer Zeit sind wir für diese Idolatrie besonders anfällig: aus jedem Wunsch, jedem abstrakten Einheitsideal, aus der Wahrheit, der Güte, der Sehnsucht nach echtem Glück, aus der Macht, der Kunst, der Liebe, aus der Schönheit macht sie ein höchstes Gut, ein beherrschendes absolutes Wesen. So verfallen wir nicht weniger kindisch als die Antike einem Menschenbild, in dem die sinnenfälligen und natürlichen Phänomene den ersten Rang einnehmen. Aber der Mensch genügt dem Menschen nicht» [57]. Dauernder Umgang mit positivistisch denkenden Menschen prägt nach und nach auch die Christen, falls sie nicht durch gesunde Urteile, solide religiöse Bildung und vertieftes geistliches Leben ein echtes Gegengewicht schaffen. Die Berührung mit dem Positivismus führt zur Ansteckung, die in fataler Weise immer weiter um sich greift.

Über Priester und Laien, die sich anstecken lassen, dringt der Positivismus auch in die christliche Kirche ein.

Dafür gibt es genügend Belege: Wenn von der Kanzel herab Bittprozessionen und Gebet um Regen lächerlich gemacht werden; wenn Theologen «den Tod Gottes» verkünden und die Auferstehung Christi leugnen; wenn Dozenten sich zum Massstab des Geistes, ja der göttlichen Realität aufspielen.

Kardinal Jean Daniélou fällt ein hartes Urteil: «Wenn ein Mensch nur das annimmt, was er intellektuell erfasst, und alles wissenschaftlich nicht Erklärbare als Ausfluss der Einbildung abtut, dann müsste er eigentlich das Funktionieren seiner Intelligenz in Frage stellen. In Wirklichkeit handelt es sich nämlich nicht mehr um den legitimen Gebrauch der Intelligenz, sondern um die Anmassung, Norm und Gesetz der Wirklichkeit zu sein» [58].

Aufgrund geistiger Verführung wurde der Glaube vieler

Menschen zerstört und mit ihm das Verständnis für die Lehre der Vorsehung. Sie sollten sich an der Heiligen Schrift orientieren, die viele Stellen über die Vorsehung bringt. Ausserdem gibt es tiefgründige Bibelauslegungen, wie die eines Thomas von Aquin und eines Augustinus. Ist etwa die Lehre von der Vorsehung nicht mehr modern? Sie füge sich, hört man, nicht mehr in das heutige Weltbild ein, das vom wissenschaftlichen Fortschritt geprägt sei. Sie widerstrebe moderner Mentalität. Und wer sich zur katholischen Lehre von der Vorsehung bekennt, setzt sich dem Mitleid und der Ironie jener aus, die sich auf der Höhe der Zeit glauben und sich für fähig halten, die Geschichte modern zu deuten.

Lassen auch wir uns in unserer Überzeugung beirren? Hat die Stunde geschlagen, die feststehende Tradition der Kirche aufzugeben und sich augenblicklichen Strömungen anzuschliessen?

Die Verwirrung so vieler Christen, denen die Geborgenheit der Vorsehungslehre fremd ist, ermutigt uns zu einer entgegengesetzten Stellungnahme: Wir wollen die immer gültige Lehre über die Vorsehung vertiefen, um ihre Fruchtbarkeit für das tägliche Leben des Christen besser kennen zu lernen.

III.
Gottes Hände

Im Tridentinischen Katechismus, der auf Beschluss des Konzils von Trient durch Pius V. und Klemens XIII. herausgegeben wurde, finden wir eine allgemeinverständliche, knapp 20 Zeilen umfassende Darstellung der göttlichen Vorsehung. Sie lautet: «Wenn wir erfassen, dass Gott Urheber und Schöpfer aller Dinge ist, dürfen wir nicht glauben, das von ihm einmal vollendete Werk könne ohne seine unendliche Macht selbständig weiterbestehen. Wie alles, um existieren zu können, der souveränen Macht, Weisheit und Güte des Schöpfers bedurfte, so muss sich das Wirken der Vorsehung dauernd mit allem Geschaffenen befassen. Würde Gott sein Werk nicht mit derselben Kraft wie beim anfänglichen Schöpfungsakt erhalten, müsste es augenblicklich ins Nichts zurückfallen. Dies bezeugt eindeutig die Heilige Schrift: ‹Wie hätte etwas Bestand gehabt, wenn Du es nicht gewollt, oder wie wäre etwas erhalten worden, wenn es nicht von Dir gerufen wäre?›» (Weisheit 11,25).
Offensichtlich stimmen die landläufigen Meinungen mit dieser Darlegung des Katechismus nicht überein. Die meisten Christen anerkennen Gott zwar als Schöpfer des Universums. Geben sie aber auch zu, dass alles Geschaffene, Menschen und Dinge, Berge und Sterne, die Vögel des Himmels und die Lilien des Feldes, von Gott weiter im Dasein erhalten werden und ohne ihn ins Nichts zurückfallen würden? Anerkennen sie, dass Gottes Schöpfungstat durch eine ebenso reale Erhaltungstat weitergeführt wird? Es verhält sich wie bei der Elektrizität: Fällt nachts im Elektrizitätswerk der Strom aus, sind augenblicklich ganze Bezirke und Stadtteile in Dunkel gehüllt. Der Katechismus stützt seine Aussagen nicht auf die Philosophie ab. Die würde nur wenige überzeugen.
Als ein für jeden Christen verbindliches Argument führt der Katechismus das Wort Gottes an. Gott selbst hat nämlich gesagt, dass die Geschöpfe ohne seine dauernde Erhaltungstat nicht existieren könnten. «Die Gewissheit, die vom göttlichen Licht herkommt, ist grösser als die Gewissheit aufgrund der natürlichen Vernunft»[59].

Aber die Offenbarung führt uns noch näher an das Geheimnis Gottes heran, noch mehr in die Tiefen seines Handelns in bezug auf die Menschen und die Ereignisse. Der Katechismus des Konzils von Trient fährt fort: «Durch seine Vorsehung hält und lenkt Gott nicht nur seine Schöpfung, er ist es auch, der allem, was sich bewegt und handelt, Bewegung und Handlung erst ermöglicht. Ohne Zwang auszuüben, beherrscht er den Einfluss der Zweitursachen. Dabei handelt es sich um ein verborgenes Einwirken. Wie das Buch der Weisheit sagt, erstreckt es sich, kraftvoll wirkend, von einem Ende der Welt zum andern und durchwaltet vortrefflich das All (Weisheit 8, 1). Darauf bezog sich der Apostel, als er den Athenern von jenem Gott kündete, den sie verehrten, ohne ihn zu kennen: Er ist nicht fern von einem jeden von uns. Denn in ihm leben wir, bewegen wir uns und sind wir (Apostelgeschichte 17, 27–28)».
Diese Stelle des Tridentinischen Katechismus beruft sich auf die Predigt des heiligen Paulus vor der Athener Intelligenz und stösst zum Kern des Geheimnisses der Vorsehung vor. Gott ist nicht bloss Ausgangspunkt der Existenz von Menschen und Tieren, er verleiht allem, was sich bewegt, die Bewegung und dem, was tätig ist, das Tätigsein. Gott erhält also den Menschen immerzu im Dasein und im Tätigsein. Im menschlichen Wirken ist unablässig Gott tätig. Im Tridentinischen Text folgt dann eine Präzisierung, auf die Paulus in seiner Predigt auf dem Areopag nicht zu sprechen kam, da die Athener am Problem der Beziehungen zwischen der Allmacht Gottes und der Freiheit des Menschen nicht interessiert waren. Der Text erklärt, dass das verborgene Wirken Gottes den Menschen in seiner Tätigkeit in keiner Weise hemmt oder beschränkt. Das Wirken Gottes ist im Gegenteil der auslösende Faktor, der das menschliche Wirken zum Ziel führt.
Durch das ständige Einwirken der göttlichen Macht auf die Gesamtheit der Menschen und der Dinge ist Gott wirklich, nach einem von Pius XII. geprägten Ausdruck, «der Herr der Geschichte»[60]. Es fällt auf, dass der Katechismus des Konzils von Trient trotz des Verzichts auf philosophische Argumentation einen aus der Philosophie stammenden Begriff verwendet: Zweitursachen. Dies ist bemerkenswert, da die Konzilsväter, welche den Katechismus angeregt haben, diesen ja nicht für Seminarprofessoren, sondern für praktische Seelsorger vorgesehen haben. Bedeu-

tet das nicht, dass auch die einfachen Christen eine genaue Kenntnis der Begriffe Erstursache und Zweitursache haben müssen, um Gottes Walten in den geschichtlichen Ereignissen zu erkennen?

Der Holzhacker und die Axt

Worin unterscheiden sich die beiden Ursachen?
Vereinfachend kann man die Zweitursache mit dem Werkzeug, die Erstursache mit dem Handwerker vergleichen. Das Werkzeug betätigt sich nicht selbst, es wird vom Handwerker gehandhabt. Für sich allein ist die Axt untätig, erst in der Hand des Holzhackers fällt sie Bäume und trennt Äste vom Stamm. Hirn und Hand des Holzhackers erst führen die Axt zu ihrer Wirkung.
Neben der instrumentalen Zweitursache unterscheidet man auch eine ministerielle Zweitursache. Setzt jemand einen andern Menschen zur Erfüllung einer Aufgabe ein, dann ist der erste die Hauptursache, der andere die ministerielle Zweitursache. Lässt beispielsweise ein Unternehmer durch den Sekretär Aufträge an Arbeiter überbringen, oder lässt ein Komponist sein Lied durch einen Chor aufführen, dann sind Sekretär und Chor ministerielle Zweitursachen im Dienste der Hauptursache.
Wem ist das Ergebnis der Zusammenarbeit einer Hauptursache mit ministeriellen Zweitursachen zuzuschreiben? Und auf wen geht das Resultat zurück, wenn die Hauptursache sich instrumenteller Zweitursachen bedient hat? Wem gebührt der Applaus für die musikalische Darbietung, dem Dirigenten oder dem Orchester? Ist bei einem militärischen Erfolg der Offizier oder seine Truppe der Sieger? Hat der Waldarbeiter oder seine Axt den Baum gefällt? Geht der Erfolg einer Operation auf den Arzt oder auf die chirurgischen Instrumente zurück?
Die Antwort ist klar: Das Verdienst kommt vor allem der Hauptursache zu: dem Dirigenten, dem Offizier, dem Waldarbeiter, dem Chirurgen. Hauptsächlich, aber nicht ausschliesslich; denn am Gelingen des Werks sind in untergeordneter Weise auch die instrumentalen und ministeriellen Sekundärursachen beteiligt: der Chor, die Truppe, die Axt, das Operationsmesser.
So urteilt schon der gesunde Menschenverstand. Jedermann kennt folgende Situation: Das Orchester führt mit

gekonnter Meisterschaft ein klassisches Stück auf. Das Publikum klatscht begeistert Beifall. Der Dirigent kehrt sich zum Publikum, lächelt, verneigt sich und weist dann mit weiter Geste auf das Künstlerensemble. Nun erhebt sich die erste Geige, verneigt sich, nimmt den Applaus mit einem dankbaren Lächeln entgegen und deutet dann mit dem Arm auf den Dirigenten, um damit auszudrücken: Er verdient in erster Linie den Applaus.
Wer hat Recht, der Dirigent oder die erste Geige? Wer darf den Erfolg für sich beanspruchen? Die Antwort ist einfach: Alle haben gleichermassen, und doch jeder auf seine Weise dazu beigetragen: der Dirigent und die Musiker. Trotzdem fällt die Leistung des Dirigenten stärker ins Gewicht als die des Orchesters. Auf der Ebene der Wirkursache ist sein Beitrag zum Erfolg, wenn auch nicht ausschliesslich, doch von erstrangiger Bedeutung. Ein anderes Beispiel: Beim Pferderennen erringt der Reiter Odysseus den glänzenden Sieg. Wer ist der Sieger? Er oder sein Pferd Gazelle? Wem gelten die bewundernden Blicke? Worauf richten sich die Fernsehkameras? Selbstverständlich werden am Bildschirm Ross und Reiter gezeigt. Trotzdem werden sich die Pressekommentare in erster Linie mit dem Reiter befassen, denn er war zwar nicht die einzige, wohl aber die Hauptursache des Sieges.
Die Heilige Schrift vergleicht Gott mehrfach mit einem Handwerker und die Menschen mit Instrumenten, deren er sich zur Verwirklichung seiner Absichten bedient. Gott erscheint als Haupt- oder Erstursache, die Menschen als Zweitursachen. Ein gutes Beispiel liefert die biblische Geschichte über Joseph und seine Brüder. Die eifersüchtigen Brüder haben ihn in die Sklaverei verkauft. Gott benützt die Bosheit der Brüder – sie sind Instrumente in Gottes Plan – um Joseph auf den Posten eines Premierministers im Reiche des Pharaos zu bringen. Auch Mose ist ein Instrument Gottes. Durch ihn befreit Gott die Israeliten und führt sie nach langer Wüstenwanderung in das Gelobte Land. Erneut stellt sich die oben aufgeworfene Frage: Wer ist der Urheber dieser Vorgänge und ihrer Folgen? Gott als Erstursache, oder die von ihm benutzten Zweitursachen? Hat Gott, oder haben Jakobs Söhne den jungen Joseph nach Aegypten gebracht? Hat Gott die Israeliten vom Joch Pharaos befreit und sie, wie die Psalmen so oft wiederholen, in das verheissene Land Kanaan geführt, oder ist diese Befreiung das Werk des Mose?

Wenn Gott öffnet, vermag niemand zu schliessen

Die obige Fragestellung ist keineswegs eine Haarspalterei. Sie führt vielmehr zum Kern einer echten Theologie der Geschichte.

Die Antwort ist so klar wie das ungetrübte Wasser einer Quelle: Josephs Verpflanzung nach Ägypten und die Befreiung der Israeliten sind gleichzeitig das Werk Gottes und der Menschen. An beiden Ereignissen sind beide Seiten beteiligt. Nur hat Gott als Erstursache in viel entscheidenderer Weise mitgewirkt. Die dienenden Zweitursachen haben in voller Freiheit, und doch unter seinem verborgenen Impuls gehandelt. Gottes ursächliche Tätigkeit ist vorrangig. Josephs Drama und das Epos der Befreiung der Israeliten sind zunächst sein Werk, erst in zweiter Linie das Werk der Menschen.

Nun muss freilich klar festgehalten werden, in welcher Weise Gott Menschen und Dinge für seine Ziele einsetzt.

Dank der Allmacht, der kein Geschöpf zu widerstehen vermag, ist Gottes Einfluss auf Menschen und Dinge vollkommen. Er bedient sich ihrer nach seinem Belieben, ohne aber ihre Identität anzutasten. Gott wirkt als Gott, d. h. als vollkommenes Wesen; er wird durch keine Widerstände beeinträchtigt.

Der Mensch handelt als Mensch, d. h. als unvollkommenes Wesen.

Meist bleibt der Mensch hinter seinen Zielen zurück. Selten ist die Verwirklichung besser als das gesteckte Ziel. Fast immer tun wir weniger, als wir uns vornehmen. Gott hingegen verwirklicht seine Pläne vollkommen, d. h. bis ins kleinste Detail. Christus selbst sagt ja, dass nicht einmal ein Haar von unserem Haupt fällt, ohne dass Gott es anordnet.

Im diplomatischen Dienst haben sich die Botschafter genau an die Weisungen ihres Aussenministers zu halten. Je nach Fähigkeit und gutem Willen fügen sie sich mehr oder weniger den Weisungen. So kann es vorkommen, dass ihr Handeln nicht voll den Direktiven ihrer Regierung entspricht. Ganz anders verhält es sich bei den Agenten Gottes, des «Königs der Könige». Sie tun weder mehr noch weniger, sondern genau, was ihnen aufgetragen ist. Sie gehen weder über das gesetzte Ziel hinaus, noch bleiben sie dahinter zurück. Gott bestätigt es selbst: «Mein Ratschluss wird sich sicher erfüllen, und was immer ich will,

das führe ich aus»[61]. Andererseits lässt Gott scheitern, was seinen Plänen nicht entspricht: «Schmiedet Pläne, sie werden vereitelt»[62]. Kurz: «Wenn Gott öffnet, vermag niemand zu schliessen; wenn er schliesst, vermag niemand zu öffnen»[63].
Immer und überall beherrscht die Erstursache Gott mit seinem Einfluss den Lauf der Geschehnisse. Die Zweitursachen betätigen sich auf der Weltbühne, aber die Erstursache führt sie.

Wenn ich spreche, begehe ich Verrat

Im Vorausgehenden wurde Thomas von Aquin bereits mehrmals zitiert. Er wird auch im folgenden oft zu Wort kommen, so sehr bringt seine Lehre Klarheit über den Sinn der Geschichte. Bedeutsam für das Verständnis seines Gedankens ist das Ereignis, welches ihn bestimmte, für immer auf das Lehramt zu verzichten.
Es war am 6. Dezember 1273 im Studienhaus der Dominikaner von Neapel. Während der Messe versank Thomas in Ekstase. Seit dieser Messfeier weigerte sich Thomas trotz der Bitten seiner Mitbrüder, weiterhin zu unterrichten oder zu schreiben. «Im Vergleich zu dem, was ich geschaut habe», bekannte er seinem Sekretär Bruder Reginald, «erscheint mir alles, was ich geschrieben habe, wie Stroh». Was er gesehen hatte, liess ihn ahnen, welche Kluft zwischen seinem theologischen Unterricht und der Wirklichkeit Gottes bestand. Welch tiefe Lehre liegt in diesem Schweigen des «heiligsten Gelehrten und des gelehrtesten Heiligen» auf dem Höhepunkt seiner geistigen Einsicht[64].
Als Stroh bezeichnet Thomas von Aquin also seine theologischen Schriften, weil er sie als armseligen Ausdruck der göttlichen Wirklichkeit empfindet. Ähnlich erging es Angela von Foligno: Was sie über Gott gesagt hatte, bezeichnete sie später als ein Nichts, ja sogar als Verrat. Am Ende einer Kontemplation bekannte sie: «Meine Worte erscheinen mir als ein Nichts. Ja noch mehr: Sie erfüllen mich mit Entsetzen. O tiefstes Dunkel! Meine Worte sind Schmähungen; meine Worte sind Gotteslästerung. Schweige, schweige, schweige». Als sie ein andermal aus der Ekstase erwachte, bat sie ihre Freunde: «Zwingt mich nicht zum Sprechen. Ich könnte nicht sprechen, nur Gott lästern.

Wenn ich den Mund öffne, würde der Versuch, Gott zu bezeugen, ein Verrat an ihm»[65].
Die franziskanische Mystikerin und der «doctor angelicus» empfinden ihr Sprechen über Gott als unzulänglich. Der Theologe nennt es Stroh, die Mystikerin spricht von Verrat, von einem Nichts, von Gotteslästerung.
Enthalten diese Äusserungen nicht eine tiefe Wahrheit, die heute von Theologen, Predigern und Katecheten übersehen wird? Wie denkt die Kirche darüber?

Vom unwissenden Wissen zum wissenden Unwissen

Gott ist der Unerkennbare. Je mehr wir ihn zu kennen glauben, umso weniger kennen wir ihn. Bezogen auf das Erkennen Gottes ist «Nichtwissen» höchste Weisheit, andererseits kann theologisches Wissen den Höhepunkt von Unwissenheit darstellen, wenn es sich einbildet, das Wesen und Wirken Gottes zu verstehen[66].
Stellen wir uns folgendes vor: Für die Dauer eines Morgens erhalten die Frösche eines Sumpfes die Gabe der Vernunft und beginnen gescheite Diskussionen über das Meer. In ihrem kühlen Bau nebenan erörtern die Maulwürfe die Bedeutung der Sonne. Wie beschränkt und einfältig wäre solches Reden von der Unermesslichkeit des Ozeans oder vom Licht und von der Wärme der Sonne. Frösche und Maulwürfe blieben entsetzlich weit hinter der Wirklichkeit zurück. Einzig auf das Licht ihrer natürlichen Vernunft angewiesen, wären aber die Menschen von der göttlichen Wirklichkeit noch unendlich weiter entfernt.
Der menschliche Verstand vermag die Existenz Gottes und einige seiner Attribute wie Güte, Weisheit und Allmacht zu erkennen. Das ist alles. Gottes Natur bleibt für die Intelligenz des Menschen unfassbar. Unser Denken und Wollen erreicht nur die Schwelle seines Geheimnisses.
Selbst mit Hilfe der Offenbarung können wir im Diesseits die Natur Gottes nicht verstehen. Der heilige Johannes vom Kreuz braucht folgenden Vergleich, um den Unterschied zwischen der Substanz Gottes und dem Wiederschein Gottes auszudrücken: Gott ist wie eine Goldvase, die mit einer Silberschicht überzogen ist. Die äussere Schicht ist uns im Glauben zugänglich, das wirkliche Sein wird sich uns erst in der ewigen Anschauung öffnen.

Wie die versilberte Oberfläche sind die dogmatischen Formulierungen, die den Verstand erhellen. Die Goldvase selbst versinnbildet die Wahrheit und das göttliche Wesen. Im Glauben werden für uns einige Lichtreflexe der Wirklichkeit Gottes sichtbar, ohne dass wir die Tiefe der Natur Gottes verstehen[67].

Der Mystiker, der tiefer als der Theologe in das Geheimnis Gottes einzudringen vermag, gewinnt dadurch ein stärkeres Bewusstsein der Unaussprechlichkeit Gottes. Einer der grossen Bischöfe der Ostkirche in den ersten christlichen Jahrhunderten, der heilige Johannes Chrysostomus, befasste sich mit besonderer Vorliebe mit dem Thema der Unerkennbarkeit Gottes. In seiner Bischofskirche zu Konstantinopel verkündete er seinen Christen unaufhörlich die «Unverstehbarkeit» Gottes: «Angenommen, zwei Männer streiten sich über die Weite des Himmels, und jeder behauptet zu wissen, wie weit der Himmel reicht. Der eine rühmt sich, den Himmel mit blossem Auge zu überblicken. Der andere prahlt, er könne den Himmel mit der Handfläche messen. Wer von beiden kennt eurer Ansicht nach die Grösse des Himmels? Der, welcher vorgibt zu wissen, wieviele Spannen der Himmel misst, oder der andere, der zugibt, das er es nicht weiss? Wohl derjenige, der das weite Firmament als unermesslich, als unmessbar bezeichnet. Müssen wir nicht mit derselben Zurückhaltung von der Unermesslichkeit Gottes sprechen? Eine gegenteilige Einstellung wäre doch Wahnwitz»[68].

Johannes Chrysostomus macht folgende Unterscheidung: Gottes *Dasein* ist für unsere Vernunft fassbar, Gottes *Wesen* entzieht sich aber unserem Wissen. «Wir wissen nicht, was Gott ist; wir wissen aber, dass Gott ist. Wir wissen nicht, was die Weisheit Gottes ist, wir wissen aber, dass Gott weise ist. Dass Gott gross ist, wissen wir; wie gross er ist, wissen wir nicht. Es ist bekannt, dass seine Vorsehung alle Dinge hält und lenkt, unbekannt aber ist, wie er es tut»[69].

Gott ist unserem Erkennen nicht völlig unzugänglich; aber was wir von ihm wissen, ist unendlich klein. Wenn wir wissen, dass Dante, Pascal, Mozart, Vinzenz von Paul und Papst Johannes XXIII. gelebt haben, wissen wir zwar, dass es sie gab. Aber ihre Persönlichkeit und ihr Werk haben wir noch keineswegs erfasst. Zwischen dem Wissen um die Existenz grosser Menschen und dem tieferen Erfassen ihrer Wesensart können Abgründe liegen.

Diese hohe Auffassung von Gottes Wesen erringt der gewöhnliche Mensch nur in einem Leben voll Studium, Gebet und Betrachtung. Um «von unwissendem Wissen zu wissender Unwissenheit»[70], d.h. vom Bücherwissen zur unvergleichlich höheren mystischen Unwissenheit zu gelangen, muss man einen langen Weg zurücklegen. «In der letzten Etappe auf unserem Weg der Gotteserkenntnis müssen wir anerkennen, dass wir ihn nicht erkennen»[71]. Solches Nichtwissen ist die Krönung des Wissens[72].
Darum betet Augustinus: «Welche Wirklichkeit sagt man aus, wenn man von Dir spricht, mein Gott? Und trotzdem weh denen, die über Dich schweigen»[73].
«Das Sprechen von Gott ist immer gefährlich», sagt ein mit dem Denken der Kirchenväter vertrauter moderner Theologe. Darin liegt für jeden, der über Gott reden muss, die Tragik, dass er genau weiss – um ein Wort Karl Barths zu gebrauchen – «dass nur Gott über Gott sprechen kann». Wer von Gott spricht, fühlt, wie sein Reden das, worüber er sprechen soll, gleichzeitig enthüllt und verhüllt..., und wie alles, was nicht absolut transparent ist, wie eine Trennwand wirkt. Gott ist so erhaben, dass jedes unrichtige Wort den Weg zur Erkenntnis Gottes verbaut. Trotzdem muss man von Gott sprechen»[74].
«‹Wenn wir menschliche Worte auf Gott anwenden, sind sie wie erblindete Löwen, die in der Wüste nach Quellwasser suchen›. In diesem ergreifenden Bild fasst Léon Bloy zusammen, was die grössten Denker und Heiligen im Verlauf von Jahrhunderten empfunden haben. Wenn der Christ von Gott spricht, weiss er genau, wie erbärmlich seine Rede ist. Angesichts der göttlichen Wirklichkeit zerplatzen Worte und Vorstellungen wie Kinderballone beim Aufblasen[75].
Man kann Gott nicht mit Händen greifen, um ihn zu messen und zu wägen. Er entzieht sich jeder Untersuchung. Er lässt sich nicht in Rahmen pressen. Er lässt sich weder auf unsere Massstäbe noch auf unsere Analysen verkleinern. Gott ist lebendig, er ist der Lebendige»[76].
«Sieh, Gott ist gross, und wir erkennen ihn nicht»[77]. Er ist der Unvergleichliche, «dem keiner gleichkommt»[78].
Trotzdem ist es nötig, mit den Überlegungen fortzufahren und sie auf die Wirklichkeit des Alltags anzuwenden.
«Der schlechthin Seiende ist auch der schlechthin Han-

delnde», sagt Katharina von Siena. Sein und Handeln sind in Gott identisch. Gottes Wesen ist für uns unbegreifbar, und ebenso unbegreifbar ist für uns sein Wirken in der Geschichte. Wenn der menschliche Verstand schon das Wesen Gottes nicht begreift, erfasst er die Natur seines Handelns ebenso wenig. Sein Handeln ist so unerforschlich wie seine Eigenschaften.
«Euer Lobpreisen erhebe den Herrn, soviel ihr könnt, denn er ist noch grösser. Wenn ihr anhebt, schöpft neue Kraft und werdet nicht müde, denn ergründen könnt ihr ihn nicht«[79]. Diese Stelle aus Jesus Sirach inspirierte Thomas von Aquin zu folgenden Erwägungen: «Unser Glaube ist auf die göttliche Wahrheit, unsere Liebe auf die Güte Gottes, unsere Hoffnung auf seine Grösse, Allmacht und Barmherzigkeit ausgerichtet. Aber dieses Mass übersteigt jede menschliche Fähigkeit. Niemals kann man Gott so lieben, wie man ihn lieben sollte; niemals kann man gebührend an ihn glauben und auf ihn hoffen. Und noch viel weniger kann man darin zuviel tun»[80].
Im Kommentar zu der bekannten Stelle im Epheserbrief (Epheser 3,18–19), worin Paulus über die Unbegreifbarkeit Gottes spricht, schreibt ein Exeget unserer Tage: «Die Liebe Christi ist unermesslich und mit keinem menschlichen Gut vergleichbar. Darum sollen die Christen sie nicht wie eine endliche Grösse betrachten, sondern anerkennen, dass die Liebe jegliches Verstehen übersteigt. Sie ist verzehrender als das Feuer, tiefer als das Meer, erhabener als der Himmel, höher als jede Zahl und jedes Mass. Auch die Auserwählten müssen die ewige Neuheit dieser Liebe stets neu erforschen und entdecken»[81].
Das Geheimnis Gottes ist ein Abgrund. Je mehr man ihn erforscht, umso unerforschlicher wird er. Es ergeht einem wie den Astronomen, die beim Vordringen in die unendlichen Räume immer neue Konstellationen entdecken. Werden also die Vorstellungen auch der grössten Theologen von Gottes Weisheit, Liebe und Macht unendlich übertroffen, so wird auch Gottes «Politik» in gleicher Weise unerforschlich sein. Gott selbst lässt den «Geschichtstheologen» der vorchristlichen Zeit, den Propheten Jesaja sprechen: «Meine Gedanken sind nicht eure Gedanken, und eure Wege sind nicht meine Wege, spricht Jahwe. Vielmehr, so hoch der Himmel über der Erde ist, so hoch sind meine Wege über euren Wegen und meine Gedanken über den euren»[82].

So sicher die Herrschaft Gottes über die Welt feststeht, so unerforschlich ist die Weise seines Einwirkens[83]. Sie ist in das Geheimnis Gottes eingetaucht.
Stellen wir immerhin die Frage: Wie vermag Gott unsern Willen zu bewegen und in den Dienst seiner eigenen Ziele zu stellen, ohne unsere Freiheit zu beschränken und unsere Pläne zu beeinträchtigen? Wie leitet er unsern Willen, ohne ihn zu vergewaltigen? Wie kann er sogar dem Sünder Dasein und Leben schenken, und ihn, auch wenn er sündigt, in seinem Tun führen, ohne an seiner Sünde mitschuldig zu werden?
Um diese Frage beantworten zu können, muss man mehr denn je die beiden Enden der Kette festhalten. Obwohl das Zwischenstück der Kette nicht sichtbar ist, wollen wir sowohl Gottes Allmacht, die im Dienst seiner Liebe steht, als auch die gleichzeitige, volle Freiheit des Menschen anerkennen. Auch wenn wir sie nicht erfassen können, wissen wir doch, dass diese Harmonie besteht.
Johannes Chrysostomus rät dem gläubigen Christen, statt sich den Kopf zu zerbrechen und eine an sich unfassbare Wahrheit mit Hartnäckigkeit fassen zu wollen, vielmehr in Verehrung niederzuknien und wie der heilige Paulus zu beten: «O Tiefe des Reichtums und der Weisheit und der Erkenntnis Gottes! Wie unerforschlich sind seine Entscheidungen und wie unaufspürbar seine Wege» (Römer 11,33). Chrysostomus, der Bischof von Konstantinopel, kommt immer und immer wieder auf diesen inspirierten Text zu sprechen[84]. Als Lösung für dieses unlösbare Problem schlägt er seinen Gläubigen einen Akt des Glaubens und der Anbetung vor. Er rät ihnen, das Problem von oben her anzugehen, d.h. sich ihm auf höherer Ebene zu stellen. Den Christen von Hippo, die mit den gleichen Schwierigkeiten kämpften, gab der Bischof Augustinus denselben Rat: Der Glaube hilft der Vernunft über ihre Schwierigkeiten hinweg.

Urgrund des Geschehens

Gottes Einwirken auf jedes Geschehen bezeugt Thomas von Aquin in präziser Sprache: «Gott wirkt in allen Wirkenden»[85]. Danach ist «jeder Wirkende Instrument der Kraft Gottes, die in ihm wirkt»[86]. Durch verborgenes und doch wirksames Eingreifen «führt Gott alle Dinge zu den von ihm bestimmten Zielen»[87]. «Gottes Wille selbst ist der Urgrund jeden Geschehens»[88], sowohl auf Erden als auch im Kosmos. Alles ist seinem souveränen Willen unterstellt. Er lenkt alles; nichts geschieht ausserhalb seiner Pläne[89]. Gott spornt die geschöpflichen Zweitursachen zum Guten an, damit sie wirken. Er duldet und überwacht das Böse, das sie tun. Weil Gott Urgrund des Geschehens ist, wirken die Geschöpfe nur im Rahmen der göttlichen Vorsehung. Durch das Wirken der Zweitursachen bringt letztlich die Vorsehung sämtliche Wirkungen hervor[90]. Die Ereignisse im Verlauf der Geschichte geschehen, weil sie in den Anordnungen der Erstursache vorgeplant sind. Wenn andere Ereignisse nicht eintreten, so deswegen, weil sie in ihren Anordnungen nicht vorgesehen sind. Wenn der Herr den Bau eines Hauses nicht will, mühen sich Architekt und Maurer umsonst. Das Haus wird nicht entstehen[91].

Der Kirchenlehrer Robert Bellarmin macht diesbezüglich eine für die Theologie der Geschichte wichtige Aussage: Gott ist nicht bloss Urheber dessen, was er selber und ohne Mithilfe der Geschöpfe tut, sondern auch dessen, was er mit ihrer Hilfe verwirklicht. Im zweiten Fall ist er nicht der ausschliessliche Urheber, aber der Haupturheber. «Auch wenn Gott die Beihilfe der Geschöpfe benützt, ist er trotzdem die Hauptursache, ohne welche die andern Ursachen absolut nichts vermögen»[92].

Weil die Aussagen des heiligen Thomas und des heiligen Robert Bellarmin Erkenntnisse der Offenbarung sind, werden sie von jenen abgelehnt, welche keinen oder bloss einen verkümmerten Glauben haben: Warum soll man sich in der Erklärung der Geschichte auf eine transzendente Ursache berufen, wo doch die naheliegenden Ursachen alles zu erklären scheinen? Wozu den Unsichtbaren bemühen, wenn anscheinend die sichtbaren Faktoren genügen?

Scheinbar lässt sich alles erklären; aber eine Erklärung, die sich auf das Unmittelbare beschränkt, ist oberflächlich. Sie gibt auf die grossen Fragen keine Antwort, geht der Sache nicht auf den Grund, weiss nichts über ihr letztes Ziel und stillt nicht den geistigen Hunger nach totaler Erkenntnis.

Man macht aus Gott ein Supergeschöpf

Neben den Agnostikern, denen das Licht der Offenbarung fehlt, und den Katholiken, welche die Heilige Schrift unter Anleitung des Lehramtes lesen, gibt es Christen, die an die

Bibel mit mehr oder wenigen rationalistischer Einstellung herantreten. Es ist ein Rückfall in die Gnosis, die erste christliche Häresie, die in allen späteren Jahrhunderten Anhänger fand. Sie schränkt den Glaubensinhalt auf jene Elemente ein, die der Vernunft zugänglich sind. Im heutigen Zug zur Säkularisierung hat sich diese Tendenz dermassen verschärft, das man so weit geht, vom «Tod Gottes» und von einer «Religion ohne Gott» zu sprechen.
Statt sich durch einen Akt des Glaubens zu den geoffenbarten Wahrheiten zu erheben und ihnen mit der Schlichtheit eines Kindes zuzustimmen, zieht man diese erhabenen Wahrheiten auf die Ebene menschlicher Denkkategorien herab.
Nach Bossuet stellen sich manche vor, «Gott denke nach menschlicher Weise, sie versuchen, die grenzenlose Unermesslichkeit seiner Vorsehung in menschlichen Regeln einzufangen, und so wird seine Weisheit zur Gefangenen unserer Regeln gemacht»[93]. «Lassen wir den Ewigen nach den Gesetzen seiner Ewigkeit handeln; weit davon entfernt, ihn auf unser kleines Mass einzuschränken, wollen wir uns viel eher bemühen, uns in seine Weite hineinzubegeben»[94].
Der Dominikaner Bernard Bro geht den Gründen nach, warum wir uns Gott so gerne nach unsern Massstäben vorstellen: «Wohl stellen wir uns Gott unendlich und allmächtig vor, aber immer im Rahmen dessen, was der Mensch ist und tut. Von unserer eigenen Erfahrung in bezug auf Erkenntnis, Güte und Macht ausgehend, denken wir uns diese Eigenschaften bei Gott nur grösser, viel grösser, unendlich viel grösser. So macht man aus Gott gleichsam ein Supergeschöpf, weil man auf der Ebene des Geschöpflichen bleibt und Gott nach dem Bild des Menschen schafft: das aber ist Anthropomorphismus»[95].
Hans-Urs von Balthasar vertritt die Meinung, eine theologische Beschreibung der Geschichte des Reiches Gottes – wäre sie jetzt schon möglich – richte sich im besten hypothetischen Fall nur an Gläubige[96].
Ein Löwe mag noch so stark und eine Gazelle noch so schnell sein, nie werden sie sich wie ein kleiner Vogel in die Lüfte schwingen. Sie brauchten Flügel.
Intelligente Menschen können noch so gelehrt erscheinen, ohne den Flügelschlag des Glaubens steigen sie nicht in die übernatürliche Sphäre geoffenbarter Wirklichkeiten auf. Wie oft versteht eine alte Bauersfrau aus ihrem Glau-

ben heraus den Sinn der Geschichte besser als umjubelte Philosophen oder gefeierte Historiker, denen der Glaube mangelt. Denn die alte Bäuerin begreift, dass Gott Regen und Sonnenschein, Leid und Freude zum Wohl seiner Freunde schickt und dass er alle Dinge zum Guten wendet für jene, die ihn lieben. Menschen und Dinge sind Gott untergeordnet. Was immer wir hervorbringen, bedarf der zustimmenden Mitwirkung Gottes. «Die katholische Kirche weiss, dass alle Geschehnisse nach dem Willen Gottes oder mit Zulassung der göttlichen Vorsehung ablaufen und dass Gott in der Geschichte seine Absichten verwirklicht»[97].

Wohl kein Kirchenlehrer hat diese Abhängigkeit der Zweitursachen von der Erstursache mit solcher Klarheit behandelt wie Thomas von Aquin. Seine scharfsinnigen Formulierungen lassen keine Mehrdeutigkeit zu. «Jede Handlung eines Geschöpfes geht aus Gott hervor»[98].

«Sämtliche geschaffenen Wirkkräfte können nur dann tätig sein, wenn sie vom Schöpfer gelenkt und bewegt werden»[99]. «Die Wirkung einer Zweitursache wird nur durch das Mitwirken der Erstursache hervorgebracht»[100]. Oder in einem bildlichen Vergleich ausgedrückt: «Ein Instrument wird erst handlungsfähig, wenn es vom Handwerker gehandhabt wird»[101].

Die Unterordnung der Geschöpfe unter Gott ist total. Sie reicht bis zur letzten Faser ihres Seins. Wir kennen in unserer Umgebung Beispiele vollkommenen Gehorsams: den ausgezeichnet dressierten Hund, den seiner Herrschaft aus ganzer Seele zugetanen Hausdiener, die sich für ihre Herrin restlos opfernde Dienerin. Und doch sind dies alles nur schwache Abbilder für die vollkommene Fügsamkeit der Geschöpfe auf die Anordnungen[102] des Schöpfers. Der Hund mag durch einen andern Vierbeiner abgelenkt werden, dem Hausdiener unterlaufen Fehler aus Versehen oder Vergesslichkeit, die Dienerin erlebt Augenblicke der Übermüdung. Solche Unzulänglichkeiten gibt es im Verhältnis der Zweitursachen gegenüber den ewigen Plänen der Erstursache nicht. Jede Unzulänglichkeit ist in die Anordnungen Gottes einbezogen. Diese reichen bis ins kleinste Detail der Geschichte und schliessen gleichzeitig jeglichen Zufall aus. Auch das, was die Menschen als unvorhergesehen bezeichnen, hat Gott vorausgesehen und von Ewigkeit her in seinen Plan einbezogen.

Man muss die Worte der Heiligen Schrift ernst nehmen.

Auch die Aussage: «Alle Dinge dienen Dir, o Herr», darf man nicht leichthin als nur biblische Sprechweise abtun. Bedeutend ist ferner die Aussage des heilige Thomas: «Die Dinge gehorchen alle schon auf das leiseste Zeichen Gottes»; und die Überlegung Robert Bellarmins: «Die Geschöpfe stehen wie Soldaten im Dienste Gottes».

Die subtile Verzahnung

Der praktische Wert dieser Prinzipien ist unvergleichlich, auch wenn die Formulierungen abstrakt und die Aussagen einfach scheinen. Unhaltbar ist die Forderung des französischen Gelehrten Jean Rostand, man dürfe «Gott nicht zumuten, in die kausale Kette einzugreifen». Das heisst: Wir dürfen nicht annehmen, Gott greife in das Geschehen ein, wenn wir die Phänomene erklären können[103)]. Was immer als Ursache aufscheint, hat ihrerseits eine Erstursache, die die Zweitursachen in Bewegung setzt. Der Apostel Paulus sagt den Athenern über die Wirklichkeit der Welt: «Gott ist die Ursache der Existenz, des Lebens und der Bewegung von allem, was existiert, lebt und sich bewegt». Die Geschöpfe von dieser Ursache loslösen, hiesse, sie in den Abgrund des Nichts stürzen. Der Psalmist sagt in bezug auf die Tiere: «Nimmst Du ihnen den Odem, so schwinden sie dahin und sinken zurück in den Staub»[104)].
Welche Auswirkung hat das Prinzip dauernden Gehorsams der Geschöpfe gegenüber den Plänen des Schöpfers auf das tägliche Leben! Nur deshalb wird uns Schaden zugefügt, weil Gott es zulässt und ermöglicht. «Fürchtet Euch nicht vor denen, die den Leib töten, die Seele aber nicht töten können»[105)]. Diese Schriftstelle veranlasst Thomas von Aquin zu folgendem Kommentar: «Sie sind nicht zu fürchten, denn sie vermögen so wenig; und das Wenige vermögen sie nur auf Zulassung der Vorsehung Gottes».
Die souveräne Einwirkung Gottes schliesst trotzdem nicht, wie einige befürchten, die Eigentätigkeit der Zweitursachen aus. Der Schöpfer bedient sich der Mitwirkung der Geschöpfe. Er beeinträchtigt ihr Handeln nicht. Dieses ist insofern sein Werk, als er ihm Impuls und Richtung gibt. Aber gleichzeitig ist es auch Werk der Geschöpfe, insofern sie es wirklich ausführen. «Gott verdrängt keineswegs die Zweitursachen, auch beeinträchtigt er ihre Wirkung nicht. Im Gegenteil. Gottes Wirken vollzieht sich gemeinsam mit

jenem der Zweitursachen. Dadurch gibt er ihnen erst die Möglichkeit, als Wirkursachen tätig zu werden»[106].
Erst- und Zweitursache sind demnach eng miteinander verzahnt. Wie lässt sich dieses Miteinander erklären? Wie verträgt sich die Tatsache göttlichen Handelns mit der Tätigkeit der Geschöpfe? Das geheimnisvolle Zusammenspiel entzieht sich der rationalen Beobachtung durch den Menschen. Um es zu verstehen, müsste man Gott und die Weise seines Handelns kennen. Nur der Glaube gibt uns Gewissheit über die Existenz dieses Zusammenspiels. Nur «ist die Gewissheit durch göttliches Licht grösser als die Gewissheit durch das Licht der natürlichen Vernunft»[107].
Durch den Glauben hat der Mensch Anteil am Wissen Gottes, welches das menschliche Wissen übersteigt.
Immer wieder muss man betonen, dass wir uns hier auf der Ebene des Übernatürlichen befinden. Wer die Erleuchtung durch den Glauben ablehnt, verurteilt sich selbst, die Wahrheit zu verkennen, die allein die Geschichte des Einzelmenschen, der Völker und der Kirche auf ihrem Weg zur Vollendung im Reiche Gottes zu erklären vermag.
Gott erweist sich als «König der Könige und Herr der Herrscher», als Herr der Geschichte, dem niemand entgeht. Er lenkt unsichtbar alle Dinge nach seinem Plan. Seiner souveränen Herrschaft kann sich niemand widersetzen. Unermüdlich und nicht erkannt durchschreitet der Herr sein Reich. Er ist der Hauptregisseur der Weltgeschichte und scheint doch unserer Wirklichkeit fern zu sein. Er ist in Wahrheit die Wirklichkeit, das Sein. Er ist: «Ich bin der Ich – Bin» (Jahwe) und die Quelle jeglichen Seins. Er ist der unbedingt Notwendige. Und er scheint trotzdem der «grosse Abwesende» zu sein, sodass einige seine Existenz leugnen.

Aber Du erkanntest mich nicht

Die Heilige Schrift betont immer wieder, dass die Menschen unbewusst Gottes Plan ausführen, auch wenn sie sich an der Ausführung ihrer eigenen Pläne wähnen. Was der Prophet Jesaja im zehnten Kapitel über die Bedeutung der Grossmacht Assur im Plane Gottes enthüllt, kann auch auf Diktatoren wie Hitler, Stalin u.a. angewandt werden. Wohl verfolgen diese Diktatoren ihre eigenen Ziele. Ohne es zu wissen sind sie aber auch Baumeister im Plane Gottes.

Durch den Mund des Propheten Jesaja spricht Gott: «Wehe über Assur, den Stab meines Zornes und die Rute meines Grimmes in meiner Hand. Wider ein ruchloses Volk entsende ich ihn, ich entbiete ihn wider das Volk meines Grimmes, dass er sich Beute erraffe und Raub erwerbe und es zertrete wie Strassenkot. Doch er denkt es sich anders, und sein Herz ist nicht so gesinnt. Nein, zu vertilgen trachtet sein Herz und auszurotten nicht wenige Völker... Es wird geschehen: Wenn der Herr sein ganzes Werk auf dem Sionsberg und in Jerusalem zur Vollendung bringt, dann prüft er den hochmütigen Erfolg des Assur-Königs und den prahlerischen Stolz seiner Augen! Denn er spricht: ‹Mit der Stärke meiner Hand habe ich es geschafft und mit meiner Weisheit, denn ich bin ja so klug. Ich tilgte die Grenzen der Völker und plünderte ihre Schätze, und ich stiess hinab wie ein Held die Thronenden! Und wie nach dem Neste griff meine Hand nach dem Reichtum der Völker; wie man verlassene Eier sammelt, so sammelte ich die ganze Erde ein! Da regte niemand die Flügel oder sperrte zwitschernd den Schnabel auf›»[108)]. Kardinal Faulhaber in seiner Ausdeutung des Magnifikat sagt es so: «Soweit Menschen am Webstuhl der Geschichte mitarbeiten, tun sie es nicht als eigenmächtige Wegmeister, sondern mehr als Webefäden in der Hand Gottes. Soweit Menschen der Durchführung des göttlichen Weltplanes sich entgegenstemmen, sind es nur Episoden, nur Zwischenspiele, die den Gang des grossen Welttheaters nicht aufhalten können»[108 a)].
Auf die Grosssprecherei des assyrischen Potentaten fragt Jesaja, genauer Gott selbst, der aus dem Munde Jesajas spricht: «Rühmt sich denn die Axt wider den, der mit ihr spaltet? Oder tut die Säge gross gegenüber dem, der sie zieht? So, als schwänge der Stock den, der ihn aufhebt, als erhöbe der Stab den, der nicht Holz ist»[108 b)]. Das heisst mit anderen Worten: Gott herrscht auch über die Herrscher und Mächtigen der Welt. Denn die Grossen auf Erden sind nichts anderes als Instrumente, deren sich die Vorsehung zur Verwirklichung ihrer eigenen Pläne bedient.
So eindrücklich verkündet die Bibel die Souveränität Gottes über die Mächtigen der Erde. Sie tut es mit einem unerschöpflichen Bilderreichtum. Würde man die Perspektive des Glaubens ausklammern, könnte man sich leicht von der poetischen Sprache und den Metaphern blenden lassen und dadurch die Aussage über den Sinn der Geschichte übersehen.

Was Jesaja von der Grossmacht seiner Zeit aussagt, können wir ohne weiteres auf die politischen und militärischen Machthaber aller Zeiten anwenden, auf Alexander und Hannibal, Antonius und Cäsar, Dschingis Khan und den Sultan Mohammed, Friedrich II. und Napoleon, Hitler und Mussolini, Stalin und Chruschtschow, um nur einige Namen zu nennen. In der Hand der Vorsehung waren sie nichts anderes als Axt und Säge, Stab und Rute. Indem sie ihre Pläne mehr oder weniger vollkommen verwirklichten, führten sie Gottes Pläne vollkommen aus.
«Ich gürtete Dich, obwohl Du mich nicht kanntest», wird der Herr beim letzten Gericht zu jedem einzelnen Machthaber sagen können. Dann wird allen die Tiefe der Bibelaussage aufgehen: «Ich bin der Herr, und sonst keiner! Das Licht bilde ich und erschaffe die Finsternis; ich bewirke das Heil und schaffe das Unheil! Ich, der Herr, bin es, der all dieses wirkt»[109], und zwar durch die Geschöpfe. Sie alle werden die tiefe Wahrheit der Worte Gottes an Mose erfassen: «Es gibt keinen Gott neben mir! Ich bin es, der tötet; ich mache lebendig; ich schlage Wunden und ich bin der Arzt! Niemand kann retten aus meiner Hand»[110]. Alle werden erkennen, was die Engel und Seligen in der Anschauung des dreifaltigen Gottes schon jetzt verstehen: «Gutes und Böses, Leben und Tod, Armut und Reichtum, alles kommt vom Herrn»[111].

Gott sprach: Basta

Kardinal Langenieux, Erzbischof von Reims, erzählt in seinen Memoiren über das Konklave des Jahres 1903 von einem Gespräch zwischen einem italienischen Kleriker und Don Cintra. Papst Leo XIII. war erst kürzlich gestorben, und die beiden Männer diskutierten über die Todesursache. Der Kleriker machte einen Spaziergang verantwortlich, den der neunzigjährige Papst in den Vatikanischen Gärten unternommen hatte. Darauf gab Cintra die tiefe Antwort: «Non è la vera ragione! Dio aveva detto: Basta.« – «Das ist nicht die wirkliche Ursache. Gott hatte gesagt: Es genügt.» Mit diesen Worten meinte Cintra: Der wirkliche Grund, warum der Papst gestorben war, war der Beschluss Gottes.
Cintras Antwort steht in der Linie der Offenbarung, wonach «Gutes und Böses, Armut und Reichtum, alles von

Gott kommt»[112]. Sie zeigt einen erstaunlichen Realismus, der zu den Tiefen der Erstursache vorstösst.
Für den gläubigen Menschen ist es mehr als Konvention, wenn er eine Todesanzeige mit den Worten beginnt: Es hat Gott gefallen, den Vater, die Mutter, ein Kind oder die Gattin zu sich zu rufen. Eine solche Todesanzeige geht auf den Grund der Dinge. Sie führt Unfall oder Krankheit, welche den Tod bewirken, auf die Ebene untergeordneter Ursachen zurück. Krankheit und Unfall erweisen sich als die unsichtbare Hand Gottes, die den Verstorbenen heimholt. Nicht selten drücken sich Christen über den Tod ihrer Angehörigen so aus: «Gott hat unsere Mutter zu sich geholt, Gott hat unsere kleine Agnes zu sich genommen». Leidet ein Kranker unsägliche Schmerzen, ist es durchaus möglich, dass er oder seine Angehörigen Gott bitten, ihn zu sich zu rufen.
Auch heute im Atomzeitalter ist diese Redeweise gebräuchlich. Sie zeugt von einem tiefen Gottesverständnis, echter Einsicht in den Sinn der Geschichte, und weist den fragenden Menschen auf Gott als den Urheber allen Geschehens.
Über Zukunftspläne sprechen wir ebenfalls mit einem Vorbehalt: «Die nächsten Ferien werden wir – so Gott will – in Spanien verbringen». Oder: «So Gott will, werde ich nächste Woche meine Schwägerin Elisabeth besuchen».
Gewiss können das unbedachte Gesprächsformeln sein. Ebenso gut kann aber derjenige, der diese Formeln gebraucht, die volle Abhängigkeit menschlichen Tuns von Gott ausdrücken wollen. Im Jakobusbrief heisst es: «Ein Wort zu euch, die sagen: Heute oder morgen wollen wir in die oder die Stadt gehen und wollen ein Jahr dort bleiben, Handel treiben und Geschäfte machen! Wisst ihr denn, was morgen sein wird? Was ist denn euer Leben? Ein Dampf, der einen Augenblick lang ein Wölkchen bildet und danach verschwindet. Besser würdet ihr sagen: Wenn der Herr will und wir leben, wollen wir dies oder jenes tun! Statt dessen prahlt ihr mit euren übermütigen Plänen. Aber alles Grosstun dieser Art ist verwerflich»[113].
Gott selbst bezeugt die Unbeständigkeit menschlicher Zukunftspläne, die unbeachtet seiner Beschlüsse gefasst werden:
«Im Herzen des Menschen sind vielerlei Pläne; doch Bestand hat allein der Ratschluss Jahwes»[114]. Das gilt für den Regierungschef, der dem Parlament sein ehrgeiziges

Programm unterbreitet, für den Industriellen, der neue Märkte erobern will, für die Mutter, die von einer märchenhaften Heirat ihrer Tochter träumt.
Vor einigen Jahren kehrte ein junger Bischof vom Konsistorium, in dem er den Kardianlspurpur erhalten hatte, voll Dynamismus und strahlender Gesundheit in seine Diözese zurück. Er rief seine Mitarbeiter zusammen und legte ihnen die Umrisse eines gross angelegten Pastoralplanes vor: «Wir haben zwanzig Jahre vor uns; und wir wollen gute Arbeit leisten». Zwei Monate später war dieser dynamische Kardinal tot. Offenbar vergass er über seinen Projekten den Herrn der Geschichte, der in allem das erste und das letzte Wort spricht. «Ihr wisst nicht, was morgen sein wird».
Besser beraten als dieser Kardinal des Atomzeitalters waren die rauhen Bergbewohner aus Uri, Schwyz und Unterwalden, die am 1. August 1291 im Herzen der heutigen Schweiz ihr Schutzbündnis mit den Worten besiegelten: «Was wir hier beschlossen und geschrieben, ist zu gemeinem Nutz und Frommen so verordnet, und soll, so Gott will, ewig dauern». Trotz ihrer herben Sitten und Gebräuche fühlten diese christlichen Bergbewohner die ganze Zerbrechlichkeit politischer und militärischer Initiativen und die Notwendigkeit, sich auf Gottes Kraft zu stützen.

Heile mich, dann werde ich heil

Als ausgezeichnete Erzieherin spricht die Heilige Schrift immer wieder davon, dass die gesamte Tätigkeit der Geschöpfe im Dienste des Schöpfers steht. Sie tut dies in feinsinnigen kurzen Merksätzen, wobei sie oft dasselbe Tätigkeitswort für den Schöpfer und für das Geschöpf braucht: Gott baut mit denen, die bauen, er wacht in den Wachenden, ist tätig in den Tätigen und heilt mit denen, die heilen. «Wenn der Herr das Haus *nicht baut, bauen* die Bauleute vergeblich. Wenn der Herr die Stadt *nicht behütet,* so *wacht* vergeblich der Wächter»[115]. Das bedeutet, dass das Haus das Werk von zwei Bauherren ist; der eine ist der unsichtbare, lenkende Gott, der andere der sichtbare, mitwirkende Mensch.
Jeremia drückt diese Wahrheit noch kräftiger aus: «Heile Du mich, Herr, damit ich wieder geheilt werde! Hilf mir,

dann ist mir wirklich geholfen»[116]. Ein zeitgenössischer Exeget sagt dazu: Jeremia fleht den Herrn weniger um Verhütung physischer Krankheiten an, als vielmehr um Schutz bei Gefahren, die wie eine Krankheit das Leben bedrohen[117].

Die Botschaft des Erzengels Raphael an den erblindeten Tobit zeigt dieses geheimnisvolle Ineinandergreifen: «Habe Vertrauen, Gott wird nicht zögern, dich zu heilen»[118]. Nach seiner Rückkehr aus Medien wird ihm vom Engel bestätigt: «Gott sandte mich, dich und deine Schwiegertochter Sarah zu heilen». So schreibt Raphael die Heilung von Blindheit zunächst Gott und dann sich selbst zu. Ein oberflächlicher Leser mag dies als Widerspruch bezeichnen oder als primitive Ausdrucksweise abtun. Kirchenlehrer und Heilige hingegen nehmen den Satz ernst: «Gott wird dich heilen».

Er wirkt alles in allem

In seinem Siegeslied preist Jesaja den Herrn: «Jahwe, du wirst uns Frieden geben; denn all unser Tun hast du getan»[119]. Die Vulgata übersetzt so: «Omnia *opera* nostra *operatus* es in nobis».

Der Übersetzer verwendet also zweimal dasselbe Tätigkeitswort: «Unser ganzes *Wirken* hast Du in uns *gewirkt».* Unser Werk ist Gottes Werk; was wir wirken, wirkt auch Gott in uns. An diesen kleinen Satz knüpft ein Exeget unserer Zeit folgende tiefsinnige Überlegung an: «Die ganze Geschichte Israels ist die Geschichte der Grosstaten Jahwes»[119a]. E Osty[120] schreibt: «Den vollkommensten Ausdruck findet dieser grundlegende Gedanke im Brief des heiligen Paulus an die Philipper: Gott ist es, der in euch ebenso das Wollen wie das Vollbringen schafft nach seinem Wohlgefallen»[121]. Allerdings gibt diese Übersetzung eine Nuance des griechischen Originaltextes nicht wieder, welcher dasselbe Verb zweimal verwendet, einmal als Partizip Präsens (energon), das andere Mal als Infinitiv (energein). Wörtlich müsste man also übersetzen: «Gott ist es, der in euch das Wollen und das *Wirken wirkt».* Gott vollbringt in uns das Wollen und das Vollbringen.

Im ersten Korintherbrief spricht Paulus ebenfalls vom Vorrang der Kausalität Gottes, verwendet im gleichen Satz zweimal Begriffe derselben sprachlichen Wurzel: «Es gibt

(in der Kirche) Verschiedenheiten in den Wirkkräften, doch es ist derselbe Gott, der alles in allen wirkt»[122].
Man mag einwenden, nur auf übernatürlicher Ebene sei es möglich, dass die beiden verschiedenen Wirkursachen Mensch und Gott eine und dieselbe Wirkung hervorbringen, wie dies im bekannten Satz des heiligen Paulus zum Ausdruck kommt: «Ich lebe, doch nicht mehr ich, sondern Christus lebt in mir»[123]. Eine derart restriktive Interpretation lassen aber die früher angeführten Texte aus dem Alten Testament nicht zu: diese beziehen sich auf ganz natürliche Tätigkeiten wie Bauen, Wachen und Kämpfen. Zudem muss man bedenken, dass Paulus auf dem Areopag gebildete Heiden vor sich hatte, als er erklärte, «dass wir in Gott leben, uns bewegen und sind».

Judiths Tat und Gottes Wirken

Andere Stellen der Heiligen Schrift erwähnen im gleichen Satz die Erst- und die Zweitursache, ohne dabei dieselben Begriffe zu verwenden. Aus diesen Stellen geht hervor, dass Gott dieses bestimmte Ziel durch diese bestimmten Instrumente verwirklicht hat.
Auf den Auszug aus Ägypten und den langen Wüstenmarsch der Israeliten ins Gelobte Land spielt folgender Psalmvers an: «Du hast Dein Volk geleitet gleich einer Herde durch die Hand des Mose und Aaron»[124]. Gottes Arm also hat die beiden Führer des israelitischen Volkes geleitet. Über dieses wunderbarste Ereignis in der Geschichte Israels berichtet Josua seinem Volk: «Da schrien sie zu Jahwe, der dichten Nebel zwischen euch und die Ägypter legte, und auf diese das Meer zurückfliessen liess, das sie bedeckte»[125]. Gott bedient sich der hereinbrechenden Wasserflut, um die ägyptische Armee zu vernichten. So vollstreckt der Wellenschlag des Roten Meeres Gottes Todesurteil über die Ägypter.
Bevor sich Judith von Bethulien zum Lager des Holofernes aufmachte, hüllte sie sich in Bussgewänder und streute Asche auf ihr Haupt. Dadurch bewies sie, wie sehr sie um ihre Gebrechlichkeit und Schwäche wusste. Judith erwartet nichts von sich, aber von Gott erwartet sie alles. Sie weiss sich als Instrument in der Hand Gottes zur Befreiung der Stadt. Aus diesem Wissen erwachsen ihr gleichzeitig Demut und Starkmut. Nach der siegreichen Rückkehr aus

dem feindlichen Lager spricht sie in einem ergreifenden Gebet Gott an als den Urheber ihrer Befreiungstat: «Assur plante, mein Gebiet zu verbrennen, mit dem Schwert meine Jünglinge zu töten, meine Säuglinge zu Boden zu schmettern, meine Kinder zur Beute zu geben und meine Jungfrauen zu rauben. Doch der allmächtige Herr hat sie vernichtet durch die Hand einer Frau»[126).

Stellen wir uns vor, eine Fernsehequipe des 20. Jahrhunderts würde durch ein Wunder nach Bethulien und in das Lager des Holofernes zurückversetzt, um einen Dokumentarfilm des Judith-Epos zu drehen. Dabei ergäbe sich die Szenenfolge: Belagerung der Stadt, Panik der Bewohner, Versammlung der Stadtväter, Intervention Judiths, Eindringen der Heldin in das feindliche Lager, Begegnung mit Holofernes, Bankett, Ermordung, Rückkehr nach Bethulien, Begeisterung des Volkes, wilde Flucht der geschlagenen Feinde, Siegesfeier. Wirklich ein Drehbuch für einen phantastischen Film. Aber selbst bei einer ausgezeichneten Verfilmung der verschiedenen Szenen, insbesondere auch des dramatischen Endes des Holofernes, könnte der Film den Hauptthelden des Geschehens nicht zeigen: «den allmächtigen Herrn, der die Feinde durch die Hand einer Frau vernichtet hat»[127).

In gleicher Weise anerkennt König David die entscheidende Rolle des Herrn der Geschichte auf dem Schlachtfeld: «Mit Gott werden wir Heldentaten vollbringen, und er wird niedertreten unsere Feinde»[128).

Diesen Satz kommentiert Robert Bellarmin folgendermassen. «Gott vernichtet unsere Feinde, indem er unsere Hände als Werkzeug benützt»[129).

Mose wird im Glauben gestärkt

Das Buch Exodus berichtet von der Starrköpfigkeit des Pharao, mit der dieser sich der Auswanderung der Israeliten widersetzt. Nicht weniger als zehnmal weist der Autor auf den Widerstand des ägyptischen Königs hin und schreibt jedesmal diesen Widerstand Gott selbst zu. Die Halsstarrigkeit des Pharao war gewiss zunächst seine eigene Einstellung, sie hing aber auch und vor allem von Gott ab. Er hätte die Hartnäckigkeit des Pharao verhindern können, denn «wie Wasserläufe ist des Königs Herz in der Hand Jahwes. Er leitet es hin, wo immer er will»[130). Und

zwar geschieht diese Einwirkung von innen her, ohne die Freiheit zu verletzen.
Warum schreibt das Buch Exodus mit solchem Nachdruck, dass Gott den Pharao verhärtet hat? Ein Exeget erklärt es: «Verhärtung wird Gott bis zu zehnmal zugeschrieben. So oft gesagt wird, dass der Pharao sein Herz ‹verschliesst›, ‹abstumpft› oder ‹verhärtet›, wird diese Verhärtung gleichzeitig auf Gott und auf den König bezogen.
Der Grund, warum hier Gottes Anteil an Pharaos Verhärtung stärker betont wird als dessen eigene Verantwortung, liegt in der Absicht Gottes, Glauben und Mut des Mose und der Israeliten zu stärken. Sie sollen überzeugt werden, dass die Verhärtung von Gott nicht nur vorgesehen, sondern direkt in seine Pläne einbezogen war. Dadurch soll Gottes allmächtiger Schutz gegenüber seinem Volk und das furchtbare Urteil gegenüber den ungerechten Unterdrückern umso deutlicher hervortreten»[131].
Die Verschleppung Josephs nach Ägypten schreibt der Psalmist bald den Söhnen Jakobs, bald Gott selbst zu. Bevor Gott die Hungersnot über das Land Kanaan schickte, hatte er Joseph nach Ägypten vorausgesandt. Joseph wurde aber auch von seinen Brüdern als Sklave an Händler verkauft, die nach Ägypten unterwegs waren[132]. So wird die Verschleppung Josephs nach Ägypten zunächst unter dem Gesichtspunkt der Erstursache, dann unter dem der Zweitursache dargestellt.
Joseph selbst bestätigt später gegenüber den Jakobssöhnen – sie erkennen mit Entsetzen im Premierminister des Pharao ihren jüngeren Bruder – das Zusammenwirken der beiden Ursachen. «Gott hat mich euch vorausgesandt, um euer Geschlecht auf Erden zu erhalten, viele von euch zu retten und am Leben zu bewahren. So habt nicht ihr mich hierher gebracht, sondern Gott»[133].
Joseph spricht hier nicht als Theologe, dem an der präzisen Formulierung seiner Gedanken liegt. Er drückt sich vielmehr als Mann des Herzens aus, der sich voll Liebe seiner Familie zuwendet. Vor allem spricht er als Mann, der bis ins Innerste von der Transzendenz Gottes und seiner absoluten Souveränität über Menschen und Geschehnisse überzeugt ist. Um seine schuldbewussten Brüder zu beruhigen, weist Joseph auf die vorherrschende Rolle der Erstursache sogar in ihrem Vergehen hin. Gott hat diese Schuld zugelassen, um sich ihrer zum Heil Israels zu bedienen. Felix culpa!

Dieser Mann ist mir ein auserwähltes Werkzeug

Wie Joseph, so ist auch Paulus letztlich nur ein Werkzeug in der Hand des Herrn der Geschichte. Das bezeugt Gott selbst nach der Bekehrung des Paulus vor Damaskus dem Hananias gegenüber: «Dieser Mann ist mir ein *auserwähltes Werkzeug,* um meinen Namen vor Heiden und Könige zu tragen und vor die Kinder Israels»[134]. Paulus wird künftig als der Apostel schlechthin vor Juden und Heiden das Heilsgeheimnis verkünden, aber er wird es tun als sichtbares Instrument in der unsichtbaren Hand Gottes. Gott selbst nennt ihn ein auserwähltes Werkzeug. Gott ist und bleibt erste Ursache der Evangelisation, wie dies an der Bischofssynode vom Oktober 1974 von mehreren Synodenteilnehmern unterstrichen wurde.

Wie Paulus nach den ersten Missionsreisen wieder in Jerusalem eintrifft, berichtet er den Ältesten, «was Gott durch seinen Dienst unter den Heiden gewirkt hat»[135].

Als Apostel ist Paulus ununterbrochen unterwegs, leidet, spricht, diskutiert, betet und beschwört, vervielfacht seine Kontakte und ergreift jede Gelegenheit, vom Heil in Jesus von Nazareth zu künden. Trotzdem bezeichnet die Heilige Schrift Gott als die Hauptursache dieses Apostolates. Paulus ist Instrument in der Hand Gottes: gewiss ist er selbst tätig, aber in dauernder Abhängigkeit vom Heiligen Geist, dem eigentlichen Apostel. Auch er ist, um Thomas sprechen zu lassen, «mehr Gegenstand des Wirkens als Subjekt des Wirkens».

Die Heiligen, die es gewöhnt sind, unter dem Impuls des Heiligen Geistes zu handeln, sehen die Dinge in dieser übernatürlichen Perspektive. Sie begehen nicht den Fehler, Ergebnisse göttlichen Wirkens den Zweitursachen zuzuschreiben. Unmittelbar vor dem Generalkapitel der Reform-Karmeliten, welches am 1. Juni 1591 begann, wagte eine Karmelitin gegenüber Pater Johannes vom Kreuz folgende Prognose: «Wer weiss, vielleicht werden Sie morgen zum Provinzobern gewählt». Wie aufgrund einer inneren Erleuchtung antwortete Johannes: «Im Gegenteil, man wird mich wie ein ausgedientes Küchentuch wegwerfen». Tatsächlich versetzt ihn der Generalobere Nikolaus Doria anderntags in die einsame Gegend von Peñuela. «Letztlich kommen solche Dinge nicht von Menschen», erklärt Johannes vom Kreuz später, «sondern von Gott, der weiss, wessen wir bedürfen, und der alles zu unserem Be-

sten anordnet»[136]. Hinter den Zweitursachen erblickte der lebendige Glaube des Lehrers der «dunklen Nächte» den Arm Gottes, der die Menschen an der Hand nimmt und sie liebevoll führt: «Wir wissen, dass Gott mit denen, die ihn lieben, in allem zum Guten mitwirkt»[137].
Die Apokalypse, die man mit Recht als das grundlegende Buch für eine Theologie der Geschichte bezeichnet, nennt Gott «König der Könige, Herrn der Herrscher». Demnach ist Gott der oberste König, der die weltlichen Könige führt, ohne dass sie es wissen; der Herr, der über die Herrschenden der Welt herrscht. Könige und Herrscher werden sich Gott gegenüber verantworten müssen über die Art, wie sie die ihnen verliehene Macht verwaltet haben. Sie können kein Haar vom Haupte ihrer Gegner entfernen, ohne dass Gott es zulässt.

Gott manipuliert die Manipulierer

Zu Beginn der Ölkrise im Herbst 1973 schrieb ein französischer Journalist, dadurch, dass die Sowjetunion die Manipulierer der Ölwaffe manipuliere, zwinge sie die westeuropäischen Länder, auf die Linie der UdSSR einzuschwenken. Wenn die Russen die arabischen Manipulierer des Öls manipulieren, heisst das wirklich, dass sie das letzte Wort haben? Der, den die Heilige Schrift «König der Könige» nennt, bedient sich seinerseits der Sowjetunion, um seine übergeordneten Pläne zu verwirklichen. Zwar sind uns diese Pläne verborgen, aber wir haben die Gewissheit, dass sie Gottes Weisheit entspringen, welche die Auserwählten und die heiligen Engel mit Bewunderung erfüllt.
In einer 1968 veröffentlichten Studie des Ökumenischen Rates der Kirchen über «Gott in Natur und Geschichte» steht der Satz: «Wir bekennen uns unerschütterlich zu zwei Gegebenheiten: zur Souveränität Gottes über den Menschen und über die Geschichte, und zur Freiheit des Menschen in der Geschichte. Diese oft als widersprüchlich angesehenen Glaubensinhalte sind für den Christen die zwei Seiten derselben Wirklichkeit» (S. 43).
In Anwendung dieser Prinzipien auf die Heilsgeschichte fährt der Ökumenische Rat der Kirchen fort: «Die Gesamtheit der Geschichte Israels und besonders Jesu Leben, Tod und Auferstehung widerspiegeln die Einheit von menschlicher Autonomie und göttlicher Souveränität. Die Freiheit

des Menschen in der Geschichte ist unbeschränkt [138]. Der Mensch kann zwar Gott völlig aus seinem Leben ausklammern; trotzdem ist Gott nicht Besiegter, sondern Sieger. Er bedient sich der Auflehnung des Menschen, indem er die Ziele und Unternehmungen des Menschen in seine eigenen Pläne einbezieht (vgl. Genesis 50,20; Jesaja 10,5–21; Apostelgeschichte 4,27ff)» (S. 43).

Manche Christen anerkennen theoretisch die Vereinbarkeit der göttlichen Souveränität mit der vollen menschlichen Freiheit. Aber werden sie auch für den Alltag die entsprechenden Folgerungen ziehen?

Diesbezüglich lässt sich nämlich ein eigenartiges Phänomen beobachten. Immer wieder kommt es vor, dass ein Mensch zu den vom Glauben gesetzten Prämissen ja sagt, jedoch die praktischen Folgerungen für das Leben verneint. Dies braucht nicht in böser Absicht oder aus Leichtsinn zu geschehen. Aber auf dem Weg von den Prämissen zur Folgerung verlässt der Mensch die Ebene des Glaubens und begibt sich auf die Ebene rationaler Schlussfolgerungen oder in den Bereich der Affektivität, wo er von Zweifeln und Denkhemmungen beeinträchtigt werden kann.

Um seine Inkonsequenz zu rechtfertigen, kommt der Mensch dazu, die Harmonie zwischen göttlicher Souveränität und menschlicher Freiheit zu leugnen. Er bestreitet, dass der Wille des Menschen frei bleiben kann, wenn Gott ihn lenkt. Und um die eigene Auffassung nicht in Frage stellen zu müssen, schwächt er die Aussagen der Bibel ab.

Eigenwillige Auslegung der Schrift

Über diese verstümmelnde Exegese sagt Thomas von Aquin: «Manche verstehen nicht, wie Gott in uns den Willen in Bewegung setzen kann, ohne unsere Freiheit zu beeinträchtigen. Sie versuchen darum, die Autorität der Schrift auf ihre Weise, und darum schlecht, zu interpretieren. Die Aussage im Philipper-Brief 2,13 ‹Gott bewirkt in uns das Wollen und das Vollbringen› erklären sie in dem Sinne, dass Gott in uns die Fähigkeit des Wollens erschafft, aber nicht, dass er uns dazu bringt, dies oder jenes zu wollen.

Im Gegensatz zu den erwähnten Aussagen der Heiligen Schrift vertritt Origenes in der Verteidigung des freien Willens diese Interpretation.»

Andere leugnen den bestimmenden Einfluss Gottes auf die geistigen Fähigkeiten des Menschen und lassen ihn nur für die äusseren Umstände gelten, von denen der Erfolg unseres Handelns abhängig ist. Thomas von Aquin fährt dann fort: «Wer vorhat, ein Ziel zu verwirklichen, z. B. ein Haus zu bauen oder Geld zu verdienen, gelangt tatsächlich nicht immer zur Verwirklichung seines Zieles. So hängt der Erfolg unserer Handlungen nicht von unserem Willen, sondern von der Vorsehung ab.»

«All das», antwortet Thomas von Aquin, «steht in offensichtlichem Widerspruch zur Heiligen Schrift. Jesaja sagt: ‹Alles, was wir taten, hast Du getan› (26, 12). So haben wir von Gott nicht nur die Fähigkeit des Wollens, sondern auch die Durchführung des Wollens erhalten. Die Aussage Salomons ‹Das Herz des Königs ist in der Hand des Herrn, er kann es hinführen, wo immer er will› (Sprüche 21, 1) beweist, dass sich die göttliche Wirkursache nicht bloss auf die Fähigkeit des Wollens, sondern auch auf ihre Ausübung erstreckt.»

Aufgrund dieser Schriftbeweise stellt Thomas folgende allgemeine Normen auf: «Es ist nicht bloss so, dass Gott den Dingen ihr Sosein gibt, sondern kein Ding kann seine Fähigkeit ohne die Kraft Gottes entfalten. Der Mensch kann also von seiner Willenskraft nur mit Hilfe Gottes, der sie ihm verliehen hat, Gebrauch machen. Wenn nun aber ein Handelnder in seinem Handeln abhängig ist, dann ist er es nicht nur in bezug auf die Handlungsfähigkeit, sondern auch in bezug auf deren Ausübung. Dies ist beispielsweise der Fall beim Handwerker, der ein Werkzeug gebraucht. Der Handwerker überträgt auf sein Werkzeug nicht die besondere Form, sondern die Wirkweise. Gott ist also nicht nur Ursache unseres Willens, sondern auch unseres Wollens»[139].

All das bedeutet nicht, dass Gott alleinige Ursache der menschlichen Handlungen, aber dass er ihre Hauptursache ist. Nach einem originellen Vergleich von A.D. Sertillanges geht es dabei nicht darum, «einen Kuchen aufzuteilen», also einen gewissen Prozentsatz Gott zuzuschreiben und den Rest dem Menschen, als ob Gott und Mensch wie zwei Arbeiter, welche die gleiche Last heben, in gleicher Weise gearbeitet hätten.

Gewiss handelt es sich bei Gott und Mensch um Zusammenarbeit, aber auf zwei verschiedenen Ebenen. Man könnte es mit einem erfolgreichen geistlichen Konzert eines Knabenchors vergleichen. Der Erfolg kann nicht je zur Hälfte auf den Chorleiter und die Sängerknaben aufgeteilt werden, sondern kommt beiden ganz zu[140].

Zerstören um zu retten?

Wenn Thomas von Aquin in Treue gegenüber der Heiligen Schrift unermüdlich die universale Kausalität Gottes betont, die in jedem tätigen Wesen wirkt, dann betont er nicht weniger nachdrücklich, dass die göttliche Einwirkung stets der Natur des betreffenden Wesens angepasst ist. Gottes Wirken in den Geschöpfen hat nicht den Sinn, sie zu beeinträchtigen, sondern sie zur Entfaltung zu bringen. Im vernunft- und willensbegabten Menschen handelt Gott anders als im Fuchs oder in der Schwalbe, die keine geistigen Fähigkeiten besitzen. Gottes Mitwirkung beschränkt oder verdrängt die Freiheit des Menschen nicht, sondern erhält, bewegt und lenkt sie. Schon Augustinus stellt fest, dass manche die Freiheit des Menschen nur dann als gewährleistet ansehen, wenn man sie Gottes Eingriff entzieht, als ob göttliches Handeln und menschliches Tun unversöhnliche Konkurrenten wären. Eine Ausschaltung Gottes, sofern sie überhaupt möglich wäre, würde aber die menschliche Freiheit nicht gewährleisten, sondern vernichten.
Die Begründung ist einfach: Da der Mensch von Gott Existenz, Leben und Bewegung empfängt, würde das Ausschalten Gottes ihn von der Quelle seines Seins, seines Lebens und seiner Bewegungsfähigkeit abschneiden, und ihn damit der Lähmung, dem Tod, ja dem Nichts ausliefern. Der Mensch würde genauso ins Nichts zurückfallen, wie eine brennende Lampe augenblicklich erlischt, wenn man das Kabel durchschneidet und die Verbindung zum Elektrizitätswerk unterbricht. Kurz, die Geschöpfe vom Einwirken der Vorsehung abzuschneiden, hiesse sie vernichten[141].
Diese Wahrheit kann nie genug betont werden. Der heilige Augustinus erläutert sie mit der ihm eigenen Intuition, Thomas von Aquin hingegen argumentiert. Wer in der Schule dieser Meister das Zusammenwirken des Schöpfers

mit den Geschöpfen begriffen hat, ist gefeit vor nutzlosem Grübeln. Er diskutiert auch nicht, um auf diese Weise eifersüchtig die menschliche Freiheit zu wahren. Warum stellt man Gott dar, als vergewaltige er den Menschen? Die menschliche Freiheit ist doch ein immerwährendes Geschenk Gottes. Verteidigt man gegenüber der Quelle die Selbständigkeit des Flusses?
«Gott handelt in uns, aber er handelt nicht ohne uns... Was in mir von Gott gewirkt wird, wird in mir auch von mir gewirkt», erklärt Thomas von Aquin[142]. Während Gott mich gemäss seinem ewigen Plane führt, lenke ich mich selbst gleichzeitig entsprechend meinen Plänen[143]. «Es kommt also nicht auf den Wollenden oder Laufenden an, sondern auf den erbarmenden Gott», sagt die Heilige Schrift[144]. «Dieser Satz ist nicht so zu verstehen, als könne der Mensch nicht frei wollen und laufen», kommentiert Thomas von Aquin, «sondern in dem Sinne, dass der freie Wille nicht genügt, wenn er von Gott nicht Anstoss und Hilfe erhält»[145].
Wenn sich der Mensch zum Handeln entschliesst, tut er es, weil er von Gott in geheimnisvoller Weise vorherbestimmt ist. Hören wir den modernen, für seine gewagten Stellungnahmen bekannten Theologen Schillebeeckx: «Es ist unmöglich, auf dieser Welt, und sogar im freien menschlichen Akt, etwas zu finden, das in und durch sich voll erklärbar wäre: Denn alles geht auf Gott als letzte Quelle zurück. Nicht nur unsere Fähigkeit, einen freien Akt zu setzen, sondern sogar die freie Initiative, aus welcher wir diesen Akt setzen, kommt von Gott. Ebenso unmöglich ist es, Wirken und Mitwirken zwischen Gott und Mensch auf gleiche Weise zu verstehen, wie es sich zwischen zwei freien Geschöpfen abspielt. Unsere freie Initiative entspringt der absoluten Initiative Gottes, die uns immer voraus ist, wenn auch nicht chronologisch; denn Gott ist nicht in der Zeit»[146].
Diese Aussage des holländischen Theologen ist in zweifacher Hinsicht sehr bemerkenswert: Zunächst bekräftigt sie eindeutig die Vorherrschaft der Kausalität Gottes im freien Handeln des Menschen. Zweitens macht sie auf ein häufiges Missverständnis aufmerksam, als ob das Einwirken Gottes auf den Menschen genau so erfolge wie das Einwirken des einen menschlichen Geschöpfs auf ein anderes. Der Unterschied besteht darin, dass Gott als Gott handelt, d.h. die Einwirkung seines Handelns auf das Ge-

schöpf geschieht auf eine Weise, die für uns unfassbar ist. Demgegenüber handelt der Mensch als Mensch gemäss den Gesetzen seiner Natur. Ein Abgrund trennt die beiden Arten des Handelns. Sie gehören nicht derselben Ordnung an.

Am Quell der Quellen

In seinem Werk über die mystische Kontemplation schreibt der Dominikaner Joret[147)]: «Hüten wir uns davor, die göttliche Kausalität im Sinne menschlicher Beeinflussung aufzufassen, die nur insofern wirksam werden kann, als der Beeinflusste zustimmt. Zwischen der Beeinflussung durch Gott und der Beeinflussung durch Menschen liegt ein unendlicher Abgrund. Gott wirkt auf uns nicht von aussen ein. Er ist und wirkt im Innern jedes Wesens. Einem jeden Wesen steht er viel näher, als dieses sich selbst nahe ist.» Und wie Schillebeeckx weist sein französischer Mitbruder F.-D. Joret auf die Gefahr hin, die vom einfachen Gläubigen bis zum Theologen und Prediger alle bedroht, wenn wir vom Einwirken der Vorsehung auf die menschliche Geschichte sprechen: wir messen Gott mit menschlicher Elle, wir machen ihn zu einer Art Übermenschen, Superdiplomaten oder Supergenie. Zur Frage, wie Gott auf den Willen des Menschen einwirkt, äussert sich der zeitgenössische Theologe Th. Philippe: «Kraft seiner Transzendenz wohnt der Schöpfer in seinem Geschöpf. Er allein vermag sein Geschöpf zu determinieren durch eine in ihrer Substanz und Wirkweise rein geistige Beeinflussung, die gleichzeitig äusserst wirksam und doch ohne jeglichen Zwang vor sich geht. Gott allein verfügt über das Geheimnis seiner ebenso starken wie sanften Einwirkung, die den freien Akt unfehlbar bestimmt... Demgegenüber kommt jede kreatürliche Einwirkung von aussen»[148)].
Darum sagen wir richtig, Gott sei dadurch, dass er den Menschen im Dasein erhält und ihm unablässig Leben und Bewegung verleiht, dem Menschen näher als der Mensch sich selber.
Der grosse deutsche Theologe Matthias Scheeben versucht mit einer Reihe von Vergleichen, Gottes innere, wirkende Gegenwart zu erklären: «Die Macht Gottes ist die Quelle, das Fundament, die Wurzel und die Seele aller Mächte und Kräfte ausser ihm: nämlich die Quelle, aus

welcher dieselben ihren Ursprung haben; das Fundament, von welchem sie getragen und erhalten werden; die Wurzel, von welcher sie innerlich Anstoss und Antrieb zu ihrer Tätigkeit empfangen; endlich die Seele, inwiefern Gott in jeder Tätigkeit der geschaffenen Kräfte unmittelbar mitwirkt, und dieselben innerlich so beherrscht oder vielmehr durchherrscht und in Dienst nimmt, dass keine Macht der seinigen entgegenwirken kann...»[149].
Einzig ein durch die Heilige Schrift und die Lehre der geistlichen Meister erleuchteter Glaube lässt uns in diese Tiefen vordringen.
«Geh aus dir selbst heraus, und stelle dich an meinen Platz. An deinem Platz versteht man nichts. Von meinem Platz aus versteht man alles». Diesen Rat des Herrn an Ijob muss man befolgen, um Gottes wirkende Gegenwart in den Geschöpfen zu erahnen[150]. Es gilt, die Welt «wie mit den Augen Gottes» zu betrachten, um einen kraftvollen Ausdruck des Aquinaten zu gebrauchen[151].

Gott in nächster Nähe und fernster Ferne

Paradoxerweise kann man behaupten, Gott sei dem Kosmos und den menschlichen Tätigkeiten gleichzeitig unendlich nahe und unendlich ferne. Auch wenn die Psychologen ihre Analysen, die Soziologen ihre Untersuchungen, die Journalisten ihre Reportagen vermehren, es wird ihnen nie gelingen, den Herrn der Geschichte zu sehen oder gar zu interviewen und zu photographieren. Trotzdem: dieser höchst unsichtbare Gott hält alles, stützt alles, umfasst alles, bewahrt alles, bewegt alles. Ohne sein immerwährendes Erhaltungswerk zerfiele der Kosmos wie eine Seifenblase ins Nichts.
Überaus tiefsinnig hat der heilige Augustinus über die Vorsehung gesprochen. In seinen Aussagen kehrt das Adjektiv «occultus» immer wieder. Occultus (verborgen) ist all das, was sich unseren Sinnen entzieht und nur mit den «Augen des Glaubens» erfasst werden kann. Der glaubende Mensch hält im Vertrauen auf Denjenigen, der sieht, für wahr, was er nicht sieht. Für den Atheisten ist Gott sichtbar abwesend und darum inexistent; für den Christen ist er unsichtbar gegenwärtig und tätig: er ist der «Gott, der unsichtbar alle Dinge lenkt», wie die Liturgie sagt.

«Thomas von Aquin distanziert sich in gleicher Weise vom Pantheismus, der die Welt mit Gott verwechselt, und vom unbewussten Paganismus, der Gott und Welt voneinander trennt. Gott ist zugleich immanent und transzendent. Transzendent durch seine Natur, die ihn zum Fernen und Unnahbaren macht; immanent durch den unmittelbaren und intimen Charakter seines Wirkens, welches allem das Sein verleiht»[152)]. Im Vergleich zu den Menschen ist Gott «unendlich anders, aber auch unendlich nahe», schreibt Kardinal Suenens[153)].

In der Komplet betet die Kirche, Gott möge unser Heim besuchen und seine Engel darin wohnen lassen. Nun aber verweilen die Engel, nach dem heiligen Thomas, in unseren Häusern nicht wie Personen, die sich darin häuslich niederlassen. Sie «wohnen» darin durch ihre Wachsamkeit, den Schutz und die Erleuchtung, mit denen sie ihren Schutzbefohlenen dienen.

In gleicher Weise «ist Gott in den Dingen in der Art, wie das Wirkende in dem ist, auf das es wirkt»[154)].

So könnte man beispielsweise sagen, die Sonnenstrahlen seien dem Kranken auf dem Balkon des Sanatoriums «gegenwärtig», nicht indem sie bei ihm verbleiben, sondern indem sie auf ihn einwirken.

Im Sammelwerk «Gott heute» bemerkt Walter Kasper, dass die Leugnung der Immanenz oder Präsenz Gottes in den Dingen eine doppelte Auswirkung hatte: Einerseits wurde Gott der Welt und der Geschichte entfremdet, andererseits wurde die Welt und die Geschichte Gott entfremdet. Beide Fehlhaltungen bedingen einander. Gott wird zu einer verehrten Reliquie, die in Wirklichkeit tot ist. Das ist der Grund, warum das Axiom «Gott ist tot» zur Devise so vieler Zeitgenossen geworden ist (S. 148).

Die Missachtung der aktiven Gegenwart Gottes in der Geschichte entspringt bei manchen Christen dem krampfhaften Bemühen, die Freiheit des Menschen zu wahren und darum die «Schuldlosigkeit Gottes» zu verteidigen.

Die tiefsinnige Kontemplation der Attribute Gottes könnte vor diesem Irrtum bewahren.

In der Offenbarung und in der Erfahrung der Heiligen und Mystiker erscheint Gott als der Urquell aller Kreatur und all ihres Handelns. Gott erweist sich als Brennpunkt: «Wie die Sonne mit ihren Strahlen die Dinge beleuchtet, so sendet die göttliche Güte als Teilhabe an ihr ihre Strahlen aus; und so erfolgt auch Gottes Einwirken durch die Erschaffung der Dinge»[155]. «Alles irdische Sein stammt vom Sein Gottes»[156].

Wie Strahlen der Sonne

Man beachte gut: Teilhabe bedeutet nicht ein Verteilen oder ein Ausfliessen[157]. Was Gott den Menschen und den Dingen schenkt, bedeutet für ihn keinen Verlust, ähnlich wie die Sonne ihr Licht nicht verliert, wenn sie über einer Sommerlandschaft strahlt. Teilhabe bedeutet auch nicht ein blosses Ausfliessen. Das Wasser, das aus der Quelle sprudelt, wird ihr fehlen. Gott aber wird keineswegs ärmer, wenn er Ozeane und Milchstrassen, wenn er die Fauna und Flora der Tropen erschafft. Ärmer wird er auch nicht, wenn er Milliarden von Menschen, die den Erdball bevölkern, im Dasein erhält. Durch sein Einwirken macht Gott die Menschen reich, weil er ihnen Anteil an sich selbst gibt. Gott ist von seinem Wesen her Sein, während die Menschen ihr Sein nur «leihweise» oder im Sinne einer Teilhabe besitzen. Gott ist nicht nur gut, weise und mächtig, sondern er ist die Güte, die Weisheit und die Macht selbst. So ist er auch Quell jeglicher Güte, jeglicher Weisheit und jeglicher Macht. Die Vollkommenheit gehört nicht zum Wesen des Menschen, wohl aber zum Wesen Gottes. Gott ist in der Weise in allen Dingen, wie die Ursache in den Wirkungen ist; und diese haben an ihrer Güte teil[158]. «Eine Sache ist nur in dem Mass gut, als sie Teilhabe am höchsten Gut darstellt»[159]. Gott ist der Brennpunkt des Lichts, der Mensch Reflex dieses Lichts. «Man kann das Dasein von Dingen nicht begreifen, ohne eine erste transzendente Quelle anzuerkennen. Und diese Quelle ist Gott, das ist völlig gewiss»[160].

Auf eine Umfrage zum Thema «Wer ist Gott für Sie?» bekannte ein Arzt: «Gott ist für mich derjenige, von dem ich jedes Wissen, jedes Können, jede Heilung empfange; aber auch jede Liebe, jede Gabe, jede Hoffnung, jedes Wollen, jedes Hingezogensein, jedes Gebet; ja sogar jedes moralische, religiöse oder wissenschaftliche Forschungsergebnis, jede Kraft, jede Heiterkeit, jede Gewissheit, jede Freude»[161].

«Ich bin der Ich-Bin», – sagt Gott zur heiligen Katharina von Siena, wobei er die Definition wiederholt, die er schon Mose im brennenden Dornbusch gegeben hatte. Dann

fährt er fort: «Und du, du bist diejenige, die nicht ist». Damit ist nicht bloss Katharina, sondern jeder Mensch angesprochen. Alles, was du bist und hast, hast du von einem andern empfangen: Leben, Leib, Seele, Tätigsein.
Als Jesus vor dem Richterstuhl des Pilatus stand, der seine Autorität sichtlich genoss, sprach er zu seinem Richter: «Du hättest keine Macht über mich, wenn sie dir nicht von oben gegeben wäre»[162)], d. h. verliehen durch die Hand des unsichtbaren Gottes, der die Ereignisse lenkt. Etwas Ähnliches sagte der Prophet Daniel vor König Nabuchodonosor, der ihn und die andern «Weisen» Babylons bedroht hatte: «Bei Gott ist Weisheit und Kraft. Er ist es, der die Zeiten und Fristen ablöst, der Könige stürzt und Könige einsetzt. Er gibt die Weisheit den Weisen und die Erkenntnis denen, die danach suchen»[163)].

Ich sah das All in seiner Hand

Die im letzten Jahrhundert lebende Mystikerin Lucie-Christine berichtet in ihrem Tagebuch, wie sie erfahren hat, dass Gott alles und der Mensch nichts ist: «Mein Herz wurde erleuchtet und von Dem durchdrungen, der ist: ‹Ich bin dein Alles, dein Einziges ... ich bin das Gesamt der Welt›. Und ich sah das All in der Hand Jesu ruhen: ‹Ich bin, du bist nicht›. Und mein Herz wurde von Bewunderung und Freude erfüllt im Erschauen der wunderbaren Einfachheit *dessen, der durch sich selbst ist*»[164)].
Drei Jahre vor dieser Tagebucheintragung hatte die Mystikerin geschrieben[165)]: «In meinem Innern erschaute ich Gott, den Ursprung aller Dinge, der alles besitzt, der die Quelle alles Wahren, Guten und Schönen ist und durch den allein alle Dinge existieren». Aus der tiefen Einsicht in die Wirklichkeit des Schöpfers und der Geschöpfe folgerte sie: «Jede Art von Götzendienst erscheint als etwas Furchtbares ... Angesichts des unerschaffenen Ursprungs verlieren alle geschaffenen Dinge ihre Bedeutung».
An einer andern Stelle ihres Tagebuches präzisiert sie ihre Einsichten und überdenkt die Folgen für den Alltag: «Meine Seele wurde erleuchtet, und einmal mehr sah ich, wie alle Dinge in Gott sind. Darauf sah ich eine kristallklare und reichlich sprudelnde Quelle. Ihre Wasser strömten von einem Berg herab und ergossen sich dann über die Erde. Dort teilten sie sich in unendlich viele kleine Wasserbäche,

die je nach dem Gelände, das sie durchflossen, durchsichtig klar oder von Schlamm getrübt waren. Die Menschen eilten in Scharen zu diesen kleinen Wasserbächen, aber nur ganz wenige schöpften das Wasser oben auf dem Berg direkt an der Quelle».

«Da sprach Jesus zu mir: Achte auf die Menschen; statt zum klaren ungeschaffenen Ursprung aller Dinge aufzusteigen, stillen sie ihren Durst an verschmutzten und wasserarmen Bächen. Alle Dinge sind auf vorzügliche Weise in mir, ihrem Ursprung. Wer um meinetwillen alles verlässt, findet alles in mir»[166].

Unter den Heiligen der neueren Zeit dürfte kaum einer mehr als Vinzenz von Paul überzeugt gewesen sein, dass Gott aus sich selbst existiert und handelt, während Existenz und Tun des Menschen Leihgaben Gottes sind. Gottes Sein kommt Gott aus seinem Wesen zu. Der aus dem Nichts ins Dasein gerufene Mensch empfängt seine Existenz von jenem Andern, dem er alles, was er ist, was er hat und was er tut, verdankt. Jean Calvet, ein ausgezeichneter Kenner des Heiligen, fasst dessen Gedanken folgendermassen zusammen: «Gott ist alles, wir sind nichts. Gott ist, wir sind nicht. Das ist die grundlegende Wahrheit, von der wir uns überzeugen müssen. Das ist keine Wahrheit des Gefühls, sondern des Verstandes. Das ist keine abstrakte Wahrheit, das ist eine Tatsache»[167].

Vinzenz von Paul selbst äussert sich in einer Ansprache an seine Mitarbeiter: «Verlasst euch mehr auf Ihn als auf euch. Er vermag alles, ihr vermögt nichts..: Trotzdem wagt ihr, euch mehr auf euren Fleiss als auf seine Güte, mehr auf eure Armut als auf seinen Überfluss zu stützen»[168].

Man beachte gut: Vinzenz von Paul, der so überzeugt von der angeborenen Ohnmacht des Apostels spricht, war einer der tatkräftigsten Männer, den die Kirche Frankreichs je erlebt hat. Daraus folgert Daniel-Rops, dass wir die Giganten der Aktion vor allem der Mystik verdanken.

Im Lichte dieser Erkenntnis sollten uns gewisse Aussagen der Heiligen Schrift ob ihrer paradoxen Form nicht erstaunen, andererseits sollten uns andere Aussagen ob ihrer erstaunlichen Einfachheit nicht gleichgültig lassen.

«Keine Weisheit und keine Einsicht und kein Rat besteht vor Jahwe»[169]. Wie könnten Menschen die Pläne Gottes gerade mit den Talenten durchkreuzen, die ihnen Gott zur Ausführung seiner Pläne zugemessen hat?

In begeisterter Dankbarkeit ruft König David seinem Herrn zu: «Von Dir ist alles, und von Deiner Hand spenden wir Dir»[170]. Andererseits richtet die Heilige Schrift an die, denen die Haltung echter Dankbarkeit abgeht, den Vorwurf: «Was hast du, das du nicht empfangen hättest? Hast du es aber empfangen, was rühmst du dich, als ob du es nicht empfangen hättest»[171].
Als sich Mitglieder des französischen Hofes beschwerten, der König gäbe mehr für Almosen als für höfisches Gepränge aus, antwortete ihnen der heilige König Ludwig: «Schweigt. Alles, was ich habe, hat mir Gott gegeben. Was ich so anlege, ist bestens angelegt»[172].

Der Fels und die Felsen

Auf der Höhe seines an dramatischen Momenten reichen Lebens besingt David Gott, der ihn vom Tod errettet hat: «Jahwe ist mir ein Fels, ein Zufluchtsort und ein Erretter. Mein Gott, mein Hort, wo ich mich berge. Mein Schild, mein Horn des Heils. Meine Burg und meine Zuflucht. Du rettest mich vor Gewalt»[173].
Diese Häufung von Substantiven, die David bildhaft auf Gott anwendet, drückt die Intensität seiner Dankbarkeit aus. Die Vergleiche entnimmt er der Landschaft von Palästina, auf deren schwer zugänglichen Felsen David so oft Zuflucht vor den Nachstellungen seines Widersachers Saul fand. Aber trotz seines Verstecks auf Felsen und Anhöhen setzte er seine Hoffnung einzig auf Gott als den wahren Felsen und die wahre Burg.
«Du bist mein Heil, denn Du gibst mir Heil», erklärt der heilige Augustinus. «Du bist meine Zuflucht; wenn ich zu Dir fliehe, finde ich Sicherheit. Du bist meine Kraft, denn Du gibst mir Kraft. Du bist meine Barmherzigkeit; denn was immer ich bin, ich verdanke es Deiner Barmherzigkeit»[174].
Thomas von Aquin fasst den gleichen Gedanken in einer sehr gedrängten Aussage zusammen: «Das Sein Gottes schliesst in seinem Wesen alles Seiende ein, in welcher Form und Weise dieses immer existieren mag; denn alles Seiende existiert nur durch Teilnahme an seinem Sein. Ebenso schliesst sein Wissen, was den Akt und dessen Objekt betrifft, jede Erkenntnis und alles Erkennbare ein. Sein

Wollen und das Objekt seines Wollens umfassen jeden Wunsch und alles Wünschbare... Alles was wünschbar ist, fällt unter seinen Willen»[175].
Teresa von Avila sagt es ähnlich im letzten Kapitel ihrer geistlichen Autobiographie: «Gott ist die Wahrheit selbst, er ist ohne Anfang und ohne Ende. Alle andern Wahrheiten hängen von seiner Wahrheit ab, so wie jede andere Liebe von seiner Liebe abhängt, jede andere Grösse von seiner Grösse. Aber was ich sage, ist dunkle Finsternis im Vergleich zur Klarheit, mit der sich der Herr mir verständlich gemacht hat.»
Damit will Teresa, die den Ehrentitel eines Kirchenlehrers trägt, folgendes aussagen: Gott ist der einzige und höchste Quell aller Werte und jeglicher Grösse. Dank ausserordentlicher Gnade «verstand ich sehr hohe Wahrheiten über Gott; ich verstand sie viel besser, als wenn eine grosse Zahl von Gelehrten mich unterrichtet hätte. Nie, so scheint mir, hätte mich ihre Unterweisung so tief durchdringen noch mir eine so klare Einsicht in die Eitelkeit der Welt vermitteln können»[176].
Eitelkeit der Welt, Eitelkeit der Dinge, Eitelkeit menschlichen Tuns: Solche Ausdrücke mögen missverständlich erscheinen und einen Schock für unser modernes Empfinden darstellen. Mit dem Begriff «Eitelkeit» wird nicht gesagt, dass etwas inexistent, wohl aber dass es zerbrechlich ist, unzuverlässig, unbeständig, dem Wohlwollen anderer Geschöpfe und vor allem Gottes ausgeliefert[177].
«Derjenige, der ist», schreibt ein Geisteslehrer zu Beginn unseres Jahrhunderts, «hängt von keinem andern ab. Er ist aus sich selbst heraus der Ewige, aus sich selbst der Unendliche, der Allmächtige; aus sich selbst auch das Leben, die Wahrheit, die Schönheit, die Liebe, die Heiligkeit. Alle andern Wesen sind, was sie sind, nur durch ihn; sie sind in jeder Beziehung von ihm abhängig; sie leben, bewegen sich und sind nur durch ihn. Mögen sie sich noch so unabhängig, noch so stolz, noch so reich gebärden, vor Gott sind sie ewig Bettler. Sie besitzen überhaupt nichts Gutes, das sie nicht von ihm hätten. Ihr Reichtum, ihre Grösse, wenn es bei ihnen überhaupt Reichtum und Grösse gibt, ist von ihm nur entliehen, ihre Intelligenz und ihr Talent besitzen nur darum Strahlkraft, weil sie ihnen von Gott zukommen. Ihre Schönheit, wenn sie echt ist, ist nichts anderes als ein Lichtreflex Gottes»[178].

Gott kann ohne mich auskommen, aber ich komme nicht ohne ihn aus. «Gott braucht die Welt nicht; auch wenn die Welt zu existieren aufhörte, wäre Er immer der Selbe. Sein Dasein würde nicht verändert, sein Leben nicht getrübt, seine Freude nicht verringert. Die Welt aber kommt nicht einen einzigen Augenblick ohne Gott aus»[179)].

Als eine junge Brasilianerin Georges Bernanos bat, ihr Album mit einer Widmung zu ehren, schrieb er den Satz: «Gewährt gutes Andenken und Gebet dem alten Schriftsteller, der mehr und mehr an die Ohnmacht der Mächtigen, an die Unwissenheit der Gelehrten, an die Einfältigkeit eines Machiavelli und an die unheilbare Frivolität der seriösen Leute glaubt. Was immer es an Schönem in der Weltgeschichte gibt, entstand ohne unser Wissen aus der geheimnisvollen Übereinkunft zwischen der demütigen, brennenden Geduld von Menschen mit der sanften Pietät Gottes»[180)]. Auch Bernanos spricht von der Eitelkeit des sich selbst überlassenen Menschen, dem aber Kraft geschenkt wird, wenn er sich auf Gott stützt.

Der Pfarrer von Ars erhielt durch eine überirdische Eingebung Einsicht in die menschliche Grundhaltung der Eitelkeit. So gestand er einer Vertrauten: «Hätte mich Gott nicht gehalten, wäre ich unweigerlich verzweifelt. Die Erkenntnis meines Elends versetzte mich dermassen in Schrecken, dass ich sogleich um die Gnade flehte, dieses Elend vergessen zu dürfen. Gott erhörte mich; er liess genügend Licht auf mein Nichts fallen, um mir verständlich zu machen, dass ich zu nichts fähig bin»[181)].

Die Erkenntnis der kreatürlichen Eitelkeit ist ein Gegengift gegen Angst und Furcht. «Zeitweise wurde ich von einem Elend nach dem andern bedrängt», schreibt Lucie-Christine. «Da sprach der Herr bei der Kommunion zu meiner Seele: ‹Was bedeuten dir die Menschen?› Im gleichen Moment wurde meine Seele von einem solchen Gefühl der Grösse Gottes überwältigt, dass davor alles Geschaffene entschwand».

Nach einer derartigen Erfahrung «steht das Universum vor der Seele wie ein winziger Punkt, der sich jeden Augenblick verflüchtigen kann; und es fällt einem leicht, alles, was von Menschen kommt, zu verachten, ausser jenen Dingen, auf die Gott Wert legt»[182)].

Kaum grösser als eine Nuss

Eine köstliche Mystikerin des 14. Jahrhunderts, die englische Reklusin Juliana von Norwich, berichtet, wie der Herr ihr das Nichts der Geschöpfe und deren tiefverwurzelte Abhängigkeit vom Schöpfer verständlich machte: «Gott zeigte mir auf seiner Handfläche etwas ganz Kleines, das kugelförmig und kaum grösser als eine Haselnuss war. Ich betrachtete es aufmerksam mit Auge und Verstand und fragte mich: ‹Was kann das sein?› ‹Das stellt die Gesamtheit des Geschaffenen dar›, wurde mir geantwortet. Ich wunderte mich, dass es so etwas überhaupt gab. Mir schien, etwas so Kleines könnte im Handumdrehen vernichtet werden. Da erhielt ich für mein Verständnis folgende Antwort: ‹Es existiert jetzt und immer, weil Gott es liebt. So verdankt alles, was ist, seine Existenz der Liebe Gottes›.

«In diesem kleinen Ding», schloss die Reklusin, «erkannte ich drei Bedeutungen: Dass Gott es geschaffen hat, dass Gott es liebt und dass Gott es im Dasein hält»[183].

Als Zeuge der Weltraumfahrten wird der moderne Mensch auf die englische Mystikerin, die die Unermesslichkeit des Kosmos mit einem kleinen, kaum haselnussgrossen Etwas vergleicht, wohl eher gereizt reagieren. Muss er in einem solchen Ausdruck nicht Geringschätzung, ja sogar Verachtung der Welt vermuten und darin eine mittelalterliche Einstellung erblicken, die wissenschaftlicher Fortschritt und technisches Wunder längst überholt haben? Trotzdem steht das «kleine, kaum haselnussgrosse Etwas» ganz in der Linie der biblischen Schau irdischer Wirklichkeiten. Im Buche Jesaja vergleicht Gott die grossen politischen und militärischen Mächte mit Dingen, welche die damalige, von der Atomphysik noch nicht berührte Welt für die kleinsten Gegenstände hielt, mit Staubkorn und Wassertropfen. «Seht, Völker sind vor ihm wie ein Tropfen am Eimer, und wie ein Stäubchen an der Waage gelten sie vor ihm»[184].

Um uns die Kleinheit menschlicher Grösse fassbarer zu machen, geht Gott noch weiter: «Alle Völker sind vor ihm wie ein Nichts; null und nichtig gelten sie vor ihm»[185].

Diese Offenbarungswahrheiten haben auch im 20. Jahrhundert nichts von ihrer Bedeutung verloren. Pius XI. hatte den Mut, in seiner Enzyklika «Mit brennender Sorge» vom 14. März 1937 diese Tatsache dem Führer in Erinnerung zu rufen. Hitler soll vor Zorn getobt haben, weil «der alte Herr im Vatikan» die Grossmächte mit einem Wassertropfen am Eimer verglichen hatte.

Was Pius XI. mit dem Bibelwort von den Nationen sagt, gilt ebenso von den Individuen. «Ununterbrochen hängen wir von der allmächtigen und freien Schöpfertat der Erstursache ab»[186].

«Wir leben sozusagen dauernd am Rande des Nichts, weil wir nicht aus uns selbst Bestand haben»[187]. Von daher wird verständlich, dass die Heiligen aus der Erkenntnis, zu nichts fähig zu sein, ohne Hemmung ihr Unvermögen eingestehen und dafür Gottes Allmacht umsomehr anerkennen: «Ich bin nichts, ich kann nichts, ich gelte nichts», sagt der heilige Jean Eudes. Und Teresa von Avila bemerkt feinsinnig: «Der Dämon will uns einreden, dass wir Tugenden besitzen. Eine solche Meinung ist schlimmer als die Pest». Bald spürt sie unter dem Impuls der Gnade in sich Mut und Kühnheit, bald fühlt sie sich vor lauter Schwäche «unfähig, aus Liebe zu Gott eine Ameise zu töten»[188]. Ähnlich wie ihre grosse Lehrmeisterin aus Avila äussert sich Theresia von Lisieux. Gegen Ende ihres Lebens bekennt sie, keine Tugend zu besitzen, dass aber Gott ihr jeden Augenblick die nötigen Kräfte zur Ausübung der Tugend verleihe.

Die Lehre der Heiligen Schrift, des Lehramtes und der Kirchenväter über die angeborene Nichtigkeit sogar der grössten Menschen, vermittelt eine bessere Einsicht in die Wesenstiefe der geschichtlichen Ereignisse und ihres letzten Sinns. «Was Gott geschaffen hat, muss er notwendigerweise lenken und dem gesetzten Ziel zuführen», erklärte der heilige Augustinus gegenüber seinen Gläubigen. «Würde die Welt von Gott, der sie schuf, nicht geleitet, fiele sie sofort ins Nichts zurück. Die Heilige Schrift sagt, dass sich Gott nach Abschluss seiner Schöpfungstat von seinen Werken ausruhte; aber da er die Schöpfung unablässig lenkt, konnte Jesus in voller Wahrheit sagen: ‹Mein Vater ist unablässig am Werk›. Die Schöpfungstat Gottes war nach dem sechsten Tag abgeschlossen; aber die Leitung der Welt, Gottes Erhaltungstat, setzt sich seither ununterbrochen fort. Jeden Tag, jede Stunde, jeden Augenblick, jeden Bruchteil einer Sekunde umfasst diese Erhaltungstat Gottes die Gesamtheit der Schöpfung, von den Abgründen des Meeres bis zu den sternbesäten Tiefen des Weltraums, von den Wolkenkratzern wimmelnder Weltstädte bis zum Nomadenzelt in der Wüste. «Würde Gott seine erhaltende

Hand zurückziehen, würden wir aufhören zu leben, uns zu bewegen und zu sein.»
«Wenn berichtet wird, dass Gott am siebten Tag ausruhte, verstehen wir darunter, dass er seither keine neue Schöpfungen unternahm, dass er aber weiterhin alles Geschaffene lenkt»[189]. Er hat sich nach der Erschaffung der Welt nicht aus dem Kosmos zurückgezogen. Architektonische Werke bestehen ohne die Gegenwart des Architekten weiter; die Welt aber könnte ohne die wirkende Gegenwart ihres Schöpfers nicht eine Sekunde weiterexistieren.

Eine Seite aus der Grossen sowjetischen Enzyklopädie

Der Grossen sowjetischen Enzyklopädie können unsere russischen Zeitgenossen folgendes entnehmen: «Die Religion bemüht sich, den Gläubigen das Gefühl beizubringen, die Individuen könnten ohne den Willen Gottes nichts tun, weil ihr ganzes Schicksal in den Händen Gottes ruht. Der Mensch ist nichts anderes als Geschöpf Gottes, ein Wurm der Erde, ein Sklave Gottes. Alles hängt einzig von Gott ab. Die Moral macht den Menschen machtlos und beraubt ihn seines Willens; sie verurteilt den Menschen zu passiver Unterwerfung unter sein Schicksal. Sie beraubt ihn aller Eigenschaften, die für jene unentbehrlich sind, welche für das irdische Wohl der Menschen kämpfen.»
Ohne Zweifel hätten Augustinus und Thomas von Aquin, auch Pius XI. und Paul VI. den ersten Satz des Zitates aus der sowjetischen Enzyklopädie voll unterschrieben, denn er ist orthodox. Der Wortlaut erinnert sogar stark an die Propheten des Alten Testaments. Irriges erscheint erst im zweiten Satz: Wenn der Mensch wirklich reines Geschöpf Gottes ist, kann man in ihm weder einen Sklaven noch einen Wurm sehen, denn die Inkarnation und Erlösung haben ihn in den Rang der Gotteskindschaft erhoben. Falsch ist es auch, in der religiösen Ausrichtung ein Element der Entfremdung zu sehen. Vielmehr muss dieser Vorwurf an die Adresse der Glaubensgegner gerichtet werden; auf ein wirklich christliches Leben trifft er nicht zu.
Die Aussage «alles hängt einzig von Gott ab...» kann durchaus in ganz orthodoxem Sinne verstanden werden. Man hört ihn oft bei älteren Menschen, die im Verlauf eines langen Lebens den vertrauten Umgang mit Gott gelernt haben und Ihn als den Urheber jener guten Eigenschaften

kennen, welche die Umwelt an ihnen bewundert: «Er hat alles gemacht», und zwar als Erstursache, welche auf die Zweitursachen einwirkt und ihnen das Wirken auf der eigenen Ebene ermöglicht. Ihr Wirken erfolgt unter der zwar nicht ausschliesslichen, aber erstrangigen Einwirkung der Erstursache[190].

Erstaunlicherweise reicht der Einfluss solcher Einwände des atheistischen Materialismus bis in christliche Kreise hinein: Im Bestreben, die Autonomie menschlicher Initiativen und Taten gegenüber einer möglichen Lähmung durch die totale Souveränität Gottes über die Geschichte zu wahren, betonen manche Christen die Rolle der Zweitursache mit solchem Nachdruck, dass sie den erstrangigen Einfluss der Erstursache leugnen. Sie versteifen sich auf deistische Positionen. Würden sie im Lichte der Bibel und der Tradition dem Problem auf den Grund gehen, müssten sie erstaunt feststellen, dass ein Abgeschnittensein von der göttlichen Kausalität das menschliche Tun lähmt. «Sie zerstören also gerade das, was sie unbedingt bewahren möchten», würde der heilige Augustinus sagen.

Wie Charles Sauvé unterstreicht, spricht die Bibel mehr als siebzigmal von Gottes Allmacht. Man kommt also nicht an der Tatsache vorbei, dass Gott als Haupturheber der Heiligen Schriften uns diese Wahrheit tief einprägen wollte. Johannes Chrysostomus bemerkt, dass im Alten Testament der Vater stets mit dem Namen *Herr (Kyrios)* angesprochen wird. In der Heiligen Schrift wird Gott ferner *König der Könige, Herr der Herrscher,* oder noch eindrücklicher *Einziger König* genannt. Die Bibel will damit andeuten, dass alle Monarchen der Erde ihre Macht vom «unsterblichen und unsichtbaren König der Jahrhunderte» erhalten haben.

Die verkannte Allmacht

Die Ausdrücke «König», «Herr», «Allmacht» können zu Missverständnissen Anlass geben. Dauernd sind wir versucht, Gott mit menschlicher Elle zu messen, in Ihm nicht den Transzendenten, sondern lediglich ein höheres Wesen zu sehen. Diese Gefahr liegt besonders in den Worten «Macht» und «Allmacht».

Stellen Sie einem Kind im Religionsunterricht oder einem praktizierenden Christen die Frage, was der Satz «Gott ist

allmächtig» bedeutet. Die Antwort wird lauten: «Gott hat die Welt geschaffen. Er kann zudem alles: Beispielsweise könnte er einen Vogel mit der Spannweite einer Caravelle erschaffen oder den Mont-Blanc in den Atlantischen Ozean schleudern». Zu diesem Thema liess man in der Vergangenheit der Phantasie freien Lauf, um dann die Folgerung zu ziehen, Gott könne alles verwirklichen, was in sich nicht widersprüchlich ist. Nicht möglich aber sei es für Gott, einen quadratischen Kreis oder einen idiotischen Mathematiker zu erschaffen, weil der Begriff Kreis die Quadratur, der Begriff Idiot die Intelligenz ausschliesst.
Über diesen Überlegungen, was Gott tun und was er nicht tun könne, vergass man zu oft die interessantere und für das christliche Leben bedeutsamere Wirklichkeit, dass Gottes Macht tatsächlich wirkt, hier und jetzt. Mit andern Worten, man vergass das zugleich einfache und tiefe Wort Jesu: «Mein Vater ist immer am Werk». Der amerikanische katholische Theologe und Konzilsexperte John Courtney Murray weist auf die Doppelbedeutung des Wortes «allmächtig» (Pantokrator) hin: Die ältere Bedeutung wird biblisch, die zweite modernere theologisch begründet. Wenn der moderne Christ von der Allmacht Gottes spricht, versteht er darunter meist, dass der Kraft Gottes keine Grenzen gesetzt sind. Bei den Juden und den ersten Christen besass dieser Ausdruck jedoch eine konkretere, existentielle Bedeutung: Gott wirkt alles. «Sie verstanden darunter das direkte Wirken Gottes durch seine Schöpfertat und durch seine Vorsehung; eine Allmacht, die alle Welten, alle Bewegungen im Kosmos wie in der Geschichte durchdringt und umfasst»[191].
Zwischen beiden Bedeutungen der «Allmacht» liegt wiederum ein Abgrund. Nach unserem heutigen Verständnis ist Allmacht eher eine abstrakte Wirklichkeit. Für Juden und Urchristen, aber auch für Heilige und Mystiker, die über reiche persönliche Gotteserfahrung verfügen, ist die Allmacht Gottes eine erschreckende Wirklichkeit. «Meine Seele erahnte die Macht Gottes, und mit dieser unvergleichlichen Allmacht auch seine unendliche Sanftmut. Ich begriff, dass ich den Anblick der Allmacht nicht ertragen hätte, wäre mir nicht gleichzeitig seine Sanftmut geoffenbart worden»[192]. Mit diesem Satz drückt die Mystikerin Lucie-Christine aus, dass sich der Mensch angesichts der Macht Gottes über die Schöpfung und über den Menschen wie vernichtet fühlt. Er kommt sich vor wie die Ameise vor

dem Elefanten, der Kieselstein vor dem Mont-Blanc, der Wassertropfen vor dem Ozean.
Die französische Mystikerin empfindet sich als das Nichts im Angesicht Dessen, der ist. *«Mein Herz wurde nochmals erleuchtet und durchdrungen von Demjenigen, der ist: Ich bin dein Alles, dein Einziges, ich bin das Gesamt der Welt:* Und ich sah das Universum in der Hand Jesu ruhen: *Ich bin, Du bist nicht.* Meine Seele wurde von Bewunderung und Freude erfüllt beim Anblick der wunderbaren Einfachheit Dessen, der durch sich selber ist»[193]. So folgert Lucie-Christine, «dass es Wahnsinn ist, etwas ausserhalb von Gott zu suchen»[194], der gesagt hat: «Was du auch tust, du bist in meinen Armen»[195].
In der Zeit vor seinem totalen Bruch mit der römischen Kirche verfasste Martin Luther einen Kommentar zum Magnifikat. Wohl eine der schönsten Stellen in diesem Buch widmet Luther der Allmacht Gottes:
«Allmächtig ist er, so dass in allen und durch alle und über allen nichts wirkt als seine Macht». So singt auch Samuels Mutter Hanna, Sam. 2,9: «Es hat niemand Macht, etwas aus eigener Kraft zu tun.» Und Paulus sagt 2 Kor. 3,5: «Wir taugen nicht so viel, dass wir etwas von uns selber denken könnten, sondern (alles), wozu wir tauglich sind, das ist von Gott.» Dies ist ein hoher Glaubensartikel, der viel in sich schliesst; er streckt alle Hoffart und Vermessenheit, allen Übermut, Ruhm und falsches Vertrauen auf einmal zu Boden und erhebt nur Gott; ja, er zeigt den Grund an, warum Gott allein zu erheben ist: nämlich weil er alle Dinge tut. Das ist zwar leicht gesagt, aber schwer zu glauben und im Leben anzuwenden. Denn Leute, die dies im Leben üben, sind gar friedliche, gelassene, schlichte Menschen; sie massen sich keine Sachen an und wissen wohl, dass sie nicht ihnen, sondern Gott gehört.
So ist nun die Meinung der heiligen Gottesmutter in diesen Worten: es ist nichts mein bei allen diesen Dingen und grossen Gütern, sondern der, der allein alle Dinge tut und dessen Macht in allen allein wirkt, der hat an mir solch grosse Dinge getan. Denn das Wörtlein mächtig soll hier nicht eine still ruhende Macht bedeuten, wie man von einem zeitlichen König sagt, er sei mächtig, auch wenn er still sitzt und nichts tut, sondern eine wirkliche Macht und stetige Tätigkeit, die unablässig im Schwange geht und wirkt. Denn Gott ruht nicht, sondern wirkt unablässig, wie Christus sagt: «Mein Vater wirkt immerzu und so wirke auch ich» (Joh. 5, 17).

Der 1. Timotheusbrief, nach welchem Gott «höchster und einziger Herrscher, König der Könige und Herr der Herren ist, der einzige ist, der Unsterblichkeit besitzt und in unzugänglichem Lichte wohnt»[196], wollte nach Auffassung verschieder Exegeten die Christen einladen, gegen die anmassenden göttlichen Titel der römischen Kaiser zu reagieren. Nero gab sich den Titel «Herr der ganzen Welt». Nach Sueton wurde Kaiser Domitian als «Unser Herr und unser Gott» beklatscht. Cassius Dio zitiert ein Dekret von Kaiser Tiberius, das den Kaiser als unsterblich und göttlicher Verehrung würdig bezeichnet.

«Aber über diesen Herrschern, deren Macht gering, deren Leidenschaft umso unersättlicher ist, thront der alleinige Gott. Eben durch seinen Willen geschieht es, dass die Herrscher dieser Welt beschränkte Macht besitzen[197].

Geschichtlich gesehen trifft es zu, dass Könige die Welt beherrschen; theologisch ist aber ebenso wahr, dass sie von einer höheren Macht regiert, d.h. in die Verwirklichung göttlicher Pläne einbezogen werden. «Die auf Erden zu führen glauben, sind von ihm geführt», sagt der deutsche Exeget Peter Ketter[198]. «Sie sitzen zwar auf ihrem Thron, unterstehen aber trotzdem Gottes Hand und Autorität»[199]. «Es gibt keine menschliche Macht, die nicht Gott dient, auch wenn sie es nicht will! Gott allein vermag alles seinem Willen unterzuordnen»[200]. Letztlich «herrscht nichts ausser Gott»[201].

Gott besitzt seine Macht aus eigener Machtfülle; und zwar in so überragendem Ausmass, dass im Vergleich zu ihm Könige und Fürsten der Erde nicht wie Könige und Fürsten erscheinen, sondern lediglich als Diener Gottes, denen er für eine kurze Spanne Zeit einen winzigen Anteil an seiner Macht gibt[202].

Was die Heilige Schrift über Könige und Fürsten sagt, dürfen wir auf die heutige Welt der Politik, der Wirtschaft und der Hochfinanz übertragen. Diktatoren, Staatschefs, Ratspräsidenten, Parlamentarier, Bankiers, Industrielle, Medienschaffende, Schriftsteller usw: Sie alle verfügen auf einige Jahre oder auch nur auf wenige Monate über Handlungsvollmacht, die ihnen nur leihweise überlassen wird. Sie dienen nicht nur eigenen, sondern unbewusst auch fremden Zielen: Die menschliche Politik ist auf geheimnisvolle Art in die göttliche Politik einbezogen.

Über die Einwirkung Gottes auf Menschen und Geschichte schreibt der heilige Augustinus: «Gott beherrscht den Willen der Menschen mehr als diese selbst es tun»[203]. Es ist deshalb nicht verwunderlich, dass die Heilige Schrift so oft wiederholt, die Kraft des Willens Gottes sei «unwiderstehlich». Sie ist es in der Tat derart, dass ihr kein Mensch widerstehen kann.
Der Wille Gottes entfernt alles, was sich ihm in den Weg stellt. Man ist versucht, ihn mit einer Springflut oder einem Zyklon zu vergleichen. Doch Gottes Wille wirkt nicht nur mit Macht, sondern auch mit Feinfühligkeit, indem er auf das Wesen des Menschen voll eingeht. Seine Allmacht wirkt auch von innen her auf den Menschen ein. Gott gibt Gefühle und Bewegungen ein und lenkt so die Menschen nach seinem Willen. Welch theologischer Reichtum und welch einzigartige Dichte in dieser Tatsache liegt, geht aus dem Gebet Mordekais hervor, in dem er Gott ersucht, die vom Massaker durch Haman bedrohten Israeliten zu retten: «Herr, Herr, König, der über alles herrscht! In deiner Gewalt steht das All; niemand ist, der wider dich streiten kann, wenn du Israel retten willst. Du hast den Himmel und die Erde und alles Wunderbare erschaffen, das sich unter dem Himmel befindet; über alle Dinge bist du Gebieter, und niemand kann dir als dem Herrn entgegentreten»[204].
«In Deiner Gewalt steht das All»: Das ist nicht einfach Theorie in dem Sinn, dass die «Allmacht Gottes» bloss die Möglichkeit hätte einzugreifen. Das All steht wirklich in der eigentlichen Bedeutung des Wortes in der Gewalt Gottes, wie es die Juden und die ersten christlichen Jahrhunderte verstanden: «Über alle Dinge bist du der Gebieter». Das heisst: In jedem Augenblick, heute wie gestern, und morgen wie heute, stehen alle Dinge im Dienste der Erfüllung Deiner Pläne, verwirklichen alle Menschen deine geheimnisvollen Pläne, auch wenn die meisten nichts davon wissen oder gar deinen Geboten zuwiderleben. Gott hat die Menschen nur deshalb auf die Erde gesetzt, um durch sie unter Wahrung ihrer Freiheit unfehlbar seine Pläne der Liebe ausführen zu lassen.
Alle gehorchen seinem ewigen Gesetz.
Noch hatte das erste Menschenpaar die Erde nicht betreten, da hatte Gott in seinen ewigen Plänen bereits die Geschichte des ganzen Menschengeschlechtes geschrieben, so wie ein Dichter sein Drama vor der Aufführung durch die

Schauspieler fertigstellt[205]. Würde Gott – bildlich gesprochen – die Schlagzeilen unserer Kioske lesen oder sich eine Sendung der Tagesschau ansehen, er könnte absolut nichts Neues erfahren. Als souveräner Dramaturge weiss er im voraus, was sich auf der Weltbühne im Verlauf der Tage und Jahre abspielen wird.

Das Lächeln der Engel

Nach Jesaia sind die Anstrengungen irdischer Machthaber gegen Gottes Pläne völlig nutzlos. Der Prophet kündigt seinem Volk die Unterdrückung Israels durch die Assyrer an, sagt aber gleichzeitig voraus, es komme der Tag, da der Herr die Feinde Israels und Judas überwinden werde. Dann wendet er sich direkt an die Assyrer: «Gürtet Euch und erschreckt, ja gürtet euch und erschreckt! Fasst einen Plan, er wird zunichte! Erteilt Befehle, es hat keinen Sinn; denn mit uns ist Gott!»[206]. Nur weil ihn der Herr der Geschichte unterrichtet, kann der Prophet mit solcher Bestimmtheit sprechen.
«Wer kann dem Willen Gottes widerstehen»[207]? Niemand! «Jemanden um etwas zu bitten, wozu er keine Macht besitzt, ist zwecklos», kommentiert Thomas von Aquin. «Nun aber steht letztlich nichts in der Macht der Menschen, da Gott ihm das Wollen und das Vollbringen schenkt, und weil alles vom Willen Gottes abhängt»[208]. «Du weisst es, Jahwe, dass der Mensch nicht Meister seines Geschicks ist, und dass es nicht im Wollen des Läufers liegt, die Richtung seines Laufs zu bestimmen»[209]. Unterwegs können unvorhergesehene und unübersteigbare Hindernisse auftauchen. Selbst ein geschickter, modern ausgerüsteter Alpinist weiss nicht, ob er den Gipfel erreicht. Genauso wenig weiss selbst der reichste Tourist beim Besteigen des Flugzeugs, ob er das Ziel seines Fluges erreichen wird. So ungewiss die Verwirklichung menschlicher Pläne ist, so unbeirrbar erfüllen sich die Pläne Gottes. «Keiner kann mir etwas aus der Hand entreissen, spricht der Herr. Tue ich etwas, wer kann es dann ändern?»[210]. «Was er beschlossen hat, wer kann es wenden? Was er plant, führt er auch aus»[211].
Thomas von Aquin schreibt in seinem Kommentar zum Buch Ijob: «Wie kein menschliches Wesen die Anordnungen Gottes zu verstehen vermag, kann ihm auch kein Ge-

schöpf widerstehen»[212]. Er, der von aller Ewigkeit her aus sich selbst existiert, beherrscht und überragt in seiner Transzendenz auch all jene, die in einem bestimmten historischen Moment ins Rampenlicht der Geschichte treten und von Gott leihweise Leben, Bewegung und Sein erhalten. «Ich bin das Alpha und das Omega, spricht Gott, der Herr, der da ist, der da war, und der da kommt»[213]. Er ist Urheber der Vergangenheit, der Gegenwart und der Zukunft[214].

Selbst wer seine Gebote übertritt, führt seine Pläne aus. Ein slowakischer Prälat, der viele Jahre heimlich in Sowjetrussland gelebt hatte, sagte anlässlich der Weihe eines slawischen Priesters in Rom: «Gott findet immer Wege, seine Auserwählten zum Altar zu führen, und sei es auch gegen tausend Widerstände».

Wer Gott an seiner Seite weiss, sich einzig auf die Erfüllung seiner Absichten einstellt und dabei in allem den Willen Gottes zu erkennen sucht, hat etwas Unwiderstehliches an sich. Er nimmt an jener Allmacht teil, die Mordekai als unwiderstehlich bezeichnet hat. An vielen Stellen schreibt das Alte Testament Menschen einen Erfolg zu, «weil Gott mit ihnen war».

«Herr, Deine Anordnung bleibt ewig», sagt der heilige Augustinus. «Vom hohen Himmel lachst Du über unsere Beschlüsse, und erfüllst Deine eigenen Pläne». Nach dem Psalmisten belächelt Gott vom Thron des Himmels aus die Mächtigen der Erde, die sich gegen Jahwe und seinen Gesandten auflehnen. Gott lacht über die Umtriebe seiner Feinde. Gottes Lachen und Belächeln sind bildliche Ausdrücke. Sie bezeichnen das Missverhältnis zwischen Aufwand und Wirkung. Was würden wir sagen, wenn das vierjährige Kind eines militanten Atheisten mit einem Kindergewehr über den Petersplatz in Rom eilte, um den Petersdom zu sprengen und die Religion zu vernichten? Der kleine Knirps würde Mitleid erwecken oder schallendes Gelächter auslösen. Liesse die unbeirrbare Würde der Engel überhaupt eine solche Gemütsbewegung zu, müssten die Engel wohl ähnlich erheitert sein, wenn sie die Diskrepanz zwischen der menschlichen Anstrengung und dem erstrebten Ziel feststellen. Sie müssten über die fieberhafte Geschäftigkeit des Menschen lächeln, der in Wirklichkeit von Gott gelenkt wird.

Im Lichte dieser höhern Erkenntnis schrieb Teresa von Avila an ihre geistlichen Töchter: «Ihr sollt erkennen, dass

Gott alles kann, dass wir aber nur das können, was Gott uns tun lässt. Böses stösst uns nur zu, weil wir unseren Blick nicht auf Gott richten»[215]. Wer sich auf den Schöpfer ausrichtet, wird nicht auf Sand bauen oder sich auf Schilfrohr stützen. Von einem Ehepaar, das der heiligen Teresa von Avila gegenüber seine Zukunftspläne entwickelte, berichtete die Heilige humorvoll, dass Gott es «anders gesehen hätte» und dass deshalb die Vorkehrungen des Ehepaars wenig nützten: die Pläne seien auch tatsächlich ins Wasser gefallen. «Was Gottes Majestät will, wird unweigerlich geschehen»[216]. Was aber Gott nicht will, bringt keine Macht zustande: «Keiner öffnet, wo Er schliesst; und keiner schliesst, wo Er öffnet»[217].

«Für das Handeln Gottes gibt es weder Zufälle noch Störungen noch Misserfolge. Die Ursache aller Ursachen kann durch keine Ursache gehemmt werden, denn sie umgreift alle, weil sie ihnen ihre Wirkkraft gibt»[218].

Trotz Anfechtungen triumphiert die Vorsehung

Die bereits gehörten Aussagen und Äusserungen sind wunderbar. Aber noch ist nicht alles gesagt; denn der Arm Gottes reicht weiter, Gottes Vorsehung verwirklicht nicht nur alle ihre Pläne, sie benützt zur Verwirklichung ihrer Pläne sogar den Widerstand der Welt und den Hass Satans. Gewollt oder ungewollt wirken die Menschen alle irgendwie auf die Verwirklichung der höchsten Zielsetzung Gottes hin: auf die Zunahme der Zahl der Auserwählten und auf den Aufbau der Kirche.

Der heilige Johannes Chrysostomus lädt in einer Homilie die Zuhörer ein, aus der bewegten Geschichte des ägyptischen Joseph ein vertieftes Verständnis für das göttliche Walten zu lernen: «Glaubt nicht, die Ereignisse um Joseph seien das Ergebnis des Zusammenwirkens von Zufällen oder die eines plötzlich einsetzenden Umbruchs. *Gott erfüllt seine Pläne durch die Hände jener, die sich ihm widersetzen und ihn bekämpfen.* Zur Erhebung Josephs benützt die göttliche Vorsehung sogar den Dienst seiner Feinde, damit ihr lernt, dass niemand das verhindern kann, was Gott beschlossen hat, und dass niemand seinen allmächtigen Arm abwenden kann. Er will kund tun, dass ihr in ähnlicher Bedrängnis und Verfolgung weder verzweifelt noch euch grämt, sondern durch mutiges Ertragen euren Glauben an den glücklichen Ausgang bekundet»[219]. Gerade der Neid seiner Brüder brachte Joseph vom Lande Kanaan nach Ägypten. So wurde diese Missgunst zum Instrument in der Hand Gottes. Eine wahrhaft eindrückliche Lehre dieser biblischen Erzählung.

«Selbst Widerstände begünstigen die Verwirklichung der Pläne Gottes. Er bedient sich der Verfolgung, um den Glauben auszubreiten»[220]. Gottes Taktik verwirrt unser allzu menschliches Denken. In seiner Hand wird alles zum Instrument der Verwirklichung seines Heilsplans.

«Gerade darin besteht auch die Grösse der Kirche. Trotz Anfechtungen triumphiert sie. Wird sie beschimpft, steht sie umso strahlender da. Wird sie verwundet, erliegt sie den Wunden nicht. Im Ansturm der Fluten kentert sie nicht»[221]. Gott ist mit ihr, er hält sie, er wirkt Tag um Tag an ihrem Aufbau. Hat er sie nicht als sein Meisterwerk gedacht?

Christus selbst erlöst die Menschen durch Mittel, die der Verwirklichung des gesetzten Ziels scheinbar widerstreiten. Gerade der Verrat, die Geisselung und der schmachvolle Kreuzestod erwirken den Menschen Heil und Gottesfreundschaft. Weil Gott mit Christus war, konnte niemand wirksam seine Erlösungspläne durchkreuzen. «Wenn Gott für uns ist, wer könnte dann gegen uns sein?» Was im Leben Christi geschah, ereignet sich ähnlich auch im Leben der Christen: «Statt uns wirklich zu schaden, setzen uns die Feinde Kronen auf und erwirken uns zahllose Güter. Gott wendet ihre Anfeindungen zu unserer Ehre und zu unserem Heil. Seht ihr also, dass im Grunde niemand gegen uns ist?» Irdische Könige, und mögen sie noch so mächtig sein, verfügen in ihren zeitlichen Angelegenheiten nicht über diesen Vorteil, sie sind dem Verrat, dem Aufruhr und dem Krieg ausgeliefert. «Dem Christen aber können weder Menschen noch Dämonen schaden, wenn er die Gesetze Gottes beobachtet.»

Angesichts des Schauspiels göttlicher Allmacht, in welchem Gott die guten und die unliebsamen Geschehnisse zum Heil der Freunde Gottes wendet, spricht Johannes Chrysostomus in Freude und Bewunderung: «Lässt sich etwas mit diesem Leben vergleichen, in welchem kein Ding wirklichen Schaden anrichten kann, wo selbst die Feinde nicht weniger nützlich sind als die Wohltäter? Wie recht hat der Apostel Paulus: ‹Wenn Gott für uns ist, wer könnte dann gegen uns sein?›»[222].

«Gott sei die Ehre in allen Dingen», das war der Lieblingsspruch des Bischofs von Konstantinopel. Mit diesen Worten auf den Lippen starb er nach einem Leben voller Prüfungen auf dem Weg ins Exil. Er lebte, was er lehrte; er lehrte, was er lebte.

Vollbesetzte Seminarien in Polen

In einer Predigt über das bewegte Leben des Apostels Paulus weist Bossuet darauf hin, dass die Gegner durch die vielfältigen Hindernisse, die sie Paulus in den Weg legten, unbewusst und ungewollt zur Verbreitung des Christentums in der Welt beigetragen haben: «Was nützt es euch, ihr Verfolger, ihn mit so viel Hass zu verfolgen? Ihr beschleunigt das Werk des Paulus, wenn ihr wähnt, es zu zerstören. Zwei Dinge nämlich sind nötig, um ungläubige Völker zu gewinnen: Worte zu ihrer Belehrung und Blut zu ihrer Erschütterung. Belehren kann er sie nur durch die Kraft der Liebe. Blut kann er ihnen aber nur geben, wenn ihr ihn zur Folter führt. Darum braucht er eure gehässige Hetze. Ihr gebt ihm die Möglichkeit zu siegen, indem ihr ihm die Möglichkeit zu leiden gebt. Die Wunden, die ihr ihm schlagt, erwirken seine geistlichen Eroberungen»[223).
«Er braucht eure gehässige Hetze», genauso wie es den stürmischen Auflauf der Heiden und Juden vor den Palästen des Herodes und des Pontius Pilatus brauchte, um die Pläne zu verwirklichen, welche der Wille Gottes zugunsten des Heils der Menschen vorgesehen hatte»[224).
«Still, ständig und unauffällig wirkt Gottes Vorsehung im Hintergrund aller Dinge. Sie führt die Dinge zu ihrem Ziel, alles Geschaffene zu seiner Bestimmung. Sie gestaltet die Geschichte. Sie benützt die Menschen, ohne dass sie dessen inne werden. Spräche man mit ihnen darüber, würden sie antworten: ‹Das stimmt nicht›. Wie sollten sie es wissen? Gottes Plan ist ihnen ja verborgen. Gott braucht sich nicht zu erklären. Er handelt»[225).
Als Kaiser Augustus für sein ganzes Reich die Volkszählung anordnete, stand er im Dienste Gottes. Aufgrund dieser Massnahme wurde Jesus in Bethlehem geboren, wodurch sich eine Prophezeihung des Alten Testaments erfüllte. Mit dem Befehl zur Volkszählung «weiss der Kaiser, was er tut. Und doch weiss er es nicht. Die Idee einer Volkszählung taucht im Verlauf seiner Regierungszeit irgend-

wann einmal auf, vielleicht ohne jeden äusseren Anlass. Der Kaiser weiss nicht, dass sie seit je im Plane Gottes vorgesehen war. Mit der Volkszählung des Kaisers Augustus setzt Gott eine andere grossangelegte und ewigkeitsbezogene Geschichte in Gang. Gerade das weiss der Kaiser nicht. Er ist ein ahnungsloses Instrument. Er arbeitet für Gott, obwohl er für Gott wahrscheinlich sehr wenig übrig hat».

Ohne es zu wissen, arbeitet der Kaiser für Gott. Die Pharisäer, die das Christentum ein für allemal ausrotten wollten, haben für Gott gearbeitet. «Sie entsenden Paulus nach Damaskus und wissen, was sie tun – und wissen es doch nicht. Sie haben Kenntnis davon, dass er sich nach Damaskus begibt. Aber sie wissen nicht, dass unterwegs Einer mit blendendem Licht auf ihn wartet und ihn anspricht: Er wird zur Erleuchtung der Welt vom Kommen des Gesandten Gottes künden»[226].

Wer Gott von Herzen liebt, könnte mit P. de Caussade sprechen: «Unsere Feinde sind Galeerenruderer, die uns mit schnellem Ruderschlag zum Bestimmungshafen führen». Bossuet äussert einen ähnlichen Gedanken, wenn er schreibt: «Eines Tages werden wir erkennen, von welchem Nutzen die sind, die uns kreuzigen». *Sehen* werden wir dies erst im Jenseits; hienieden dürfen wir es *glauben*, sofern unser Glaube stark genug ist. Gott selbst hat die Garantie gegeben, ‹dass mit denen, die Gott lieben, Gott in allem mitwirkt zum Guten›»[227].

Die Ambivalenz der Feindseligkeiten und Anfechtungen, denen der gläubige Christ täglich ausgesetzt ist, sucht der heilige Paulus den ersten Christen von Philippi verständlich zu machen: «Lasst euch von den Gegnern nicht einschüchtern. Das ist für sie ein Zeichen, dass sie verloren sind, ihr aber gerettet werdet. Gott hat euch die Gnade erwiesen, dass ihr auf Christus nicht nur vertrauen, sondern auch für ihn leiden dürft»[228]. Getreu diesem Leitsatz des Apostels Paulus hielten die Heiligen im Verlauf der Kirchengeschichte gerade diejenigen für ihre Wohltäter, die sonst von der öffentlichen Meinung «Feinde» genannt werden.

«Gott weiss die gegen ihn gerichteten Machenschaften in seine Zwecke einzubeziehen», bemerkt Jean Guitton. «Aus dem Laizismus erwächst vielleicht sogar eine Elite überzeugterer und wahrheitsbewussterer Christen, welche sich nicht aus Gewohnheit, natürlicher Begabung oder

aus gesellschaftlichen Vorteilen zur Wahrheit bekennen, sondern weil sie durch intensives Studium der vielfältigen Aspekte den Wert der Wahrheit erfahren haben»[229].
Um den Glauben seiner Gattin Elisabeth endgültig zu brechen, gab Felix Leseur ihr Renans «Leben Jesu» zu lesen. Das Buch erreichte das Gegenteil. «Elisabeth war eine Frau von ausserordentlicher Intelligenz und Ausgeglichenheit. Aufgrund ihres sicheren Urteils, ihres gesunden Menschenverstandes und ihrer feinen Kultur liess sie sich von der Magie der Worte nicht blenden, sondern durchschaute die dahintersteckende Dürftigkeit», schrieb ihr Gatte später, als er selbst Christ geworden war. Mit sicherem Empfinden hatte Elisabeth nämlich auf die Quellen zurückgegriffen: auf die Evangelien. An dieser klaren Quelle fand sie zum vollen Glauben zurück. Elisabeth selbst bestätigte ihre Erfahrung der Allmacht Gottes, die in einem langsamen und unauffälligen Vorgehen die Widerstände in Ansatzpunkte zur Förderung ihres Zieles verwandelt: «Noch immer spüre ich das stille, beharrliche Wirken der Vorsehung in mir und für mich, jenes wundersame Werk der inneren Bekehrung, das von Gott allein begonnen und das ausserhalb jeden menschlichen Einflusses und äussern Kontakts geleitet und vollendet wurde. Dies geschah manchmal durch Ereignisse, die in mir jeden religiösen Glauben hätten zerstören können. Erst hinterher erfasst man die Weisheit und die unerhörte Schönheit dieses von Gott vollbrachten Bekehrungswerks»[230].
Was Gott für die Einzelmenschen tut, sieht er ebenso für die Gemeinschaften der Völker vor. Auch für sie kann Gott Nachteile in Vorteile umwandeln. Man weiss, was atheistische Regime unternehmen, um christliche Gemeinschaften auszulöschen. Nun sind aber gerade in Ländern, wo die Kirche unterdrückt wird, Priester und Ordensberufe sehr zahlreich, während der Westen einen bedenklichen Rückgang verzeichnet. Nach der Rückkehr von einem Besuch Warschaus bestätigte Kardinal G. M. Garrone, der Präfekt der Kongregation für katholische Erziehung: «In Polen besteht bezüglich der kirchlichen Berufe eine ausserordentliche Situation. Es bewegt einen tief, die überbelegten Seminarien zu sehen und festzustellen, dass es weder zahlenmässig noch qualitativ an Priesteramtskandidaten fehlt. Natürlich spreche ich von den Priesterseminarien, denn die augenblicklichen Umstände lassen keine anderen Studienhäuser zu. Man lebt hier auf engstem Raum, aber in ei-

nem offensichtlichen Klima der Zufriedenheit und der Freude. Die jungen Männer sind alle durch lange Perioden der Prüfung hindurchgegangen und haben das Seminar als Antwort auf den Anruf Gottes gewählt. Ihr Glaube ist beeindruckend. Fast alle stammen aus dem Arbeitermilieu, welches mutig seinen Beitrag zum Weiterbestand dieser Priesterausbildungsstätten leistet»[231].
Wäre Georges Bernanos noch am Leben gewesen, als Kardinal G. M. Garrone am 22. November 1973 über Radio Vatikan von seinem Besuch hinter dem Eisernen Vorhang berichtete, hätte er erneut Grund gehabt, «mehr und mehr an die Machtlosigkeit der Mächtigen, an die Unwissenheit der Gelehrten und an die Stümperhaftigkeit der Machiavellisten zu glauben».

Voltaires Beitrag an das kirchliche Gesetzbuch

Betrachtet man die Geschichte mit den Augen Gottes, wird man eingestehen, dass einer der heftigsten Gegner der Kirche im 18. Jahrhundert auf seine Weise und in seinem Bereich zugunsten der Freunde Gottes gearbeitet hat. Jacques Maritain[232] schreibt diesbezüglich: «Die Ereignisse der Weltgeschichte tragen alle auf die eine oder andere Weise zum Fortschritt des Reichs der Gnade bei und dienen manchmal um den Preis grösserer Übel dem Fortschritt der Welt. Voltaire hatte zwar die Absicht, ‹die Infame auszurotten›, d.h. den Aberglauben und die Intoleranz zu vernichten, aber auch er lebte noch unter Christen und innerhalb einer christlichen Geschichte, auch er gehörte noch einer von der Vorsehung geschaffenen und erhaltenen Welt an. Ungewollt stand sogar er in ihrem Dienst. Sein Kampf für Toleranz basierte zwar auf einem Irrtum, weil er an eine ‹dogmatische› Toleranz dachte, als ob es eine schrankenlose Denkfreiheit ohne jede Unterordnung subjektiver Meinungen unter ein höheres Gesetz gäbe. Zugleich aber kämpfte er gegen einen Irrtum seiner Zeit, nämlich gegen das Prinzip ‹Cujus regio, illius religio›, d.h. gegen den Druck des Staates und der öffentlichen Meinung auf das persönliche Gewissen: ‹Niemand darf gezwungen werden, gegen seinen Willen den katholischen Glauben anzunehmen›. Auch Voltaire war ein Werkzeug, um das Prinzip der zivilen Toleranz in die modernen Gesellschaften einzuführen.»

Jacques Maritain fährt weiter: «Eine Illustration der eben dargestellten Wahrheit finde ich auch in dem köstlichen Buch ‹The man who was Thursday› von G. H. K. Chesterton. Darin liefern sich Polizisten und Anarchisten einen raffinierten Kampf, gehorchen aber beide einem geheimnisvollen Chef im Hintergrund, der Herr Sonntag genannt wird».

Jacques Maritains Hinweis auf den indirekten Beitrag Voltaires zum spätern Artikel 1351 des Codex Juris Canonici wie auch die Mahnpredigten eines Bossuet und eines Johannes Chrysostomus illustrierten nachdrücklich die Worte der Heiligen Schrift über Gottes universale Souveränität: «Er ist Ursprung, Kraft und Ziel aller Dinge»[233]. «Von ihm haben sie das Dasein empfangen, durch ihn werden sie im Dasein erhalten, zu ihm als ihrem letzten Ziel kehren sie zurück»[234]. «Alles hängt von Gott ab, er verwirklicht alles, wie er es vorgesehen hat. Alles ist sein Werk, nichts geschieht ohne ihn, alles kommt von ihm, alles hat in ihm seinen Bestand. Nichts kann sich ihm entziehen, im Gegenteil: alles führt zu ihm hin», schreibt der Exeget P. A. Viard[235]. Und er fährt fort: «Dies gilt schon von Gott als dem Schöpfer der natürlichen Ordnung, um wieviel mehr gilt es von Gott als dem Ursprung der Gnade, der alles getan hat, um die Menschen seiner Barmherzigkeit teilhaftig zu machen».

Wie müssten die Fernsehzuschauer ergriffen sein, wenn in der Silvesternacht der Sprecher im Anschluss an die letzte Tagesschau des Jahres und die üblichen melancholischen Betrachtungen über die entschwundene Zeit ganz langsam den Satz aus dem Römerbrief beifügen würde: «*Er* ist Ursprung, *Er* ist Kraft und Ziel aller Dinge. *Ihm* sei Ehre in Ewigkeit». Welch heilsamer Schock wäre es für den Leser, wenn er in der letzten Jahresnummer der grossen Tageszeitungen diesen Satz inmitten von weltpolitischen Kommentaren und Wirtschaftsmeldungen fände. Je nach ihrer inneren Haltung würden die Leser und die Fernsehzuschauer erahnen, was der «Sinn der Geschichte» sein könnte, von dem man heute so viel spricht.

Übrigens ist es interessant, dass Staatschefs und Armeebefehlshaber recht oft ihre Abhängigkeit von einem höheren Wesen andeuten, wenn sie von ihrem Geschick, von ihrer Bestimmung, oder von ihrem guten Stern usw. sprechen. Wie Herbert Butterfield in seiner Studie «Christentum und Geschichte»[236] nachweist, trifft dies gerade auch auf den «Eisernen Kanzler» zu. «Bismarck verfügte nicht nur über den scharfen politischen Blick, sondern auch über einen religiösen Geist, so dass er seinen Glauben an eine höhere Führung stärker als jeder andere moderne Staatsmann ausdrückte: ‹Die Staatenlenker vermögen den Verlauf der Zeit nicht festzulegen, sie können sich lediglich vom Strom der Zeit tragen lassen. Vernehmen die Menschen hinter den Geschehnissen das Rauschen des Mantels Gottes, dann sollten sie sich eiligst an dessen Saum festhalten›».

Als man den Reichskanzler zur Einigung Deutschlands drängte, antwortete Bismarck: «Auch wenn wir die Uhr vorstellen, läuft die Zeit nicht schneller». Als im Jahre 1869 die Einigung unmittelbar bevorstand, sagte er: «Durch voreiligen und willkürlichen Eingriff in den Lauf der Geschichte erreicht man nichts anderes, als dass die Früchte vom Baum fallen, bevor sie reif sind».

Mit grösserer Tiefe und Innigkeit drückt Vinzenz von Paul einen ähnlichen Gedanken in religiöser Sprache aus: «Stellen wir uns der Vorsehung anheim und hüten wir uns, ihr vorzugreifen. Gottes Werke geschehen aus ihrer eigenen Dynamik, und was nicht Gottes Werk ist, wird ohnehin bald zerfallen. Überzeugt euch von der Richtigkeit der folgenden paradoxen Maxime: Wer hastig vorangeht, entfernt sich vom Ziel».[237)]. «Wer der Vorsehung Gottes folgt und ihr nicht vorgreift, gibt dadurch Gott die grösste Ehre»[238)].

Die Köpfe der Französischen Revolution

Die eben dargestellten Wahrheiten suchte Bossuet dem Prinzen, der damals als Nachfolger Ludwigs XIV. galt, verständlich zu machen. Anders als der gläubige Realpolitiker Bismarck, der sich vom irdischen Tagesgeschehen an den Himmel erinnern lässt, geht Bossuet bei der Unterweisung des Prinzen von der Wirklichkeit des Himmels aus und überträgt dessen Prinzipien auf das Irdische. Er macht den Dauphin mit folgenden Worten des heiligen Paulus bekannt: «Gott ist glücklich, er ist der einzig Mächtige, König der Könige, Herr der Herrscher». An dieses Schriftwort schliesst er folgenden Kommentar an: «Gott wird als glücklich bezeichnet, weil er in unerschütterlicher Ruhe thront; er ist der Unveränderliche, der alle Veränderungen überblickt, weil alle Veränderungen von seinem unveränderlichen Ratschluss ausgehen. Er verleiht und entzieht die Macht, überträgt sie von einem Menschen auf den andern, von einem Haus auf das andere, von einem Volk auf das andere, um ihnen zum Bewusstsein zu bringen, dass sie die Macht nur leihweise innehaben, und dass er der Einzige ist, der die Macht von seinem Wesen her unverlierbar besitzt».

Diese Offenbarungswahrheiten illustriert der Prinzenerzieher mit Beispielen aus der Geschichte: «Darum wissen sich die Herrscher einer höheren Macht unterstellt. Ihre Pläne lassen sich nur mehr oder weniger verwirklichen, und trotz eingehender Beratung treten immer wieder unvorhergesehene Folgen ein. Auf die in früheren Jahrhunderten grundgelegten Gegebenheiten haben sie nur bedingten Einfluss. Noch weniger wissen sie, welchen Verlauf ihre Anordnungen in der Zukunft nehmen werden. Schliesslich ist es ihnen völlig unmöglich, die Zukunft selbst in den Griff zu bekommen. Das alles hält allein Derjenige in der Hand, der die Menschen der Gegenwart und der Zukunft bei ihrem Namen kennt, der über den gesamten Zeitenlauf verfügt und sämtlichen Entscheidungen zuvorkommt».

Aus der Antike führt Bossuet folgende Beispiele an: Alexander, «der nicht merkte, dass er durch seine Eroberungen auf die Bereicherung der Offiziere und auf den Untergang des eigenen Hauses hinarbeitete». Brutus, der in den Römern eine unbändige Freiheitsliebe entfachte und doch den Weg zu einer Tyrannei ebnete, die noch schlimmer als diejenige der Tarquinier war. Endlich die verschiedenen Cäsaren, die ihren Soldaten schmeichelten «und dadurch ungewollt ihre eigenen künftigen Nachfolger hochzüchteten». «Mit einem Wort, es gibt keine menschliche Macht, die nicht, ohne es zu wollen, fremden Zielen dient. Gott allein vermag alles seinem Willen unterzuordnen»[239].

Neben dem antiken Rom liefert die Neuzeit genügend Beispiele der Unterwerfung der Grossen in der Politik unter eine unsichtbare höhere Macht. «Wohl mit Recht wurde vermerkt, dass während der Französischen Revolution die führenden Männer viel eher Getriebene als das treibende Element des Volksaufstandes waren. Diese sehr richtige Beobachtung trifft niemals den Sachverhalt zutreffender als gerade während dieser Epoche».

«Selbst die Schurken, in deren Händen die Fäden der Revolution zusammenlaufen, erfüllen die Rolle einfacher Instrumente. Meistens fallen sie gerade in dem Moment, wo sie glauben, den Aufstand im Griff zu haben. Die Väter der Republik haben diese verwirklicht, ohne sie von vornherein so zu planen und zu wollen. Sie wurden von den Ereignissen dazu gedrängt».

«Je mehr man sich mit den Aktivisten in den ersten Rängen der Revolution befasst, umsomehr stellt man bei ihnen eine Art mechanischer Passivität fest. Es braucht kaum wiederholt zu werden, dass nicht die Menschen die Revolution durchführen, sondern dass sie von der Revolution zu ihrem Tun geführt werden»[240)], und dass diese Revolution selbst auf geheimnisvolle Weise von Gott gelenkt wird. Die Betrachtungen Josephs de Maistre über Frankreich sind Beispiele für das Schriftwort: «Im Herzen des Menschen sind vielerlei Pläne; doch Bestand hat allein der Ratschluss Jahwes»[241)].

Erinnern wir uns schliesslich an das Verschwinden des Faschismus und an den Untergang des Dritten Reichs, welches man auf tausend Jahre hatte anlegen wollen. Oder denken wir an den Abgang berühmter Staatschefs wie Churchill oder De Gaulle. Oder vergleichen wir die hochfliegenden Programme neuer Regierungen mit den Resultaten am Ende der Legislaturperiode[242)]. Ja, Stand hält allein der Ratschluss des Herrn. Er lenkt die Lenker, er beherrscht die Herrschenden. Wie baut er ihre Politik in die seine ein? Wir wissen nicht, *wie* Gott es anstellt, dass alles zum Wohl der Freunde Gottes und zum Wachstum der Kirche, den obersten Zielen der göttlichen Herrschaft, beiträgt: die wirtschaftliche Lage, Ereignisse auf dem Kapitalmarkt, politische Unruhen, geheime Druckversuche, Intrigen und Machenschaften ehrgeiziger Karrieremacher.

Dass es aber so ist, bezeugt Gott selbst, freilich ohne uns den innern Vorgang zu erläutern. Wir müssen uns mit seiner Garantie begnügen. *Praestet fides supplementum:* Was auf der Ebene des natürlichen Wissens in Dunkel gehüllt ist, muss durch das übernatürliche Licht des Glaubens erhellt werden. Auf dem Weg zur Ewigkeit *glaubt* der Christ an die absolute Souveränität Gottes. Auserwählte und Engel aber *sehen* in der Anschauung Gottes den genialen Plan der göttlichen Souveränität, in welchem sich die Einzelheiten zum grossen letzten Sinn zusammenfügen. Auf der irdischen Wanderschaft verfügt der Christ nur über fragmentarische Kenntnis. Wenn er aber als Auserwählter eines Tages auf den Gipfel des Berges gelangt, wird sich ihm ein wunderbares Panorama eröffnen. Dann wird er begreifen, «wie Gott sogar aus dem Tod Leben schafft und aus unserer Unordnung Ordnung entstehen lässt»[243].

Der Kommunismus verkennt die letzte Wirklichkeit

Irgendwo in der Mitte zwischen den *glaubenden* Christen und den *schauenden* Erwählten des Himmels stehen jene Privilegierten, die aufgrund einer besonderen Gnade Gottes für kurze Zeit die göttliche Wirklichkeit *erahnen* dürfen. Das war beispielsweise der Fall bei Angela von Foligno: «Ich sah eine göttliche Fülle, in welcher ich das gesamte All diesseits und jenseits der Meere, den Ozean und den Abgrund aller Dinge erkannte. Überall sah ich nichts als göttliche Macht; die Art der Vision war absolut unbeschreiblich. Voll Bewunderung rief ich aus: Dieses Universum ist voll von Gott, voll von Gott! Sogleich erschien mir das Universum klein. Ich sah, wie Gottes Macht das All mehr als nur erfüllte; es überströmte allerorts in unendlichen Fluten»[244].

Ein geistlicher Lehrer unserer Tage, P. Maria-Eugen vom Kinde Jesus OCD, der Verfasser des Buches *Ich will Gott schauen,* lädt in einem Vortrag zu dieser höheren Schau des Kosmos und der Geschichte ein: «Die Gegenwart der aktiven Unermesslichkeit Gottes ist die grosse Wirklichkeit der Welt. Aber es handelt sich um eine souveräne und transzendente Wirklichkeit, die nur für den Glauben fassbar ist»[245].

Das Wissen über die göttliche Allmacht ist nicht einer kontemplativ begabten Elite vorbehalten. Es geht alle Christen an. In unserer Zeit der Kontestation, der Säkularisation und des atheistischen Materialismus müsste es die Christen mehr denn je interessieren. Dies betonte Pius XI. zu Beginn seiner Enzyklika über den Kommunismus mit grosser Eindringlichkeit: «Über allen Wesen steht das einzigartige, höchste souveräne Wesen, d.h. Gott, der allmächtige Schöpfer aller Dinge, der unendlich weise und gerechte Richter aller Menschen. In dieser überragenden Wirklichkeit liegt die bedingungslose Verurteilung der schamlosen Lügen des Kommunismus»[246].

Wenn dieses einzigartige, allmächtige, souveräne Wesen tatsächlich existiert, folgt daraus, um mit den Worten Robert Bellarmins zu sprechen, dass sämtliche Geschöpfe Diener Gottes sind.

Wie zu erwarten, setzen hier wie Artilleriefeuer die Einwände ein: Wie lässt sich die absolute Souveränität Gottes mit der Freiheit des Menschen vereinen? Es heisst doch, Gott *respektiere* die Freiheit des Menschen. Ist demgegenüber das Eingreifen Gottes in die menschlichen Angelegenheiten nicht seinerseits durch diese menschlichen Angelegenheiten bedingt? Muss Gott nicht wie jeder andere Träger von Macht der konkreten Situation Rechnung tragen, auf die er einwirken will?

Für Menschen vom Format einer Theresia von Lisieux stellen sich solche Fragen anders. Menschen wie sie überwinden die Schwierigkeiten, indem sie sich glaubend der Allmacht und der Weisheit Gottes überantworten. Sie meistern das Problem, indem sie die beiden Enden der Kette fest in Händen halten, selbst wenn die Verbindung zum Mittelstück der Kette jetzt noch nicht erkennbar ist. Die einmal erkannte Wahrheit soll man nicht aufgeben, wie schwierig es auch sein mag, die beiden Enden zusammenzubringen. Aber nicht alle Christen haben den Zuschnitt der heiligen Theresia.

«Gott respektiert die Freiheit des Menschen»: Das ist eine völlig orthodoxe Aussage. Sie findet sich in verschiedenen Dokumenten des kirchlichen Lehramtes. Leider aber wird sie in Wort und Schrift von vielen in einem Sinne benutzt, der nicht dem Lehramt der Kirche entspricht. Der Ausdruck *respektieren* wird in diesem Zusammenhang zu einem mehrdeutigen Begriff. Hinter der orthodoxen Maske mag sich eine häretische Auffassung verbergen, so wie ein Einbrecher sich gegebenenfalls mit einer Mönchskutte tarnt, um unbehindert in die Kirche einzudringen.

Was bedeutet *respektieren?* In Wörterbüchern findet man folgende Erklärungen: Achten, anerkennen, gelten lassen, als erhaltenswert betrachten. Mit andern Worten: Der Eigenart eines Gegenstandes oder eines Lebewesens Rechnung tragen. In diesem Sinne respektieren wir antike Fresken, ein Kind, einen Priester. Wie aber respektieren wir die Freiheit des Menschen? Indem wir auf sie keinen Einfluss ausüben? Oder indem wir sie zwar beeinflussen, aber ihre Struktur und ihre Wirkweise in Rechnung ziehen? Bedeutet Respekt ängstliches Fernbleiben, Neutralität, oder einfühlende und ehrfurchtvolle Zuwendung? Die Antwort ist einfach: Sich einem Geschöpf gegenüber neutral, d.h. wie wenn es nicht existierte zu verhalten, bedeutet nicht respektieren, sondern ignorieren. So verhält sich Gott gegenüber den Menschen nicht.

Er ignoriert sie nicht, bloss um ihre Freiheit zu erhalten. Würde er sie wirklich ignorieren, fielen sie augenblicklich ins Nichts zurück. Denn – wir wiederholen unermüdlich, was so viele zu vergessen scheinen – von Ihm, und von Ihm allein, empfangen wir Leben, Bewegung und Sein.

Erinnern wir uns einmal mehr einer Bemerkung des heiligen Augustinus, die Thomas von Aquin übernommen hat: Die Menschen dem Wirken Gottes entziehen, hiesse – wenn das überhaupt möglich wäre – sie ins Nichts zurückstossen; es würde soviel bedeuten wie die Stromzufuhr der Strassenbeleuchtung durchzuschneiden und eine Stadt völlig verdunkeln. Gott respektiert die Freiheit der Menschen, nicht indem er auf den Einfluss verzichtet, wie das einige behaupten, sondern indem sich sein Einwirken ihrer geistigen Natur anpasst. Gott erleuchtet ihre Intelligenz und bewegt ihren Willen von innen her; er respektiert die Freiheit des Menschen durch ein unendlich zartes und geschmeidiges Einwirken. Er regt den Menschen zum Denken an und weckt in ihm die Gefühle; und so werden diese Gedanken und Gefühle zu einem echten Bestandteil des Menschen. Wenn nun der Mensch gemäss dem von Gott angeregten Denken und Fühlen entscheidet und handelt, dann handelt er nicht unter äusserem, sondern unter innerem Antrieb. Er verhält sich damit entsprechend der klassischen Definition des freien Aktes: dieser ist frei von äusserem Zwang und entspringt der eigenen inneren Überzeugung. Dass diese Überzeugung Frucht eines geheimnisvollen Einwirkens Gottes ist, ändert nichts am Wesen dieser Überzeugung. Auch wenn der Mensch in seinem Handeln von Gott bestimmt wird, ändert dies nichts an der Wirklichkeit seiner Selbstbestimmung. Auch wenn er unter Gottes Führung steht, beeinträchtigt das seine Selbständigkeit nicht. Den Beweis liefert die psychologische Analyse[247)].

Je heiliger eine Frau ist, desto mehr ist sie Frau

Gott allein vermag die Menschen von innen her zu beeinflussen und zu freiem Tun anzuregen. Ein Mensch kann zwar auf die Vorstellungskraft und auf das Empfinden einer andern Person einwirken, aber er hat keine Möglichkeit, in deren Inneres vorzudringen und dort Verstand und Willen direkt zu beeinflussen.

In der Geschichte finden sich viele Beispiele, dass die für Gottes Wirken empfänglichsten Menschen – die Heiligen – Persönlichkeiten von beeindruckender menschlicher Freiheit waren. Gerade das Wirken der Gnade hat ihre Fähigkeiten in ungeahntem Masse entfaltet. «Je heiliger die Frau ist, desto mehr ist sie Frau»[248]. Wie der Theologe Dionysius Areopagita bemerkt, schuf Gott die Lebewesen nicht, um ihre Fähigkeiten verkümmern zu lassen, sondern vielmehr um sie zu entwickeln und zu entfalten. Vom heiligen Augustinus stammt die Aussage: «Unser Tun ist Gottes Tat». Bossuet prägte den Satz: «Gott macht frei, was frei ist.» «Wenn Gott jemandes Willen ändert, tut er dem betreffenden Menschen nicht Gewalt an, sondern gibt ihm eine neue Richtung»[249], denn «der Entschluss, eine Tat zu vollbringen, ist stets das Ergebnis von Verstand und Willen»[250].

Diese Überlegungen führen uns ins Zentrum eines Problems, das im 16. Jahrhundert heftige Streitigkeiten zwischen zwei Theologenschulen ausgelöst hat. Nur dank dem Eingreifen des Heiligen Stuhls konnte dieser Streit beendet werden. Die eine Partei wurde vom Vorwurf des Calvinismus, die andere von dem des Pelagianismus freigesprochen.

Aufgrund der Aussagen der Heiligen Schrift über das Einwirken Gottes auf den menschlichen Willen versucht R. Mulard das harmonische Zusammenwirken zwischen den unfehlbaren Beschlüssen Gottes und den frei gefassten Entscheidungen des Menschen zu erklären. «Die transzendente Kausalität Gottes richtet sich, ob es sich nun um eine Beeinflussung auf der Ebene der Natur oder der Gnade handelt, stets auf ein bestimmtes Ergebnis. Infolgedessen entschliesst sich unser Wille, dieses Ziel zu erreichen. Er trifft diesen Entscheid frei und mit klarer Bestimmtheit.» Thomas von Aquin zögert nicht, dies zu behaupten, da der allmächtige Wille Gottes keinen Widerstand erfährt und nie aufgehalten wird. Nach Thomas handelt es sich hier

um die Vorbereitung des Menschen für die Gnade: «Diese Vorbereitung ist gleichzeitig das Werk Gottes, der den Impuls gibt, und Werk des freien, aber von Gott bewegten menschlichen Willens... Dadurch, dass sie ein Werk göttlichen Impulses ist, erreicht sie notwendigerweise das von Gott gesetzte Ziel. Aber es geschieht nicht aus Zwang, sondern mit jener Unfehlbarkeit, wonach Gottes Pläne unmöglich nicht verwirklicht werden können» (I–II, 112, 3).
Aus dem Gesagten zieht R. Mulard die Folgerung: «Unfehlbarkeit, aber ohne Zwang, an dieser Formel ist festzuhalten. Thomas verwirft jede Idee von Unterdrückung oder Einschränkung menschlicher Freiheit, obwohl für ihn das Eintreffen dessen, was Gott will, sicher ist... Gewiss ist die Gleichzeitigkeit der unfehlbar eintreffenden Verwirklichung göttlicher Pläne und der nicht unter Zwang stehenden menschlichen Freiheit ein Geheimnis. Geheimnis bedeutet aber nicht Widerspruch. Denn beide gehören zwei verschiedenen Ebenen an, weil Gott die Erstursache ist, wir aber nur Zweitursachen»[251].
Um die hierarchische Zuordnung beider Kausalitäten zu verdeutlichen, schliesst der Autor: «Es gibt eine ewige Vorherbestimmung; sie ist Gottes Werk. Es gibt ferner die zeitliche Bestimmung; diese ist unser Werk. Beide gehören verschiedenen Ordnungen an und befinden sich auf zwei verschiedenen Ebenen, wobei sich die Zweitursache frei und doch unfehlbar der ersten unterordnet... Dies ist das Geheimnis der Begegnung des Endlichen mit dem Unendlichen»[252].

Geheimnisvolle Begegnung des Endlichen mit dem Unendlichen

Ist diese theologische Schau der Dinge für den gewöhnlichen Christen unzugänglich? Wir glauben nicht. Auch der Verfasser des vorliegenden Werkes ist nicht Theologe, und doch bekennt er sich gläubig zu dieser Schau der Dinge, weil er sich dabei auf die Heilige Schrift und auf die Lehre des Aquinaten verlässt. Er ist ein engagierter Laie, der jeden Tag dem Druck und den Auswirkungen einer von Säkularismus und atheistischem Materialismus beherrschten Welt ausgesetzt ist; er ist überzeugt, dass eine verwässerte christliche Lehre nicht genügt, um die Gefahren vor allem hinsichtlich der Vorsehung und des Sinnes der

Geschichte abzuwehren. Seiner Ansicht nach würde es Gottes Ehre widersprechen, der Sache der Kirche schaden und den Seelen das Brot der Wahrheit vorenthalten, wollte man die authentische Lehre der Kirche nur verstümmelt darstellen und das bestimmende Einwirken Gottes selbst auf die kleinsten Bewegungen des Menschen verschweigen.

Aufgrund seiner vielfältigen Kontakte mit Laien und Priestern gewann der Verfasser die Überzeugung, dass viele Theologen, geistliche Lehrer und Prediger sich schwer daran tun, die biblische Lehre von der Vorsehung in voller Klarheit darzustellen. Einerseits möchten sie die menschliche Freiheit nicht gefährden, andererseits fürchten sie, Gott der Mitschuld an der Sünde zu zeihen, weil er sie zulässt. Solche Überlegungen und Befürchtungen bleiben aber im Diesseitigen stecken. Statt durch einen Akt des Glaubens der ganzen Offenbarung zuzustimmen, bekennt man sich zu einer vagen Vorsehung, die ausserhalb der menschlichen Wirklichkeit schwebt und nur ausnahmsweise eingreift. Wie sehr weichen doch moderne Theologen und Prediger in ihren Äusserungen über die Rolle Gottes in der Geschichte ab von der Lehre der Kirchenväter und dem lebendigen Zeugnis der Heiligen! Gerade darin zeigt sich der Unterschied zwischen einer rationalistischen, selbstgefälligen Theologie und einer betenden Theologie, welche sich dem Geheimnis Gottes in Ehrfurcht und Liebe nähert.

Die Kontroversen über die Gnade und die Diskussionen über das Verhältnis von göttlicher Allmacht und menschlicher Freiheit sind nicht unnütze Zänkereien von Theologen, sondern sie können zu einer Vertiefung des inneren Lebens bei Priestern und Laien beitragen. Sucht man aber diese Frage im Lichte der Offenbarung und der kirchlichen Lehre zu lösen, werden Priester und Laien von neuem eine klare Orientierung finden und neue Tatkraft schöpfen. Es ist nicht belanglos, wenn der Mensch seine eigene Nichtigkeit erfährt und weiss, dass er ohne Hilfe Gottes nichts vermag, dass er aber andererseits allmächtig ist, wenn er sich nach den Plänen Gottes ausrichtet. Ein verkümmertes Verständnis der Vorsehung lässt die Liebe nicht zu voller Entfaltung kommen: «Der Wille kann nicht in vollkommener Liebe nach Gott streben, wenn nicht der Verstand den rechten Glauben von ihm hat», sagt Thomas von Aquin[253]. Und er fügt bei: «Wer ein falsches Verständnis von Gott besitzt, kann sich ihm nicht nur nicht nahen, sondern entfernt sich von ihm»[254].

Dass es im Zusammenhang dieser Wahrheit von Dunkel überlagerte Zonen gibt, ist eine von ihrem Wesen her gegebene Tatsache. Gott ist ja in seinem Sein wie in seinem Wirken in der Geschichte unfassbar. Wer glaubt, Ihn begriffen zu haben, beweist, dass er Gott mit dem Bild verwechselt, das er sich von ihm und seinem Einwirken auf die Geschichte macht.

Wer andererseits Gottes Interventionen von den konkreten Gegebenheiten abhängig macht, zieht ihn auf die Ebene des Menschen, weil er seine Allmacht einschränkt. Wohl gehen die konkreten Situationen auf menschliche Entscheidungen zurück, aber aufgrund der Vorbestimmung durch Gott. Hinter den unmittelbaren Ursachen, dem Handeln der Menschen, wirkt als Erstursache der Arm Gottes. Wie wir schon gehört haben, starb Papst Leo XIII., nachdem er unvorsichtigerweise einen Spaziergang in den Vatikanischen Gärten unternommen hatte. «Das ist nicht der wahre Grund», stellte damals Don Cintra seinem Gesprächspartner gegenüber fest. Der wirkliche Grund lag vielmehr darin, dass Gott gesagt hatte: Basta – es genügt! Die Unvorsichtigkeit des greisen Papstes war schon als Mittel in Gottes Pläne einbezogen, bevor dieser die Nachfolge Pius' IX. antrat. Denn «von Ewigkeit her plant Gott die Geschehnisse: Er hat sie nicht dem Zufall überlassen, er hat sie vorausbedacht, er hat die Umstände so gefügt, dass sich das Vorgesehene in der Geschichte ereignet...»[255].

Mussolinis Missdeutung

Es gibt in der jüngeren Geschichte ein bekanntes Beispiel für die irrige Auffassung, Gottes Walten in der Welt könne durch menschlichen Eingriff verändernd beeinflusst werden. Dieses Beispiel vermittelt Einsichten von allgemeiner Gültigkeit. In einer aggressiven Rede stellt Mussolini der italienischen Kammer am 13. Mai 1929 die Lateran-Verträge vor, in denen die dornenvolle *Römische Frage* endgültig und unwiderruflich geregelt werden sollte. In seinem übertriebenen Nationalismus pries der Duce als Verdienst des antiken Rom, was in Wirklichkeit göttliche Fügung war: Die Universalität der katholischen Kirche. «Diese Religion wurde in Palästina geboren, aber katholisch wurde sie in Rom. Hätte sie Palästina nicht verlassen, wäre sie wahrscheinlich wie die Essener und die Therapeuten eine der zahlreichen Sekten jenes heissen Landstrichs geblieben, oder sie wäre möglicherweise verschwunden, ohne Spuren zu hinterlassen»[256].

Als ihm der Kardinalstaatssekretär deswegen Vorstellungen machte, schwächte der Duce in einer Rede vor dem Senat seine Äusserungen über das Christentum ab, brachte aber doch einige nicht stichhaltige Unterscheidungen an. Daraufhin protestierte Pius XI.[257]: «Die Unterscheidung in historische Aussage und Lehraussage müsste als schlimmster Modernismus verurteilt werden. Der Auftrag, allen Völkern die Frohe Botschaft zu verkünden, ist älter als die Berufung des heiligen Paulus; älter als die Berufung des Paulus ist auch die Sendung des heiligen Petrus zu den Heiden. Die Universalität der Kirche besteht somit als Absicht und als Wirklichkeit schon seit den Anfängen der apostolischen Verkündigung. Wie man weiss, reichte das Wirken der Apostel und ihrer Nachfolger schon bald über die Grenzen des Römischen Reiches hinaus und erfasste die ganze damalige Welt. Wollte man an die günstigen Voraussetzungen erinnern, die von der *Vorsehung* für die Verbreitung und den Aufbau der Kirche innerhalb der römischen Reichsstruktur vorbereitet wurden, könnte man die zwei grossen Italiener Dante und Leo den Grossen anführen, welche über die genannte Tatsache herrliche Worte gefunden haben. Was diese beiden Denker gesagt haben, wurde von anderen mit mehr oder weniger Gelehrsamkeit wiederholt, oft vermischt mit protestantisch und modernistisch beeinflussten Irrtümern»[258].

Mussolini und mit ihm viele andere, denen eine tiefere, das heisst gottbezogene Schau der Dinge fehlt, vergessen, dass Gott selbst durch das Zusammenwirken der Zweitursachen die politischen und rechtlichen Bedingungen geschaffen hat, in deren Mitte das Christentum entstehen konnte.

Die perfekte Staatsform des kaiserlichen Rom war nicht die Ursache für die Wahl dieser Stadt als Sitz des Petrus; diese Staatsform war vielmehr das Ergebnis einer längst durch Gott getroffenen Wahl, hat treffend ein französischer Bischof bemerkt[259].

Gottes Wirken ist nie ein Anhängsel menschlichen Tuns. Vielmehr geht sein ewiger Ratschluss diesem voraus und nimmt es in den Dienst seiner Pläne. Gott ist nicht ein durch Parlamentsbeschluss eingesetzter Ratspräsident, der die Kunst des Möglichen betreibt und die konkret politische Situation mit ihren Licht- und Schattenseiten durch geschicktes Taktieren meistert. Für Gott gibt es keine unvorhergesehenen Überraschungen! Die Situationen, denen Gott begegnet, entsprechen genau seinem ewigen Ratschluss. Gewiss gibt es in diesen Situationen neben dem Licht auch Schattenseiten; diese lässt Gott zu, um in dem von ihm gewählten Zeitpunkt mit seinem Lichtstrahl auch dieses Dunkel zu überwinden.

Als Stalin und Hitler Polen überfielen

Wir werden uns später eingehender mit den praktischen Folgen befassen, die sich daraus ergeben, dass Gott durch menschliche Situationen nicht beschränkt werden kann und dass er – um es positiv auszudrücken – über die Gesamtheit von Menschen und Dingen absolute Herrschaft ausübt. Im Augenblick wollen wir uns damit beschäftigen, dass kleingläubige Christen sich oft von der Tragik einzelner Menschen und ganzer Völker konsternieren lassen und deren Bedrücker als dem Zirkus entwichene Raubtiere ansehen. In Wirklichkeit stehen aber auch Gangster, Verbrecher, Tyrannen und Potentaten, kurz alle Handlanger des Bösen, unter der totalen Kontrolle Gottes. Keiner von ihnen kann auch nur einen Augenblick aufhören, im Dienst des Königs der Könige zu stehen und an der Verbreitung des Reiches Gottes mitzuwirken. Als Hitler im Einverständnis mit Stalin Polen überfiel, stand auch er unter Gottes Kontrolle, genauso wie Mussolini beim Überfall auf Abessinien und bei der Besetzung Albaniens. Von Satan, dem Übeltäter von Anbeginn, schreibt der heilige Augustinus, «dass seine Macht einer andern Macht unterstellt ist». Und Thomas von Aquin betont: Nach dem Sündenfall hat Gott den Satan und die rebellischen Engel deswegen nicht sofort in die untersten Tiefen der Hölle gestürzt, weil er ihnen vor dem Sturz in die ewige Bestrafung noch eine kurze Zeit beimessen wollte, um die Gerechten zu prüfen. So wurde Satan ungewollt zu Gottes Helfer am Werk der Erlösung.
Der Aquinate zieht sogar eine Parallele zwischen dem Dienst der guten und dem der bösen Engel, den sie im Auftrag Gottes, der universalen Erstursache, am Menschen leisten.

Der auf das Heil des Menschen ausgerichtete Plan der Vorsehung bezieht die direkte Mitwirkung der guten und die indirekte der bösen Engel mit ein. Die guten Engel wirken beim Menschen dahin, dass er sich dem Guten zuwendet und das Böse meidet. Die gestürzten Engel gehen darauf aus, den Menschen in Versuchung zu führen. Dadurch geben sie ihm Gelegenheit, dem Bösen zu widerstehen und sich umsomehr Gott anzuschliessen. So fördert Satan indirekt, aber wirksam den geistlichen Fortschritt der Menschen[260]. Verhält es sich nicht so wie bei den Talenten, die unbenutzt bleiben, werden ihre Inhaber nicht durch äusseren Druck dazu gezwungen, sie zu fördern und zu entwikkeln?

Nein wirklich, Gott wird durch nichts und niemanden eingeschränkt; Er ist es, der sämtlichen Menschen und Dingen seine Bedingungen auferlegt. Kein Mensch und keine Situation vermag ihn zu halten, er aber hält in seinen Händen alles, was existiert. Er hält alles, ihn hält nichts. Er braucht im wahren Sinne des Wortes niemanden, aber alle brauchen ihn. Wenn der Titel eines Films sagt «Gott braucht Menschen», dann stimmt das nur insofern, als Gott «ihnen die Würde verleiht, selbst Wirkursache zu werden». Dadurch erhebt Gott sie in den Rang freier Mitarbeiter am Aufbau seiner Kirche; und darum rüstet er sie diesem Ziel entsprechend aus.

IV.
Das Problem des Bösen

Ein Spitalseelsorger berichtet erschüttert, wie viele verzweifelte Menschen er unter den alten Patienten getroffen habe[261]. «Ich muss bald sterben, und dann ist alles aus,» sagt eine Greisin. «Glauben Sie nicht an ein Jenseits, an ein Paradies?» «Nein, ich habe in meinem Leben zu Schweres erfahren, um noch daran glauben zu können.»
Erschüttert von dieser trostlosen Antwort erwidert der Spitalpfarrer nach einer Weile des Schweigens: «Wissen Sie, das Problem des Bösen und des Leidens ist das schwierigste Problem, das es überhaupt gibt. Und wir Christen haben so wenig dazu zu sagen... Das einzig Vernünftige, das man dazu sagen kann, ist dies: Christus, in dem die Gläubigen den Sohn Gottes sehen, litt ebenso sehr, und er starb völlig verlassen von seinen Angehörigen und Freunden.»
Die Reaktion der Frau zeigt, dass sie von der Antwort nicht beeindruckt ist: «Ich habe in meinem Leben zu Schweres erfahren, um daran zu glauben...»
Der mit dem Nobelpreis ausgezeichnete Physiker Albert Kastler kommt in seiner Antwort auf eine Umfrage von Christian Chabanis zum selben Schluss. Aufgrund der Wirklichkeit physischen Übels in der Welt müsse man auf die Abwesenheit eines liebenden Gottes schliessen: «Wenn ich annehme, dass es ein Universum gibt, in welchem ein allmächtiger und allwissender Gott herrscht, dann kann dies kein Gott der Liebe sein. Wenn ich die Welt betrachte, muss ich feststellen, dass auf der ganzen Stufenleiter des Seienden das Leben der einen vom Tod der andern abhängt».
«Sehen Sie denn einen Widerspruch zwischen Liebe und Tod?» «Ja. Wenn ich mich in die Lage eines Schöpfers hineindenke, wäre es meiner Auffassung nach möglich gewesen, ein Universum zu schaffen, ohne dass der Fortschritt auf Zerstörung und Leiden aufbaut»[262].

Wir werden einst auch die andere Seite sehen

Im 17. Jahrhundert reiste die französische Ursuline Marie de l'Incarnation als Missionarin nach Amerika. Sie berichtete, dass die Gegend, in der sie wirkte, von der Pest heimgesucht wurde. Dabei starben die bekehrten Huronen, während die übrigen noch wild lebenden Indianer der Pest entgingen. Unter diesen Umständen war es nicht sehr leicht, das Evangelium zu verkünden. Gerade wer die Botschaft annahm, schien von Gott gezüchtigt zu werden. Dies bedeutete für die junge christliche Gemeinschaft eine ausserordentlich schwere Prüfung. Mutter Marie konnte nur antworten: «Wir werden einst auch die andere Seite sehen». Tatsächlich erscheint das Problem von der Vorderseite her als unlösbar[263].

Um felsenfest glauben zu können, dass es für das Problem des Übels eine Lösung gibt, welche wir im Diesseits glaubend erahnen und im Jenseits auch «von der andern Seite her» vollständig sehen werden, müssen wir uns dem Worte Gottes bedingungslos anheimstellen. Ohne lebendigen Glauben kommt der Christ unmöglich über das Problem des Übels hinweg. Die auf sich allein angewiesene oder nur durch das schwache Licht eines schwankenden Glaubens erleuchtete Vernunft vermag nichts anderes als einen offensichtlichen Widerspruch zwischen der Wirklichkeit des Übels und der Existenz eines gütigen Gottes zu sehen. Gäbe es wirklich einen gütigen Gott, würde er die Kriege verhindern und die Ausbeutung der Armen durch die Reichen verunmöglichen. Er könnte die Welle von Krieg, Ausbeutung, Kriminalität und Korruption, welche die Welt überflutet, nicht zulassen, und er müsste den Unschuldigen Leid ersparen.

Solche Urteile über das Leiden und das Böse stammen nicht erst aus dem Atomzeitalter. Es gab sie zu allen Zeiten. Sie bilden sogar das Hauptthema eines der dramatischsten Bücher des Alten Testamentes, des Buches Ijob. Es ist auch anzunehmen, dass das Problem des Bösen die Menschheit bis zum Ende der Zeit beschäftigen wird. In vollem Ausmass wird es erst am Ende der Zeiten beim endgültigen Sieg über den Antichrist offenbar werden.

Einer der grossen Bischöfe der christlichen Frühzeit, Johannes Chrysostomus, dessen Leben eine Folge von Prüfungen war, kommt öfters auf dieses Problem zu sprechen. Dauernd wurde er von seinen Gläubigen daraufhin angesprochen; er musste eine überzeugende Antwort geben. Als gotterfüllter Mensch, der zu Gläubigen sprach, schöpfte er seine besten Argumente nicht aus soziologischen Erhebungen in Antiochien oder Konstantinopel, auch nicht aus einer psychologischen Analyse der Angst der Menschen vor dem Bösen. Er schöpfte seine Argumente aus der Offenbarung Gottes. Wenn es auf der Welt kein Übel gibt, das nicht von Gott zugelassen wird[264)], ist es dann nicht vernünftig, Gott selbst über die Gründe seiner Anordnungen zu befragen?

Chrysostomus zählt zunächst die Übel auf, unter denen seine Gemeindeglieder zu leiden haben: Krankheit, Gebrechlichkeit, Armut, Kriegswirren, Trauer über den Tod lieber Menschen. «Wieviele Menschen seht ihr ein Leben lang unter der Elefantiasis leiden? Wieviele Menschen sind von Jugend an bis ins hohe Alter blind? Manche erblinden durch Unglücksfall. Andere leiden unter Armut. Wieder andere stecken im Gefängnis. Einzelne wurden lebendig begraben, andere vom Krieg versehrt. Sind das Beweise göttlicher Güte? Könnte Gott, wenn er wollte, solche Übel nicht verhindern? Im Gegenteil, er hat sie erlaubt... Also?»[265].

In ähnlicher Weise könnte heute der Erzbischof von Paris, ein Bischof in Lateinamerika, ein versteckter Priester in Russland oder in China über das Problem des Bösen sprechen.

Welche Antwort gibt der Bischof von Konstantinopel? Mit der herben Kraft eines heiligen Paulus, der sein bevorzugtes Vorbild war, geht er direkt auf den Kern der Frage ein. «Für diese Fragen gibt es nur eine einzige mögliche Antwort: den Glauben. Glaube, dass Gott alles aus Gerechtigkeit und Güte unternimmt, und zwar zu unserem Nutzen. Glaube, dass der Grund seines Verhaltens für uns unfassbar ist. Das ist die einzige Lösung, es gibt keine bessere».

Seine Gedanken fasst Johannes Chrysostomus in folgenden Sätzen zusammen, die von erstaunlicher Tiefe und Klarheit sind: «Antwortet, welches ist die beste Lösung? *Nicht mehr nach einer Lösung suchen, weil bereits alles geklärt ist.* Wenn ihr wirklich überzeugt seid, dass durch die göttliche Vorsehung alles geregelt ist, dass Gott aus ihm allein bekannten Gründen die einen Dinge bewirkt, die andern zulässt, dann ist eurem Suchen bereits die Lösung geschenkt»[266].

Er liebt, auch wenn er züchtigt

Sich vertrauensvoll Gottes Weisheit, Güte und Allmacht anheimstellen; darin besteht für den Bischof von Konstantinopel die einzig richtige Haltung. Die auf übernatürlicher

Ebene angebotene Lösung hilft auch die natürlichen Probleme lösen. Es ist die übernatürliche Lösung, die alle positiven Elemente in sich enthält und sie überragt, so wie die Leuchtkraft der Sonne jedes andere Licht verstärkt und zugleich weit übertrifft.

Neben diesem Argument führt Johannes Chrysostomus noch weitere Gründe an, die zwar nicht die unwiderstehliche Festigkeit der Lösung aus dem Glauben enthalten, aber doch zur Erleuchtung des Geistes und zur Erleichterung des Herzens beitragen.

«Warum lässt Gott uns leiden, ohne uns sofort zu Hilfe zu eilen? Warum nur? Weil er uns dazu bringen möchte, dass wir uns unablässig an ihn wenden, ihn um Hilfe und Schutz angehen, ihn unentwegt um seinen Beistand ersuchen. Daraus erklären sich physische Schmerzen, Missernten und Hungersnot: Durch solche Heimsuchungen macht uns Gott bewusst, dass wir gänzlich von ihm abhängig sind, aber durch die Mühsal dieser Zeit das Erbe ewigen Lebens gewinnen. Es ist also sinnvoll, Gott sogar für die Heimsuchungen zu danken, weil sie in seiner Hand Mittel zur Heilung und Rettung unserer Seele sind»[267].

«Gott liebt, wenn er seine Gunst erweist, und er liebt noch mehr, wenn er züchtigt»[268]. «Gott erweist uns seine Liebe nicht nur, wenn er gibt, sondern auch wenn er das Gegebene wieder nimmt»[269].

Der Bischof fordert seine Gläubigen auf, die vom himmlischen Vater auferlegten Prüfungen mit der Strenge eines irdischen Vaters zu vergleichen. In beiden Fällen wird das Handeln von der Liebe bestimmt. Auch die zärtlichsten Väter schliessen ihre Kinder gelegentlich vom Essen aus, lassen sie die Rute spüren oder versuchen durch andere Massnahmen, sie zur Arbeit an sich selbst zu bewegen. Ob sie aber ihre Kinder kosen oder strafen, sie handeln aus Liebe. Vielleicht erweisen sie ihren Kindern durch die Strafe sogar die grössere Liebe. Wenn man nun aber solche von Menschen auferlegten Strafmassnahmen nicht auf Grausamkeit und Barbarei, sondern auf Liebe und Besorgnis zurückführt, selbst wenn Väter gelegentlich das Mass verlieren, um wieviel mehr trifft dies auf Gott zu, da es ja keine väterliche Liebe gibt, die sich mit seiner unendlichen Zuneigung vergleichen lässt»?[270].

Versuchen wir, das Problem noch deutlicher auszuleuchten. Die meisten werden wohl zugeben, dass sich Gott in Ausnahmefällen der Guten und vielleicht auch der Bösen bedient, um seine Freunde zu bessern oder von gefährlichen Neigungen zu befreien. Wie verhält es sich aber mit all dem Bösen, das wie ein blutiger Strom Jahrhunderte hindurch die Geschichte der Völker überflutet? Wie lässt sich ferner die schamlose Verderbnis beurteilen, die Papst Johannes XXIII. einmal als «Antidekalog» bezeichnet hat? Wie verhält es sich mit dem Bösen, das sich über den Weg der Kontestation, der Entsakralisierung und der Säkularisation in die Kirche eingeschlichen hat? Paul VI. spricht sogar von einer «Selbstzerstörung» in der Kirche, womit er auf ein Phänomen hinweist, das man vor dem zur Erneuerung der Kirche einberufenen Konzil nicht vorausgeahnt hat[271)]? Was soll man zu den Christenverfolgungen in so vielen Ländern sagen? Wie bewältigen wir geistig dieses gewaltige Ausmass des Bösen? Einmal mehr: Wie lässt sich diese Tatsache mit der Existenz eines gütigen und allmächtigen Gottes vereinbaren?

Glückliche Schuld

Eine Antwort auf diese Fragen findet sich in dem bekannten Satz des heiligen Augustinus: «Gott liesse die Gegenwart des Bösen in seinen Werken niemals zu, wäre er nicht mächtig und gütig genug, auch aus dem Bösen Gutes hervorzubringen»[272)].

Der Bischof von Hippo, der heilige Augustinus, spricht von zwei Vollkommenheiten Gottes, seiner Macht und seiner Güte, deren Ausmass jegliche Vorstellung übersteigt. Daraus zieht er folgenden Schluss: Gott lässt das Böse, welches er doch leicht verhindern könnte, weiter wirken, weil er daraus noch mehr Gutes entstehen lassen will. Wie leicht hätte Gott verhindern können, dass der Patriarch Jakob seinen Sohn Joseph zu den Brüdern aufs Feld schickt; dann wäre Joseph nicht in die Zisterne geworfen und an ägyptische Händler verkauft worden. Durch eine kleine Änderung im Alltag des Patriarchen hätte Gott es so fügen können, dass dessen Entschluss überhaupt nicht zustande gekommen wäre. Wie leicht wäre es ferner gewesen, Judas vom Gang zum Ölgarten und damit vom Verrat am Meister abzuhalten. Aber jetzt war jene von Gott bestimmte Stunde da, die gemäss dem Johannesevangelium kurz zuvor am Laubhüttenfest noch nicht gekommen war. Als Jesus im Tempel lehrte, «suchten die Juden ihn festzunehmen; und doch legte niemand Hand an ihn, weil seine Stunde noch nicht gekommen war»[273].

Ohne die verbrecherische Tat der Jakobssöhne an ihrem jüngeren Bruder wäre Joseph nicht nach Ägypten gelangt, um dort eines Tages als Premierminister des Pharaos die ägyptische Bevölkerung und seine eigene Familie vor der Hungersnot zu retten. So kann man auch fragen: Wäre ohne den Verrat des Judas die Gefangennahme, Verurteilung und Kreuzigung Jesu, wodurch der Welt Heil geschah, zustandegekommen? Hätte das Menschengeschlecht ohne Adams Sünde das Kommen des Erlösers erlebt? Jedenfalls spricht die Liturgie der Karwoche von der *felix culpa,* der glücklichen Schuld Adams, welche uns einen solchen Erlöser bewirkt hat.

Rät uns die christliche Weisheit nicht, den gleichen Ausdruck auch auf andere Fehler und Vergehen anzuwenden, aus denen Gott Herrliches wirkt? Als *felix culpa* darf man den Verrat des Judas bezeichnen. *Glücklich* die Schuld eines Augustinus, weil der Sohn der heiligen Monika sich von seinem sündigen Leben abwandte und zu einer der grössten Leuchten der Kirche wurde.

Felix culpa, glückliche Schuld. Gewiss ist die Sünde in sich weder glücklich noch liebenswert. Die Sünde ist und bleibt eine Schmach. Zu einer *felix culpa* wird sie, weil sie für Gott zur Gelegenheit der Ausbreitung des Guten wird. Die Sünde kann glückliche Auswirkungen haben.

Das sittlich Böse will Gott nicht. In gewissen Fällen verhindert er es, in andern Fällen lässt er es für kürzer oder länger zu, um es als Instrument zu gebrauchen. «Gott benützt die Bosheit, aber er bringt sie nicht hervor», sagt Thomas von Aquin[274]. Er lässt das Böse und seinen Einfluss nur soweit entstehen, als es zur Entfaltung des Reiches Gottes beiträgt. Gott wäre nicht mehr Gott, er wäre nicht mehr der Allmächtige, seine Vorsehung wäre nicht mehr universal, wäre es einem Kriminellen möglich, auf Erden Unheil anzurichten, ohne dadurch ungewollt zugleich der Sache Gottes zu dienen. Der Willkür der Diktatoren steht oft eine geheime, mehr oder weniger wirksame Opposition gegenüber. Aber unter Millionen von Sündern auf der ganzen Erde entgeht oder widersteht keiner auch nur im geringsten dem Herrn der Geschichte. Die Sünder verletzen Gottes Gebote, vermögen aber nie seine ewigen Pläne zu durchkreuzen. Keiner widersteht Gottes Fügungen. Auf die eine oder andere Art vollziehen die Menschen seine Pläne. Die

Geschichte ist nichts anderes als die stete und unaufhaltsame Verwirklichung der Pläne Gottes durch das freie Mitwirken der Menschen. «Selbst mit jenen, die nicht tun, was Gott will, tut Gott, was er will»[275].

Arbeiter und Angestellte von Betrieben arbeiten nicht alle mit demselben Einsatz. Gelegentlich drücken sich einige von der Arbeit, lesen Zeitung, lösen Kreuzworträtsel, plaudern oder langweilen sich. Vielleicht kommt es sogar zum Streik. Auf dem Arbeitsplatz Gottes gibt es nichts dergleichen. Jedes Wesen steht dauernd im Dienste Gottes. Es gibt keine Parasiten, keine Faulenzer, keine Arbeitslosen, keine Saboteure, keine Streikenden. Es gibt auch keine Fehleinsätze. Dauernd lässt der göttliche Unternehmer seine Geschöpfe direkt oder indirekt an seinem Werk, am Aufbau der Kirche als dem mystischen Leib Christi, mitarbeiten. Weit davon entfernt, dieses Werk Gottes beeinträchtigen zu können, unterstützen die Geschöpfe die universale Erstursache bei der Verwirklichung ihrer Pläne[276].

Wie kann Gott aber schreckliche Verbrechen dulden, wenn der Mensch diese von sich aus nicht zulassen würde? Eine Antwort gibt Bossuet beim Vergleich der menschlichen Schwachheit mit der Allmacht Gottes: «Zwischen den Regeln der Gerechtigkeit Gottes und denen der menschlichen Gerechtigkeit besteht ein gewaltiger Unterschied. Gott handelt als Gott, der Mensch als Mensch. Gott handelt als Gott, indem er als allmächtige und universale Erstursache handelt, welche das böse oder gute Tun der Zweitursachen dem allgemeinen Wohl dienstbar macht. Der Mensch, dessen Schwäche das Gute nicht zur Vorherrschaft bringen kann, muss deshalb das Böse soweit als möglich verhindern. Darin liegt der Unterschied zu Gott: für ihn besteht keine Notwendigkeit, das Übel der Sünde zu verhindern, weil er daraus Gutes, ja grenzenlos Gutes hervorzubringen vermag. Dies war beispielsweise der Fall beim Verbrechen der Juden, woraus das Opfer seines Sohnes und infolgedessen ein grenzenlos vollkommenes Verdienst erwuchs»[277].

Gott handelt als Gott, der Mensch als Mensch. Angesichts des Bösen erfährt der Mensch seine Grenzen; er gerät in Verwirrung und wird zum Rückzug gedrängt. Gott aber meistert das Böse so souverän, dass er daraus Gutes hervorbringt. «Darin liegt die Eigenart des allmächtigen und unendlich gütigen Wesens, sich andern mitzuteilen, ihnen zu Hilfe zu kommen und sie dem Elend zu entreissen; ja sogar aus Bösem Gutes hevorzubringen, die Sünde in reuevolle Liebe umzuwandeln, die umso grösser ist, je tiefer die Sünde war. Darin besteht Gottes Triumph, darin auch die Ursache dafür, dass in Gottes Wirken der höchste Reichtum von der tiefsten Armut angezogen wird»[278]. Zur Eigenart der unendlichen Barmherzigkeit gehört es, sich überallhin zu verschenken und das Böse der Menschen zu heilen[279].

Was Thomas von Aquin, den man neben andern Titeln auch als «Lehrer der Barmherzigkeit» bezeichnet, mit bewundernswerter Sprachkraft ausdrückt, sucht Theresia von Lisieux in ihren Schriften und vor allem durch ihr Leben zu erklären. Wie wenige Heilige vor ihr hat sie begriffen, dass die Barmherzigkeit des Schöpfers gleichsam darauf wartet, seine Geschöpfe aus ihrem Elend befreien zu können. Diese ehren ihn dadurch, dass sie ihm durch ihr Vertrauen sozusagen Gelegenheit geben, seinen «Beruf» als Gott auszuüben.

Man kann das beängstigende Problem des Bösen nicht aufwerfen, ohne zugleich Gottes Allmacht in die Erwägung miteinzubeziehen. Wie sich ein Kind beim Betrachten des Sternenhimmels keine auch nur annähernde Vorstellung von den Millionen und Milliarden Gestirnen am unendlichen Firmament machen kann, sowenig gelingt dem gewiegtesten Theologen ein adäquates Bild von Gottes Allmacht. Denn diese übersteigt auch unsere höchsten Vorstellungen von ihrer Macht. Am nächsten kommt man ihr, wenn man erfasst, dass sie vollkommen unfassbar ist.

Wenn wir Dich wirklich kennten

Letztlich beunruhigen wir uns deswegen über Misserfolge, Widerwärtigkeiten und Anfeindungen, weil uns die Beherztheit fehlt, mit mutigem Sprung in das endlose Meer des Geheimnisses göttlicher Allmacht einzutauchen. Selbst Teresa von Avila betet: «Mein Herr, wenn wir dich wirklich kennten, vermöchte uns nichts Kummer zu bereiten»[280]. Dieses *nichts* ist wörtlich zu nehmen, weil uns dann nämlich aufgehen müsste, dass tatsächlich alles – Naturkräfte, Menschen, Geschehnisse – im Dienste Gottes steht und direkt oder indirekt an der Verwirklichung seiner Pläne mitarbeitet. Kann ein Christ, dem es mit der Gottesliebe ernst ist, sich ernsthaft darüber grämen, dass die Pläne der Vorsehung Wirklichkeit werden? In ihren letzten Lebensjahren hatte Teresa von Avila Spanien durchreist, um neue Karmelklöster zu gründen. Die kränkliche und völlig mittellose Frau stiess dabei auf immer neue Schwierigkeiten und fast unüberwindliche Hindernisse. Aber gerade diese grosse Mystikerin Spaniens war davon überzeugt, dass uns auf dieser Welt nichts wirklich beunruhigen kann, wenn wir Gottes Güte, Weisheit und Allmacht wirklich kennen. «Nada te turbe» steht im ersten Vers eines ihrer bekanntesten Gedichte: «Nichts soll dich verwirren», denn Gott ist unsichtbar am Werk.

Die französische Mystikerin Lucie-Christine schreibt in ihrem Tagebuch, wie sie sich darüber Sorgen mache, dass sich in Frankreich nach dem Krieg von 1870 die Entchristlichung immer mehr durchsetzte: «Als ich in grosser Angst um die Seelen Frankreichs zu meinem Jesus betete, versicherte er mir, er könne nicht erlauben, dass auch nur eine dieser Seelen aus Mangel an Hilfe zu Grunde gehe. Er lasse doch auch nicht zu, dass die Seelen der Ungläubigen Gott nur darum verlieren, weil sie keine Möglichkeit hätten, die Wahrheit zu erkennen. Sie hätten diese Möglichkeit, sobald sie nur aufrichtig suchten. ‹Aber, mein Gott!› sagte ich da zu ihm, ‹sieh doch, wie voll von Gefahren und schlimmen Einflüssen unsere verworrene Zeit ist! Müssen die nicht der Tugend oder gar dem Heil der Seelen schaden?› – ‹Gegen die, welche in diesen Zeiten leben, will ich nachsichtiger sein›, sagte Jesus. ‹Aber weisst du auch, wieviel Gutes ich aus dem Bösen hervorgehen lassen kann?›»[281)]

«Weisst du überhaupt, wieweit ich gehen kann...?» Der Christ, der einen lebendigen Glauben besitzt, wird seine Unwissenheit zugeben, und er wird es mit einer umso grösseren Überzeugung tun, je höher sein Begriff von Gott ist. Solchem Nichtwissen auf intellektueller Ebene kann durchaus ein dunkles Ahnen in der Tiefe der Seele gegenüber stehen. Möglicherweise erkennen wir das Spiel der göttlichen Allmacht in den Ereignissen der Geschichte umsomehr, je bereitwilliger wir anerkennen, dass sich das Ausmass seiner Allmacht unserem geistigen Fassungsvermögen entzieht.

Zum Problem des Bösen sagt der Apostel Paulus den folgenden tiefsinnigen Satz: «Gott hat alle in den Ungehorsam eingeschlossen, damit er sich aller erbarme»[282)]. Dazu gibt der deutsche Exeget E. Kalt folgenden Kommentar: «So lässt Gott Heiden und Juden durch eine Periode des

Ungehorsams und der Gottesferne hindurchgehen, um sie für seine Erbarmung und für den Empfang seiner Gnaden reif zu machen»[283]. Gott stellt die Menschen zuweilen absichtlich in eine Notsituation, um sie auf die Begegnung mit ihm vorzubereiten. So trifft zu, was Paulus im 5. Kapitel seines Römerbriefes schreibt: «Wo die Sünde sich gehäuft hatte, ist die Gnade noch überschwenglicher geworden»[284]. Durch die Not lässt Gott eine Leere entstehen, um diese mit seiner Barmherzigkeit zu füllen. Seine Liebe braucht sozusagen den Abgrund der Sünde, wie die Sonne den unendlichen Weltenraum braucht, um ihn mit Licht und Wärme zu durchfluten. Daher kann der heilige Johannes vom Kreuz mit folgender Parallele den Sinn der Geschichte deutlich sichtbar machen: «Seit je hat der Herr den Menschen die Schätze seiner Weisheit und seines Geistes geöffnet. Aber heute tut er es noch mehr, weil die Bosheit der Menschen zugenommen hat»[285]. Das Mass der Erweise göttlicher Güte richtet sich nach dem Mass menschlicher Not. Je grösser die Not, desto grösser seine Gunst. Auf ein Übermass von Not antwortet Gott mit einem noch grösseren Übermass seiner Barmherzigkeit, würde Teresa von Avila sagen[286].

Gott schläft nicht

Der heilige Paulus und der heilige Johannes vom Kreuz helfen uns, die heutige allgemeine Weltlage und im besonderen die Stellung der Kirche aus dem Glauben heraus zu betrachten. Ohne Zweifel ist das Böse weit verbreitet, und es ist durchaus begreiflich, dass sich verängstigte Christen angesichts der Sittenverderbnis und des Triumphes des Unglaubens in der Welt fragen: «Wohin treiben wir?» und dass sie sich sogar auf eine Katastrophe gefasst machen. Man kann durchaus Verständnis für solche Befürchtungen haben, auch wenn man sich ihren pessimistischen Prognosen nicht anschliessen kann. Nicht leugnen kann man, dass alle diese Übel: das Geschäft mit der Erotik, der Hedonismus und die Pornographie, die sozialen Ungerechtigkeiten und die Ausbeutung der Armen, von Demjenigen zugelassen werden, der sie mit einer Handbewegung hätte abwenden können. Gott gibt der grossen Bosheit ihre Zeit, um daraus Gutes von viel grösserem Umfang hervorzubringen. In keinem Augenblick der Geschichte gleiten ihm die Zügel aus der Hand. Auch in unserem Atomzeitalter wirken die freien Zweitursachen in jedem Augenblick frei und unfehlbar an der Verwirklichung der ewigen Pläne Gottes mit. «Er, der über Israel – die Kirche Christi – wacht, schläft und schlummert nicht». Am Übermass des Bösen lässt sich das Übermass des Guten erahnen, so wie Adams Sündenfall und der Verrat des Judas dem unermesslichen Reichtum der Erlösung den Weg geebnet haben. Mag die Schwere des Bösen unsere natürliche Vernunft erschrecken, wir müssten uns im Lichte der Übernatur doch freuen, dass Gott aus geschlagenen Wunden Heilung und Heil erstehen lässt. Die Not ist das Feld, auf dem sich die Barmherzigkeit Gottes bestätigt. Der heilige Augustinus schreibt dazu: «Gott ist so gut, dass ihm selbst das Böse zum Guten dient. Er liesse das Böse gar nicht entstehen, vermöchte er darüber nicht in souveräner Güte zu verfügen»[287].

Wir mögen heute dem Bösen konsterniert gegenüberstehen. Morgen vielleicht, wahrscheinlicher übermorgen, mit Gewissheit aber in der Ewigkeit, werden wir des Guten inne werden, das die allmächtige Güte Gottes daraus erwachsen liess. Was uns heute als Problem erschreckt, wird uns eines Tages als Meisterwerk entzücken.

Eine der ansprechendsten Persönlichkeiten der Geschichte des inneren Lebens schrieb dazu Zeilen von seltener Feinfühligkeit und Gedankentiefe. Es handelt sich um Juliana von Norwich, die englische Mystikerin des 14. Jahrhunderts. Ihre mit der Approbation der Kirche veröffentlichten Offenbarungen haben seit ihrem Erscheinen unzählige Menschen in der Kontemplation befruchtet. Erst kürzlich entstanden neue französische, deutsche und italienische Übersetzungen.

Wie uns, machte auch Juliana von Norwich das Problem des Übels zu schaffen, und doch klingen ihre Aufzeichnungen wie eine besondere Botschaft der Freude und des Vertrauens an das 14. Jahrhundert, welches vom Bösen in so vielfältiger Weise heimgesucht war. In England breitete sich eben die Häresie der Lollharden aus. Unter der Herrschaft des glücklosen Eduard II. kamen zu den kriegerischen Auseinandersetzungen mit dem Ausland und den lang andauernden Feindseligkeiten mit Schottland noch der innere Zwiespalt, die Auflehnung der Grafen gegen die königliche Autorität und zahlreiche Volksaufstände dazu. Im Jahre 1348 brach die Pest aus, Nahrungsmittelknappheit und Hungersnot stürzten das Land in eine allgemeine Misere. Zu allem Unglück wurde die Bevölkerung bald von regulären Truppen, bald von Räuberhorden überfallen und ausgesaugt. In diesem Moment leistet die Reklusin ihren Beitrag zum Frieden, obwohl sie scheinbar von der Welt abgeschieden ist und keine sichtbaren Beziehungen zur Aussenwelt pflegt. Aber in der Abgeschiedenheit ihrer Zelle versteht sie besser als die direkt Verantwortlichen draussen die tiefe Beunruhigung des Volkes. Anders als ihre Zeitgenossin, die später als die heilige Katharina von Siena in die Geschichte eingehen wird, greift sie nicht ins Tagesgeschehen ein. Im Gegenteil: Ihre Landsleute wissen kaum von ihr, niemand hat ihr Bild auf Leinwand gemalt, man erzählt sich auch keine erbaulichen Episoden aus ihrem Leben. Aber vom kleinen Oratorium von Norwich aus erhebt sie ihre Stimme. Diese Stimme verbreitet eine Atmosphäre des Vertrauens. Sie dringt mit sanfter Überzeugungskraft in die Herzen der Menschen und bringt ihnen zum Bewusstsein, dass die Welt in die unermessliche Güte Gottes eingehüllt ist, dass das Elend ringsum und im Innern des Menschen das Tätigkeitsfeld der Barmherzigkeit und der Gnade ist, dass Gott im Leid das Heil des Menschen vorbereitet, dass das Böse eines Tages verschwindet und dann Ordnung, Harmonie und Glück herrschen werden. «In the end, all shall be well»[288].

Wie zu einem vertrauten Freund bemerkt Juliana eines Tages zu Christus, die Sünde Adams und die ganze Folge der Verfehlungen im Verlauf der Geschichte hätte es besser nicht gegeben. Da wird sie von Jesus zurechtgewiesen: «Es ist von Bedeutung, dass es Sünde gibt; aber sei unbesorgt: alles wird gut gehen, alles wird gut enden».

«In diesen Worten», schreibt sie, «sah ich ein wundersames, tief in Gott verborgenes Geheimnis, das er uns einst im Himmel enthüllen wird. Dann werden wir den letzten Grund erfassen, warum er die Sünde zuliess. Und wir werden uns über diese Erkenntnis ewig freuen»[289]. Um sie zu tieferem Eindringen in dieses Geheimnis zu ermutigen, greift Jesus zu einem Vergleich: «Adams Sünde ist das Schädlichste, das je geschah und bis zum Ende der Zeiten geschehen wird... Diese Tatsache ist innerhalb der Kirche wohlbekannt... Und doch muss man ebensosehr die wunderbare Genugtuung sehen, die für diese Sünde geleistet wurde. Diese Genugtuung war Gott unvergleichlich angenehmer und brachte ihm unvergleichlich mehr Ehre, als ihn Adams Sünde beleidigen konnte. Damit sagt Christus, worauf wir unser ganzes Augenmerk richten sollen: Weil ich die grösste Sünde wieder gutgemacht habe, dürft ihr sicher sein, dass ich auch die kleineren Sünden wieder gutmachen werde»[290)].

Unmöglich für dich, aber möglich für mich

All das übersteigt bei weitem unser Fassungs- und Urteilsvermögen. «Wir dringen in Gottes Gedanken nicht so ein, wie wir sollten. Das kommt daher, dass unser Verstand blind und zuwenig erhaben ist, um die überwältigende Weisheit, Macht und Güte des dreifaltigen Gottes zu erfassen. Unser Herr wollte damit sagen: Du wirst es begreifen. Da wollte er andeuten: Im Augenblick musst du glauben und vertrauen; aber der Tag wird kommen, an dem du das alles in voller Wahrheit und vollkommener Freude begreifen wirst. Der Gedanke daran, was Gott später tun wird, ist für uns tröstlich. Denn der dreifaltige Gott wird am Jüngsten Tag sein Werk vollenden. Wann und wie wird es geschehen? Kein Geschöpf vermag dies im voraus zu sagen»[291)].
Juliana von Norwich hat jedoch einen Einwand, der auf dem katholischen Glauben beruht, und sie hält ihn ihrem göttlichen Gesprächspartner entgegen: «Der Glaube lehrt uns, dass viele Seelen verdammt werden, so wie die Engel als Strafe für ihren Stolz vom Himmel verbannt und in die Hölle gestürzt wurden. Auf Erden sterben viele Menschen ausserhalb des Schosses der Kirche, das heisst als Heiden. Viele Getaufte leben nicht als Christen und sterben, ohne mit Gott verbunden zu sein. Wie uns die Kirche zu glauben heisst, werden sie ins Ewige Feuer geworfen. Ich hielt es also für unmöglich, dass *alles* gut sein könne, wie der Herr mir offenbarte». So lautete mein Einwand.
Ich erhielt zur Antwort: «Was dir unmöglich scheint, ist es nicht für mich. Meine Worte werden sich in allem bewahrheiten, und es wird alles wieder gut sein». Die englische Mystikerin schliesst, indem sie «die beiden Enden der Kette fest in Händen hält», ohne zu verstehen, wie die einzelnen Glieder der Kette untereinander verbunden sind. Sie steht zur Lehre der Kirche, sie steht zu den Worten des Meisters: «Dank der Gnade Gottes begriff ich, dass ich mich fest an meinen Glauben halten sollte. Mit fester Zu-

versicht soll ich glauben, dass alles gut sein wird, so wie der Herr es mir offenbarte»[292]. *All shall be well!* Einst wird alles gut sein. Diesen Satz wiederholte Juliana feierlich immer wieder. Er klingt wie ein helles, frohes Lied.

Besteht also kein Unterschied zwischen dem, was Augustinus und Thomas von Aquin, diese zuverlässigen Interpreten der christlichen Offenbarung, schreiben, und dem, was die ansprechende englische Mystikerin des 14. Jahrhunderts über die Existenz des Bösen und dessen Verwendung zum Guten durch Gott lehrt? Die Reklusin aus Norwich und die beiden Kirchenlehrer laden uns ein, die Lösung für das Problem des Bösen dadurch zu suchen, dass wir mutig in das Dunkel des Glaubens eintauchen, in dem Gott wohnt.

Julianas Zeitgenossin, Katharina von Siena, widmet einen Teil ihres Buches *Der Dialog* ebenfalls der göttlichen Vorsehung. Im Herbst 1970 verlieh Papst Paul VI. Katharina von Siena zusammen mit Teresa von Avila den Ehrentitel eines Kirchenlehrers. Diese Ehrung erhöht die Bedeutung der Schriften der beiden heiligen Frauen. Die Kirche unterstreicht dadurch nicht so sehr die mystische Erfahrung der beiden Kirchenlehrerinnen als vielmehr deren tiefes theologisches Wissen.

Nun ist gerade bei Katharina von Siena die Vorsehung ein Hauptthema. Mögen Gottes Anordnungen oft noch so hart, grausam und schmerzhaft erscheinen, sie sind alle von seiner Liebe inspiriert. Gott beklagt sich bei Katharina bitter darüber, dass die Menschen als Übel betrachten, was er ihnen in Wirklichkeit als Wohltat zugedacht hat.

«Alles geschieht aus Liebe, alles ist zum Heil des Menschen veranlasst, Gott tut alles ausschliesslich auf dieses Ziel hin. Wie ist doch von Selbstliebe geblendet, wer sich durch das, was ihm geschieht, verbittern und aufwiegeln lässt... Was ich aus Liebe und zu ihren Gunsten tue, um sie vor der ewigen Pein zu retten und zum unvergänglichen Leben zu führen, nehmen mir die Menschen übel, weil sie glauben, ich hasse sie und wolle ihr Verderben und ihren Untergang. Warum murren sie gegen mich? Weil sie ihre Hoffnung nicht auf mich, sondern auf sich selbst gesetzt haben. Darum wird für sie alles Finsternis. Sie sehen die Dinge nicht mehr, wie sie sind. Sie hassen, was sie in Wirklichkeit verehren sollten. In ihrer Überheblichkeit wollen sie über meine verborgenen Anordnungen richten, die doch von höchster Richtigkeit sind».

Der ewige Vater, dessen Aussagen Katharina wiedergibt, greift zu einem treffenden Vergleich, um die Torheit der Menschen hervorzuheben, die sich als Richter über Gottes Pläne aufspielen: «Sie gleichen Blinden, welche über Tastsinn, Geschmack und Ohr, also einzig auf die begrenzte Wahrnehmung der niederen Sinne gestützt, sich ein Urteil über den Wert der Dinge bilden. Sie wollen sich nicht auf mich verlassen, obwohl ich das wahre Licht bin, obwohl ich sie geistig und körperlich nähre, und obwohl sie ohne mich nichts sind. Wenn sie eine Wohltat von einem Geschöpf empfangen, dann bin ich es, der dieses Geschöpf dazu bewegt hat. Denn ich habe ihm die Befähigung und das Wissen, den Willen und die Macht zum Nützlich-Sein gegeben».

Im Gespräch mit Katharina von Siena bezeichnet Gott die Menschen ausdrücklich als Instrumente in der Hand des Schöpfers, der sie in Dienst nimmt, ohne ihre Freiheit zu beeinträchtigen. Dann fährt er fort: «Diese unvernünftigen Menschen wollen sich allein auf ihren Tastsinn stützen. Aber der Tastsinn trügt. Er sieht kein Licht und unterscheidet keine Farbe. Auch der Geschmacksinn lässt sich täuschen. Er bemerkt das giftige Insekt nicht, das sich an die Speisen heranmacht. Das Gehör kann durch den Klang der Stimme getäuscht werden, weil es das Gesicht des Sprechenden nicht sieht. Vielleicht sinnt der Mensch, dessen Stimme zum Vertrauen einlädt, sogar auf die Ermordung des Angesprochenen».

«So verhalten sich auch geistig Blinde, die das Licht des Glaubens verloren haben; sie verlassen sich ausschliesslich auf die Eindrücke ihrer Sinne und tasten sich wie körperlich Blinde unsicher mit ihren Händen voran»[293].

Vor einer grossen Widerwärtigkeit sind dem Menschen zwei äusserst gegensätzliche Reaktionen möglich: die Reaktion der Vernunft und die des Glaubens. Die Vernunft kann zum Protest und zur Empörung führen. Der lebendige Glaube rät zur Hingabe an den Willen Gottes, weil er weiss, dass Gott das Böse einzig darum zulässt, um für jene, die ihn lieben, früher oder später Gutes zu erwirken.

Ich war noch dabei zu fluchen

In der Nacht vom 5. Mai 1972 ereignete sich in Sizilien ein schreckliches Flugzeugunglück. Mit 115 Personen an Bord zerschellte an einem Berg über dem Flugplatz von Palermo

eine DC-8 der Alitalia. In Rom, wo die Maschine aufgestiegen war, hatten einige Passagiere das Flugzeug verpasst. Unter ihnen befand sich auch der Ingenieur S. C. Als er sein Hotel verlassen wollte, um zum Flugplatz zu fahren, blieb er zu seinem grössten Ärger während 40 Minuten im Lift blockiert. Am Flugplatz traf er kurz nach dem Start der DC-8 ein. Nachträglich kamen ihm die 40 Minuten im Hotel-Lift wie eine einzigartige Gnade der Vorsehung vor.
«Ich habe über meine verspätete Ankunft am Flughafen Fiumicino geflucht», gestand der Arzt C. A., der die DC-8 ebenfalls verpasst hatte, «und ich war noch dabei zu fluchen, als ich vom Absturz in Palermo hörte.»
Vom natürlichen Standpunkt aus hatten der Ingenieur und der Arzt in ihrem Unmut über die ärgerliche Verspätung und die Durchkreuzung ihrer Pläne völlig recht. Aber die rein menschliche Sicht der Dinge reicht nicht aus. Gewiss erfasst sie viele Wirklichkeiten, aber nicht die gesamte Wirklichkeit. Die wenigstens implizite Kenntnis der Gesamtwirklichkeit ist das Privileg eines lebendigen Glaubens. Gewiss ist es ärgerlich, das Flugzeug zu verpassen, hätten unsere beiden Passagiere sagen können. Aus der Sicht des Glaubens hätten sie aber noch beifügen müssen: Dieses Missgeschick geschieht nicht ohne Zulassung Gottes, der daraus früher oder später Gutes hervorbringen wird. Er hat Gründe, die unser Verstand nicht kennt. Erst der Absturz des Flugzeugs hatte die Unrichtigkeit ihrer Reaktionen gezeigt.
Dass Gott Widerwärtigkeiten zum Guten wendet, ist nicht immer so offensichtlich. Manchmal vermag das menschliche Auge wirklich nichts zu erkennen. Meistens wird erst nach und nach etwas von Gottes Plan sichtbar. Oft ist es eine Sache der Geduld und der Hingabe an Gottes Willen.
«Ich bin immer wieder erstaunt», schreibt ein Abonnent der Pariser Zeitung La Croix in einem Leserbrief, «dass das spätere Urteil über eine Heimsuchung die Dinge vielfach in einem völlig anderen Licht und Zusammenhang erkennt, als dies bei der unmittelbaren Lagebeurteilung im Augenblick der Prüfung der Fall war. Es lohnt sich, mit einem abschliessenden Urteil zuzuwarten, bis sich das Ganze entwickelt hat und die Zusammenhänge freigelegt werden»[294].
Ähnliches sagte Pius XII. in seiner Radiobotschaft vom 29. Juni 1941, als der Zweite Weltkrieg in vollem Gang war: «Vor Gott sind alle Menschen Kinder, auch die tiefsten

Denker und die erfahrensten Führer der Völker. Sie beurteilen die Ereignisse aus der Sicht der kurzlebigen und entschwindenden Zeit, während Gott sie von den Höhen der unerschütterlichen Mitte seiner Ewigkeit her betrachtet. Die Menschen überblicken von ihrem Standort aus einige Jahre; Gott hat vor sich das Panorama sämtlicher Jahrhunderte. Die Menschen werten die Ereignisse gemäss den unmittelbaren Ursachen und Folgen; Gott aber kennt auch die hintergründigsten Ursachen und die letzten Konsequenzen».

Der Papst ermahnt die Christen, Gott Glauben zu schenken. Nach seiner Vorstellung soll dieser Glaube «die ganze Kraft eines von Gnade und Liebe gestützten Willens einbeziehen, die auf äusserem Anschein beruhenden Zweifel überwinden und sich der Allmacht, der Weisheit und der unendlichen Liebe Gottes überantworten».

Gott Glauben schenken «heisst überzeugt sein, dass nichts auf dieser Welt in der allgemeinen Ordnung wie im einzelnen ausserhalb der Vorsehung steht; dass die Vorsehung alle grossen und kleinen Ereignisse voraussieht, sie gewollt oder zugelassen hat und dass er sie alle, ob sie es wissen und wollen oder nicht, in dieser Welt auf die erhabenen Pläne der göttlichen Liebe zu den Menschen ausrichtet. Es heisst Gott Glauben schenken, auch wenn er zulässt, dass im Diesseits für einige Zeit das Böse die Oberhand gewinnt: Glaubensfeindlichkeit und Atheismus, Abstumpfung des Sinnes für Gerechtigkeit, Verletzung der Menschenrechte, Verfolgung unschuldiger, schutz- und wehrloser Menschen. Gott lässt manchmal über die Menschen und die Völker Prüfungen hereinbrechen, um die Gerechtigkeit zu verwirklichen, um die Sünder zu strafen, um Menschen und Völker zu läutern durch die Sühne in dieser Welt und sie so zu Gott zurückzuführen. Und oft ist die Bosheit der Menschen das Werkzeug dieser Prüfungen, dessen sich Gott bedient.

Gott Glauben schenken heisst ferner überzeugt sein, dass Gottes Gerechtigkeit immer eine von Liebe bestimmte väterliche Gerechtigkeit ist. Mag die Hand des göttlichen Chirurgen auch hart erscheinen, wenn sie das Messer zur Operation ansetzt, es ist trotzdem die Liebe, die sie führt. Genauso ist es beim schmerzlichen Eingriff in das Lebensschicksal der Menschen und Völker. Gott Glauben schenken heisst, überzeugt sein, dass auch die härteste Prüfung und der scheinbare Triumph des Bösen hienieden nur kurze Zeit dauern werden. Gottes Stunde wird kommen, die Stunde der Barmherzigkeit, die Stunde heiliger Freude, die Stunde des neuen Liedes über das Glück der Befreiung (Psalm 96). Dies ist dann die Stunde, da die allmächtige Hand des himmlischen Vaters mit gebietender Geste dem über die arme Menschheit hinwegbrausenden Orkan Einhalt gebietet; die Stunde, da für die Völker auf ungeahnte Weise Gerechtigkeit, Ruhe und Frieden wieder hergestellt werden»[295].

Diese Botschaft Pius' XII. über den göttlichen Chirurgen, der aus Liebe die Operation an der Menschheit vornimmt, gehört zu den tiefsten und schönsten Texten des 20. Jahrhunderts über den Sinn der Geschichte. Sie klingt an Augustinus an und müsste im Grunde Satz um Satz kommentiert werden. Leider ging damals die Stimme des Papstes im Waffenlärm unter. So blieb ihre im Grunde immer aktuelle Botschaft über die Vorsehung unbeachtet. Ein kostbarer Schatz fiel damit dem Vergessen anheim.

Thomas von Aquin macht zum Problem des Bösen eine Bemerkung, deren ruhige Kühnheit im ersten Augenblick verwirren könnte. Er behauptet, Gott könne zur Förderung des geistigen Fortschritts der Menschen zulassen, dass gerade auch eifrige Menschen schwere Fehler begehen. Gott lasse auch bei seinen Freunden Unvollkommenheiten und sogar schwere Verfehlungen zu. Diese Aussage hat im Grunde nichts Schockierendes. Es mag aber unser Verständnis übersteigen, dass Gott in seine Pläne an sich sogar schwere Verfehlungen einbezieht, also die Todsünde, vor welcher wir früher im Religionsunterricht mit solcher Eindringlichkeit gewarnt wurden. Verfällt hier Thomas von Aquin nicht in Übertreibungen?

Thomas übertreibt nicht. Wie immer geht er auch hier von der Wirklichkeit aus. Auch hier sucht er nach Argumenten des Verstandes und des Glaubens.

Der Aquinate beruft sich in seinen Überlegungen auf den Apostel Paulus: «Damit ich mich der einzigartigen Offenbarungen wegen nicht überhebe, wurde mir ein Dorn ins Fleisch gestossen; er ist ein Satansengel und soll mich mit Fäusten schlagen, damit ich mich nicht überhebe. Dreimal habe ich den Herrn angefleht, dass dieser Satansengel von mir ablässt. Der Herr aber antwortete mir: Es genügt Dir meine Gnade; denn sie erweist ihre Kraft in der Schwachheit. Daher will ich mich all meiner Schwachheit rühmen, damit die Kraft Christi auf mich herabkommt. Deswegen habe ich meine Freude an jeder Schwachheit, an Misshandlungen und Nöten, an Verfolgungen und Ängsten, die ich für Christus ertrage; denn wenn ich schwach bin, dann bin ich stark»[296].

Wie ein guter Arzt

In Anspielung an damalige Methoden der Medizin schreibt Thomas von Aquin: «Um ein grösseres Leiden zu verhindern oder um es zu heilen, verursacht ein guter Arzt beim Patienten ein kleineres Leiden. Zur Verhinderung von Krämpfen provoziert der Arzt Fieber. Paulus zeigt uns, dass Christus als Seelenarzt genauso vorgeht. Um schwere seelische Schäden zu heilen, lässt Christus zu, dass manche seiner Freunde von heftigen Erschütterungen heimgesucht werden. Um sie vor schweren Verfehlungen zu bewahren, lässt er sie in weniger schwere, wenngleich noch immer tödliche Sünden fallen».
«Nun aber ist die schwerste Sünde der Stolz, weil er eine Reihe anderer Verfehlungen nach sich zieht und die Menschen von Gott entfernt. Um seine Freunde demütig zu machen und sie gegen den Stolz zu schützen, behaftet Gott sie mit Schwächen oder Fehlern, manchmal lässt er sie sogar in schwere Sünden fallen. So erfahren sie ihre eigene Schwäche und stützen sich umsomehr auf Gott gemäss dem Schriftwort: ‹Wenn einer Gott liebt, muss *alles* dazu beitragen, dass er das Ziel erreicht, zu dem Gott ihn nach seinem Plan berufen hat› (Römer 8,28). *Alles* gereicht zum Guten, nicht auf Grund der Sünde, sondern wegen der Anordnung Gottes. So verhielt sich Gott auch gegenüber dem Völkerapostel. Da diesen sein ausserordentliches Wissen zum Stolz verleitet hätte, wurde ihm von Gott ein Dorn ins Fleisch gestossen». Was ist mit diesem Dorn gemeint? Thomas von Aquin sieht zwei mögliche Interpretationen: eine wörtliche und eine symbolische. Mit dem Dorn könne eine physische Schwäche gemeint sein, die Gott zum Heil seiner Seele zugelassen habe, oder aber die fleischliche Begierde.
Die Interpretation dieser Schriftstelle ist unter den Exegeten umstritten. Ohne sich auf eine der verschiedenen wörtlichen Auslegungen festzulegen, betont der heilige Thomas vor allem die geistliche Nutzanwendung: Wenn Gott seine Freunde in Schwierigkeiten, Demütigungen

und Leiden führt, geht es ihm um ihren geistlichen Fortschritt. Jede Heimsuchung hat den Zweck, den Menschen zu läutern und in seinem Streben zu vervollkommnen, auch wenn dieses Ziel erst später deutlich wird[297]. Auch Paulus sah zunächst den tieferen Sinn der Prüfung nicht. Darum bat er Gott, ihn davon zu befreien: «Dreimal habe ich den Herrn angefleht». Gott erhörte sein Gebet nicht materiell durch Wegnahme des Leidens, aber geistig, indem er dem Apostel die notwendigen Energien verlieh, seine Schwäche zur Verwirklichung des Guten einzusetzen.

Abstossend und anziehend zugleich

Um die Doppeldeutigkeit des Bösen aufzuzeigen, greift Thomas von Aquin nochmals zu einem Vergleich aus der Medizin. Eine Wirklichkeit kann immer unter zwei Aspekten betrachtet werden: in sich selbst und in bezug auf etwas anderes: Etwas, was in sich selbst abstossend sein kann, wirkt ob seiner Nützlichkeit vielleicht doch anziehend. Das trifft beispielsweise auf die bittere Medizin zu, die der Arzt verschreibt. Sie löst zwar ein Gefühl der Unlust aus, aber als Mittel zur Gesundung ist sie trotzdem begehrt. Mit den Versuchungen des Fleisches verhält es sich ähnlich. Als Versuchung beunruhigen sie, bedeuten also ein Übel; aber als Gelegenheit zur Tugend können sie ein Gut sein.
Diese Bemerkung wirft einen neuen Lichtstrahl auf das Problem des Übels. Für Thomas von Aquin ist die Begegnung mit Leid und Versuchung ein Vorzug; nicht in sich selber, aber wegen der mächtigen Folgen, indem man vom Leiden und von den Versuchungen einen guten Gebrauch machen kann.
So wird verständlich, warum grosse Ordensgründer wie Ignatius von Loyola und Vinzenz von Paul das Bestehen von Schwierigkeiten in ihren Gemeinschaften begrüssten und eher beunruhigt waren, wenn es an Heimsuchungen fehlte. Sie waren überzeugt, dass das Leid Gelegenheit zu geistlichem Fortschritt und grösserer Christusähnlichkeit bietet, während der Mensch ohne Leiden leicht in Stagnation verharrt oder sogar Rückschritte macht.
«Wen der Herr liebt, den erzieht er mit Strenge; und wen er als seinen Sohn annimmt, dem gibt er auch Schläge»[298].
Nicht um sie zu zerbrechen, bemerkt Thomas von Aquin, sondern zu ihrem Heil. Wen er nicht züchtigt, der kann

nicht Gottes Freund sein. Das Ausbleiben schwerer Heimsuchungen ist «wie ein Zeichen der ewigen Verwerfung»[299].
Wird uns die Einsicht in den Sinn der Prüfungen nicht zu einer gewissen heitern Gelassenheit gegenüber den Fehlern und Übeln in Kirche und Gesellschaft führen? Wir erkennen zwar das Böse und die Fehler, wir wissen aber auch, dass Gottes Allmacht daraus Gutes bewirkt. Ist es uns schon unmöglich, eine auch nur annähernd richtige Idee von Gottes Allmacht zu gewinnen, wie könnten wir dann Gottes Wirken in der Geschichte richtig begreifen, wie erst, dass seine Allmacht Gutes aus dem Bösen hervorbringen kann?
Selbst wenn eine Katze durch ein Wunder zum Sprechen gebracht werden könnte, wäre es völlig unnütz, von ihr eine Beschreibung der Sonne und ihrer Wirkungen auf den Erdball zu erwarten. So etwas übersteigt schlechterdings ihre Fähigkeiten.
Nach dem Bericht über sein inneres Leiden und die Weigerung Gottes, ihn davon zu befreien, erhebt sich der heilige Paulus zu allgemeinen Betrachtungen, welche die Bedeutung des Leidens erläutern: Wenn der Mensch die Prüfung annimmt, seine Mängel erkennt und sich Gott anheimstellt, dann hat seine Allmacht in der Schwachheit des Menschen freien Lauf. Darum freut sich der Apostel, für Christus «Schwäche, Misshandlungen, Notlagen, Verfolgungen und Schwierigkeiten zu ertragen. Denn gerade wenn ich schwach bin, bin ich stark»[300].
Diese Haltung erscheint zunächst paradox. Wer so spricht, ist entweder wahnsinnig, oder er steht wirklich unter höherer Eingebung, die ihn als Gewinn betrachten lässt, was die Menschen normalerweise für ein Übel halten: Krankheit, Gebrechlichkeit, Schwachheit, Feindschaft, Beschimpfung, Quälerei, Verfolgung und Angst. Dies alles wird uns zum Gewinn, wenn wir es *mit* Christus und *für* Christus ertragen.
Man muss geistig umnachtet sein oder übermenschliche Fähigkeiten besitzen, um dem gesunden Menschenverstand diese Herausforderung entgegenzuschleudern: «Wenn ich schwach bin, bin ich stark». Das sagt der Apostel aus Erfahrung. Er selbst hat erfahren, wie ein vorbehaltloses Ja zur eigenen Schwäche den Beistand Gottes erwirkt. Gerade wegen seiner Schwäche erhielt der Apostel die Gnade besonders tiefer Erleuchtungen.

Theresia von Lisieux, die Pius X. für die grösste Heilige der modernen Zeit hält, spricht dieselbe Sprache wie der Apostel Paulus. Auch sie bezeichnet es als grössten Gnadenerweis der Allmacht Gottes, dass er ihr die eigene Schwäche und das Unvermögen zum Guten bewusst machte. Wie Paulus war sie davon überzeugt, dass im Ja zur eigenen Nichtigkeit und im unbegrenzten Vertrauen auf Gott eine Quelle geistiger Kraft liegt. Gott wartet darauf, dass sie mit leeren Händen vor ihn treten werde, damit er in ihr und durch sie das herrliche Werk seiner Gnade verwirklichen könne.

Die eine trauert, die andere jubelt

Theresia von Lisieux zeigte gegenüber den Fehlern der Freunde Gottes eine Einstellung, die bei gewöhnlichen Christen nicht üblich ist. Dies wird durch eine Episode belegt, welche im Seligsprechungsprozess bekannt wurde. Wir verdanken den Bericht Schwester Maria-Magdalena vom Heiligen Sakrament. Sie bezeugt, dass Theresia mit ihren drei ebenfalls im Karmel lebenden Schwestern in grosser Liebe verbunden war, «besonders mit Mutter Agnes von Jesus, die sie zärtlich liebte». «Eines Tages gab es zwischen Mutter Agnes von Jesus, welche inzwischen Priorin des Karmels von Lisieux geworden war, und ihrer Amtsvorgängerin Mutter Maria von Gonzaga eine heftige Szene. Als ich dieses Vorkommnis bedauerte, sagte Theresia zu mir: ‹Ich freue mich: Je mehr ich Mutter Agnes von Jesus leiden sehe, umso glücklicher bin ich›. Sie war sich bewusst, etwas Paradoxes gesagt zu haben und fügte darum bekräftigend hinzu: ‹Schwester Maria-Magdalena, sie kennen den Wert des Leidens nicht; wenn sie wüssten, wie heilsam dies für Mutter Agnes von Jesus ist›»[301].
Die eine Ordensfrau ist betrübt, die andere freut sich. Die eine weint, die andere jubelt. Theresia freut sich umsomehr, je mehr Mutter Agnes leidet, als ob das Unglück ihrer Schwester ihr Vergnügen bereitete. Ist Theresia unausgeglichen oder ist sie ein höheres Wesen?
«Sie kennen den Preis des Leidens nicht», beteuert Theresia. Das bedeutet: Sie erkennen nicht, wieviel Gutes der Herr aus dieser heftigen Szene erwirken wird. Die beiden Oberinnen werden sich vor Gott demütigen, sich weniger auf ihre eigene Tugend verlassen und dafür umsomehr auf Gottes Kraft vertrauen. Vielleicht dachte die Karmelitin von Lisieux an das Wort ihres geistlichen Vorbildes Teresa

von Avila: «Wen Gott liebt, den führt er den Weg der Prüfungen. Je mehr er ihn liebt, umso mehr sucht er ihn heim»[302].

«Ich juble...; Sie kennen den Wert des Leidens nicht...»: Kraft göttlichen Glaubens und der Gabe des Heiligen Geistes hatte Theresia in gewissem Sinn Anteil an der Einsicht, welche die Schutzengel in Hinsicht auf ihre Schutzbefohlenen und die Ereignisse der Geschichte besitzen. Wie Thomas von Aquin erklärt[303], lassen sich die Schutzengel durch die Heimsuchungen und die Fehler ihrer Schutzbefohlenen nicht betrüben. Sie wahren ihre ungetrübte Gelassenheit nicht aus Apathie, Indifferenz oder Zerstreutheit, sondern weil ihnen gnadenhaft die tiefere Einsicht in die Lage der Menschen und Dinge eigen ist. Die Engel erfassen klar, dass die Vorsehung alles zur Ehre Gottes und zum wahren Heil seiner Freunde fügt. Nichts kann sich im Diesseits ereignen, was den Anordnungen Gottes nicht entspräche, denn «Gott kann sich in seinem Vorauswissen unmöglich täuschen, sein Wille und sein Plan können unmöglich durchkreuzt werden»[304]. Weil der Wille der Engel mit Gottes Plan völlig im Einklang steht, kann sich auch ihrem Willen nichts widersetzen.

So liess sich auch der Schutzengel der Mutter Agnes von Jesus durch die heftige Szene nicht beirren. So liess sich Theresia nicht betrüben, sondern zeigte sichtbare Freude, denn sie war überzeugt, dass Gott die Unbeherrschtheit der beiden Oberinnen zum Guten wenden würde. Sie betrachtete das Vorkommnis «wie mit den Augen Gottes».

Damit ist nicht gesagt, Theresia habe keinen Schmerz empfunden. Insofern eine Unbeherrschtheit Gott beleidigt, musste sie sich darob betrüben. Aber bei Theresia überwog nicht das Gefühl der Traurigkeit wie bei Schwester Maria-Magdalena, sondern «felix culpa» hätte sie ausrufen können. Statt verstandesmässig die negativen Aspekte überzubewerten, erkannte Theresia kraft ihres Glaubens in erster Linie die positiven Elemente.

Theresias Haltung beweist eine tiefe Einsicht in die Bedeutung des Bösen.

Auch Stalin diente dem Herrn der Geschichte

Geistliche Lehrer und Prediger betonen in ihren Darlegungen über die Vorsehung und das Böse gerne den Nutzen von Heimsuchungen. Als Beweis für ihre These führen sie

Fälle an, in denen sich beispielsweise eine lange Krankheit oder bittere Armut nachträglich zum Wohl der Betroffenen ausgewirkt haben. Ein solches Vorgehen hat sicher sein Gutes, weil Beispiele aus der Geschichte und aus dem Leben der Heiligen dem Verstand die Bedeutung des Glaubens aufzeigen und dadurch die Christen veranlassen, ihrerseits Prüfungen mit Frohmut entgegenzunehmen. Trotzdem wäre es ein Fehler, ausschliesslich die sichtbaren Vorteile der Heimsuchungen zu betonen.

Die wertvollsten Früchte positiv angenommenen Leidens gehören der unsichtbaren Ordnung an. Sie sind darum nicht fassbar. Sie lassen sich weder von der Statistik noch von der Psychologie feststellen. Wir stehen hier vor dem Bereich des Übernatürlichen. Es kann sich nur darum handeln, in Gottes Pläne, die von den unsrigen so verschieden sind, volles Vertrauen zu setzen. Er betrachtet die Dinge von höherer Warte, sieht weiter und erstrebt höhere Ziele, wie er selbst sagt: «Meine Gedanken sind nicht eure Gedanken, und eure Wege sind nicht meine Wege. So hoch der Himmel über der Erde ist, so hoch sind meine Wege über euren Wegen und meine Gedanken über den euren»[305)].

Johannes Chrystostomus würde sagen, die Lösung dieses Problems besteht gerade darin, dass wir keine Lösung suchen, denn sie ist schon gefunden. Sie liegt im Glauben an Gottes Allmacht und Weisheit, die beide im Dienste seiner unvergleichlichen, unentwegt tätigen Liebe stehen.

Teresa von Avila äussert einmal: «Satan fügt den Menschen einen grossen Schaden zu, wenn er ihnen den Glauben nimmt, dass Gott über genügend Macht verfügt, Dinge zu tun, die das menschliche Verstehen übersteigen»[306)].

Teresa macht auf eine subtile Versuchung aufmerksam: «Wir brauchen nicht Gründe zu suchen, um Gottes Geheimnisse zu verstehen. Wenn wir an seine Allmacht glauben, geben wir auch zu, dass ein Wurm – ein schwaches Wesen wie wir – seine Grösse nicht zu fassen vermag. Seien wir Gott herzlich dankbar, dass er sich herablässt, uns wenigstens etwas von seiner Grösse kundzutun»[307)].

Paul VI. wies einst darauf hin, dass die Lektüre der Heiligen Schrift ohne kundige Führung dem Gläubigen mehr Schaden als Nutzen zufügt[308)]. Diese Warnung betrifft gewiss auch jene Stellen vor allem des Alten Testamentes, wo es heisst, dass Gott den Sünder *blende,* das Herz des Pharao *verhärte* und die Ungläubigen *im Stich lasse.* Wört-

lich genommen könnten diese Stellen tatsächlich die Meinung aufkommen lassen, für gewisse Fehler trage Gott die Verantwortung, und auf den betreffenden Menschen falle keine Schuld.
Wie verhält es sich damit? Als zuverlässiger Interpret der christlichen Tradition erklärt Thomas von Aquin, dass die Schriftstellen, die Gottes Schuldlosigkeit in Frage zu stellen scheinen, nicht wörtlich zu nehmen sind. Es handle sich nicht um eine direkte göttliche Intervention, welche das Herz verhärtet und den Geist verdunkelt, sondern um eine Zulassung Gottes, weil er die Verhärtung des Herzens und die Verdunkelung des Geistes nicht verhindert, obwohl er dazu die Macht hätte.
Die kraftvolle und paradoxe Sprachweise der Heiligen Schrift ist von Gott gewollt, da er ja ihr letzter Urheber ist. Sie hat den Vorteil, die unbegrenzte Reichweite der Vorsehung zu betonen. Sie macht dem Leser bewusst, dass auch schmerzliche Episoden, verbrecherische Handlungen und gehässige Einstellung von Gott ausdrücklich zugelassen und in den Plan seiner universalen Herrschaft einbezogen sind. Das sind keine Begebenheiten, die ohne das Wissen Gottes bestehen könnten oder seine Pläne durchkreuzen würden. Von Ewigkeit her wurden sie für einen bestimmten Moment innerhalb des geschichtlichen Ablaufs der Jahrhunderte vorgesehen. Sie haben als Diener des Herrn der Geschichte ihre bestimmte Rolle zu spielen. Unbewusst haben auch Kaiser Nero und der mexikanische Staatspräsident General Calles für Christus gearbeitet. Ohne es zu wissen, haben Julianus Apostata und Stalin in ihrem Glaubenshass indirekt zur Glaubensläuterung der Christen beigetragen.
Eine zweifache Gefahr gilt es in diesem Bereich zu meiden. Zunächst würde eine *zu wörtliche* Interpretation Gott auf ungerechtfertigte Weise moralische Verantwortlichkeit zuweisen, wo sie einzig und allein auf den Sünder fällt. Gott bewirkt das Böse nicht, er erlaubt und benützt es nur. Der Mensch begeht das Böse aus freiem Willen, ist dafür also auch verantwortlich.
Die zweite Gefahr liegt in einer *zu oberflächlichen* Betrachtungsweise, welche das moralische Übel der göttlichen Herrschaft entzieht und ihm jede Beziehung zu Gott abspricht, als ob nicht alles Seiende in jedem Augenblick von dem abhängt, der allen Menschen Leben, Bewegung und Sein mitteilt.

Wenn ein Gangster einen Banküberfall begeht, ein Rohling Frauen vergewaltigt, ein Ungläubiger Gott lästert, werden sie von Gott selbst während ihres üblen Tuns im Dasein gehalten. Würde Gott sich von seinem Erhaltungswerk zurückziehen, fielen sie augenblicklich ins Nichts, wie eine Lampe unverzüglich erlischt, wenn der Strom ausfällt. Die Sünder wenden gegen Gott die Energien an, die er ihnen selbst gegeben hat.

Ohne materielle Hilfe Gottes wäre der militante Atheist nicht einmal fähig, seine Argumente gegen die Existenz Gottes zu formulieren. Wenn Gott Banküberfälle, Gotteslästerung, Vergewaltigung und atheistische Propaganda zulässt, dann deswegen, weil all dies in seinem Plan einen bestimmten Platz hat. Mit der Zulassung des Bösen strebt Gott immer ein höheres Gut an. Dieses bleibt uns allerdings meistens verborgen, Gott aber kennt es, weil sein Blick alles umfängt: Vergangenheit, Gegenwart und Zukunft.

Wer ist verantwortlich für die Missklänge?

Doch nun stellt sich ein delikates Problem. Wenn Gott an einem Vergehen indirekt beteiligt ist, weil er dem dafür verantwortlichen Menschen Leben und Bewegung gibt, macht er sich dann nicht am Vergehen selbst mitschuldig? Wie lässt sich Gottes Heiligkeit mit der indirekten Mitwirkung am Bösen vereinbaren?

Vergleiche aus dem tätigen Leben sollen die verschiedenen Verantwortlichkeiten feststellen.

Ein Vater gibt seinem Sohn, der an einer fernen Universität studiert, das nötige Taschengeld. Ist er am Tun seines Sohnes mitverantwortlich, wenn dieser das Geld statt für Bücher für Freundinnen und Trinkgelage ausgibt? Ein Orchestermitglied verpasst aus der Zerstreuung den Einsatz und setzt zu spät mit seinem Part ein. Ist er oder der Dirigent für die Dissonanzen verantwortlich? Ein weiteres Beispiel, das Thomas von Aquin anführt: Ein Mann hat ein kürzeres Schienbein und hinkt deshalb. Wo liegt die Ursache des Hinkens, beim Mann selbst oder beim Schienbein? Die Antwort ist klar: Das verkürzte Schienbein bewirkt den hinkenden Gang, genauso ist die Zerstreuung des Künstlers für die Dissonanzen, die Liederlichkeit des Studenten für seine Trinkgelage verantwortlich.

Wer nicht an sauberes logisches Denken gewöhnt ist, mag einwenden, ohne die Geldmittel des Vaters wären die Ausschweifungen des Sohnes unmöglich gewesen. Wer so argumentiert, verwechselt aber Gelegenheit und Ursache. Jemandem Gelegenheit zu schlechtem Gebrauch des Guten zu geben, heisst nicht, ihn zum Schlechten anstiften. Wird ein Wächter mit einem Revolver ausgerüstet, heisst das nicht, dass er zum Selbstmord aufgefordert wird.
Die menschliche Natur steht übrigens dauernd in Versuchung, die Freiheit zu missbrauchen. Weil der Mensch frei ist, kann er das Gute wählen, sich aber auch für das Böse entscheiden. Gott hätte die Möglichkeit gehabt, die Sünde zu verhindern, indem er auf die Erschaffung freier Wesen, also der Menschen und der Engel, verzichtete. Er hätte die Erde mit Bergen und Tälern versehen, Meere und Flüsse mit Fischen und Felder und Wälder mit Tieren bevölkern können, ohne über sie vernunftbegabte Wesen als Gebieter zu setzen. Die Erde wäre dann ein unendlich grosser Zoo gewesen, der aber ein ärmliches Bild des schöpferischen Reichtums Gottes geboten hätte. In seiner Allmacht könnte Gott allerdings die schlechten Neigungen des Menschen von innen her beeinflussen, ohne dadurch dessen Freiheit zu beeinträchtigen. Dann gäbe es lediglich moralische Unvollkommenheit und leichte Verfehlungen. Der Welt bliebe das Drama von Verbrechen und Verworfenheit aller Art erspart. Es gäbe nicht den Triumph des *Antidekalogs,* um den Ausdruck Johannes' XXIII. nochmals aufzunehmen.
Bei einer solchen Politik würden Gott unzählige Möglichkeiten fehlen, seiner Barmherzigkeit freien Lauf zu lassen. In gewissen Sinn braucht Gott den Abgrund menschlichen Elends, um ihn mit den Abgründen göttlichen Reichtums anzufüllen. Statt all der Beispiele erhebender Heiligkeit im Ablauf der Geschichte der Kirche hätte die Menschheit nur bescheidene moralische Ehrbarkeit erfahren. «Gott wollte lieber Gutes aus Bösem entstehen lassen, als alles Böse verhindern»[309], sagt Augustinus. Durch das Übermass des Bösen wird Gott noch viel mehr zum Erweis seiner Göttlichkeit herausgefordert. Diese aber will schenken, unablässig in Fülle, ja in Überfülle. Wie der Lumpensammler auf Lumpen, so ist Gottes unendliche Barmherzigkeit auf die Entdeckung von Elend aus.

Dieses Verhalten Gottes kann die sich selbst überlassene menschliche Vernunft verwirren. Wer «Gottes Sitten» nicht kennt, könnte versucht sein, dieses Verhalten als wahnsinnig oder mindestens als paradox zu bezeichnen. Die Heiligen urteilen anders. Sie teilen in gewissem Sinn Gottes Ansicht über den Wert der Fehler und Prüfungen. Darum schätzen sie das Leiden. «Entweder sterben oder leiden», sagte Teresa von Avila, so sinnlos erschien ihr ein Leben ohne Leid. Als Johannes vom Kreuz von Christus gefragt wurde, was er sich zum Lohne wünsche, antwortete er: «Verachtung und Leiden erdulden aus Liebe zu Dir». Dieser Mystiker hielt die durch Leiden und Prüfungen bewährte Liebe zu Gott für das höchste Gut. Hätten wir heute eine heilige und geistliche Lehrerin vom Format der Theresia von Lisieux ohne ihre Mitschwestern, die ihre Feinfühligkeit und Geduld so sehr auf die Probe stellten, und ohne die Tuberkulose, die sie aufzehrte?

Als Theresias Vater in eine Heilanstalt eingeliefert wurde, schrieb sie ihrer erschütterten Schwester Céline: «Wundere Dich nicht, wenn ich Dir sage, dass ich Dich nicht beklagen kann. Siehst Du, ich beneide Dich vielmehr um Dein Leid». Céline soll an dieser Prüfung reifen. So schreibt ihr Theresia am 28. Februar 1889: «Liebe Schwester, ich beklage mich bei Jesus nicht über das Kreuz, das er uns schickt. Noch vermag ich das *Unendliche* dieser Liebe, die uns dies zufügt, zu verstehen. Jesus muss aber unseren geliebten Vater sehr liebhaben, dass er ihn so leiden lässt. Findest Du nicht, dass das Unglück, welches ihn jetzt heimsucht, die volle Erfüllung seines schönen Lebens ist? Ich spüre, dass ich wirklich töricht schreibe. Aber das macht nichts, ich überlege so vieles über die Liebe zu Jesus, das vielleicht noch törichter klingen könnte... Welch ein Glück, gedemütigt zu werden! Das ist der einzige Weg zur Heiligkeit. Das Leben ist nur ein *Traum,* bald werden wir aufwachen. Und dann, welche Freude! Je grösser jetzt die Leiden sind, desto grösser wird die unendliche Seligkeit sein. Vertun wir also die von Jesus gesandte Prüfung nicht. Sie ist eine Goldmine, die uns zur Ausbeutung überlassen ist. Sollen wir die Gelegenheit verpassen? Das Martyrium steht bevor, so lasst uns gemeinsam den Kampfplatz betreten»[310)].

Diesen Brief mögen manche mit Unbehagen lesen, weil er

dem landläufigen Fühlen zuwiderläuft. Theresia schrieb ihn mit 16 Jahren unmittelbar nach ihrem Eintritt in den Karmel von Lisieux. Trotz ihrer Jugend hatte sie sich die Einsichten ihres geistlichen Lehrers Johannes vom Kreuz über das Problem des Bösen mit erstaunlich frühreifer Weisheit zu eigen gemacht. Im Brief an ihre Schwester war sie sich des Paradoxen und anscheinend Unmenschlichen ihrer Auffassung bewusst. Sie wusste auch, dass es sich als «wirklich töricht» anhören musste. Trotzdem setzte sie ihren aus übernatürlicher Liebe begonnenen Weg fort, weil sie überzeugt war, dass die harten Forderungen des Kreuzes heilsamer sind als Halbheiten und Kompromisse. Welch wichtige Rolle die Prüfung im christlichen Leben spielt, betont Thomas von Aquin in eindringlicher Weise. Den Gerechten gibt Gott nicht nur Anteil an den Gütern der Erde, sondern – soweit es zur Erlangung des ewigen Lebens nötig ist – auch Anteil am Übel dieser Erde[311]. Dem greisen Tobias gegenüber beteuert der Erzengel Raphael, Gott habe ihm gerade deswegen Prüfungen gesandt, weil der Herr ihn besonders liebe. Es ist wirklich so, dass Gott seinen besondern Freunden auch besondere Heimsuchungen sendet. «Glaube mir, meine Tochter», spricht der Herr zu Teresa von Avila, «glaube mir, je stärker jemand von Gott geliebt wird und je mehr er diese Liebe erwidert, desto härtere Prüfungen treffen ihn»[312].

Wer ist mehr zu bedauern?

Thomas von Aquin zieht aus dem Gesagten den Schluss: «Man muss nicht die vom Leid Geprüften bedauern, sondern jene, die sich dem Willen Gottes widersetzen und dadurch der Verdienste des Leidens verlustig gehen». Zu beklagen ist nicht, wer von Gott zur Förderung des geistlichen Fortschritts mit Gebrechlichkeit, langer Krankheit, unheilbaren Leiden, Todesfall, Geldverlust, Missgunst usw. bedacht wird, genauso wenig wie man davon Aufsehen macht, dass ein einsichtiger Patient zur Heilung von Leberschäden vom Arzt auf strenge Diät gesetzt wird. Wirklich bedauernswert sind nur jene, die sich aus Unverstand Gottes Anordnungen zum eigenen Besten widersetzen, genauso wie man über einen Patienten den Kopf schüttelt, der sich nicht an die Anweisungen seines Arztes hält.

Der einsichtige Patient vermag die Gründe ärztlicher Verordnungen relativ leicht zu verstehen. Er weiss um den Nutzen von Medikamenten, er ahnt die Notwendigkeit eines schmerzhaften Eingriffs.
Befasst sich aber Gott als «Seelenarzt» mit uns, operiert uns der göttliche Chirurg, so sind wir oft in Dunkelheiten des Glaubens, das heisst wir erkennen den konkreten Zweck der Prüfung nicht. Der innere Zusammenhang zwischen der Prüfung und unserem Wohl entzieht sich unserer Kenntnis. Diesen verborgenen Zusammenhang können wir in einsichtigen Momenten höchstens erahnen. Gott aber kennt ihn vollständig. Letztlich handelt es sich für uns darum, ihm Vertrauen zu schenken und die unendliche Überlegenheit seines Wissens anzuerkennen. «Mag dem Menschen seine eigene Weisheit noch so gross vorkommen, verglichen mit der Weisheit Gottes ist sie sozusagen nichts: Quasi nihil est», bemerkt Thomas von Aquin[313].
Er behauptet nicht, sie sei nichts. Aber er hält sie für so unbedeutend klein, dass sie im Vergleich zur göttlichen Weisheit verschwindet, genauso wie das Sandkorn neben der Pyramide absolut unbedeutend wird. Die heilige Mechthild liess nach ihrem Tod die mit ihr befreundete heilige Gertrud wissen, wie sehr sich die Proportionen der Erkenntnis im Himmel verändern: Verglichen mit der Liebe Gottes zu den Seelen nimmt sich die Zuneigung zwischen Menschen wie ein Wassertropfen vor dem Ozean aus!
Gottes Absichten und Pläne sind auf ein jenseitiges Glück ausgerichtet, während der Mensch ohne Glauben sein ganzes Streben auf das irdische Wohlergehen richtet. Wieviele Anordnungen der Vorsehung erscheinen uns im Diesseits hart und grausam; im Lichte der Ewigkeit werden wir sie einst in ihrer wirklichen Grösse und Heilsbedeutung erfahren.
Die Vorsehung nimmt auf sämtliche Gegebenheiten des Menschen und der Dinge Rücksicht, respektiert das Spiel der Naturgesetze, die Gott in ihnen bei der Erschaffung grundgelegt hat. Sie dringt darum bis in die letzten Fasern alles Geschaffenen, bis zur geringsten Bewegung des kleinsten Insekts vor. Zu unserer grössten Freude, sagt der heilige Augustinus, werden wir nach dem Ablauf dieser Zeit im Lichte der Ewigkeit inne werden, wie die Schwierigkeiten und Prüfungen uns den Weg zur letzten Bestimmung geführt haben, nämlich zur Anschauung Gottes von Angesicht zu Angesicht. Dann wird das Problem des Bö-

sen, das im Diesseits für so manche ein Stein des Anstosses war, für die Auserwählten ein neuer Anlass sein, den Herrn der Geschichte zu bewundern und zu loben. Was uns hinieden in Trauer versetzte, wird im Jenseits Quelle ewiger Freude sein.

Gottes Galeerensklaven

Nach dieser Zeit werden die Erwählten auch erfahren, dass einer in hohem Mass, wenn auch unbewusst und ungewollt, zu ihrer Heiligung beigetragen hat. Die Heilige Schrift nennt ihn Satan, den Bösen von Anbeginn.
Beabsichtigen wir in unserer menschlichen Sprache, der nur unzulängliche Begriffe zur Verfügung stehen, die abgründige Bosheit eines Menschen oder einer Tat auszudrücken, dann nennen wir sie *satanisch.* Beispielsweise gebrauchte der damalige Generalvikar und spätere Weihbischof von München J. B. Neuhäusler diesen Begriff, um den Nationalsozialismus zu charakterisieren[314]. Tatsächlich vermag kaum ein anderes Wort die Abgründigkeit des Bösen eindrücklicher darzustellen als das Wort *satanisch.*
Goethe kennzeichnet Satan mit dem folgenden tiefsinnigen und sprachlich bezaubernden Vers:
«Satan, der stets das Böse will und doch das Gute wirkt».
Diese Formulierung ist würdig eines Augustinus, der vielleicht ergänzend hinzugefügt hätte, dass Satan durch seine eigene Bosheit stets das Böse will, letztlich aber durch Gottes Eingreifen indirekt zum Guten beiträgt. Gott meistert auch die satanische Bosheit. Satan übt seine Wirksamkeit genau in dem von der Vorsehung abgesteckten, dem Guten nützlichen Rahmen aus. Das von Gott gesetzte Mass kann er weder überschreiten noch unterschreiten.
Im Buche Ijob spricht Gott: «Ich zog ihm eine Schranke, setzte ihm Tor und Riegel: Bis hierher und nicht weiter! Hier sollen sich legen Deine stolzen Wogen»[315]. So wie Gott hier dem Meer befiehlt, grenzt er auch Satans Hass gegenüber den Menschen ein.
In der Heilsgeschichte hat Satan eine genau umschriebene Mission zu erfüllen. Gemäss Thomas von Aquin hätte Gott Satan und die übrigen aufrührerischen Engel unmittelbar nach dem Sündenfall in die tiefsten Abgründe der Hölle stürzen können. Er tat es nicht. Er wird es erst später tun. Bis dahin macht er den Satan sich dienstbar. Er benützt ihn

und seinen Anhang wie Galeerensklaven, um das Schiff der Kirche voranzubringen, ist doch das Wachstum der Kirche das höchste Ziel der göttlichen Weltpolitik. Indem Satan und die bösen Engel ihren Hass austoben, verwirklichen sie unfehlbar Gottes Pläne der Liebe. So erfüllen Satan und sein Anhang gleichzeitig eine zerstörerische und eine aufbauende Funktion. Sie wollen stets das Böse, und dienen trotzdem ungewollt der Verwirklichung des Guten. Das Böse, auf das sie abzielen, wendet Gott zum Guten, das sie ablehnen.

Einer der schönsten Filme von Pierre Fresnay trägt den Titel: «Gott braucht Menschen». Mit gleicher Berechtigung könnte man sagen: «Gott braucht Satan». Man muss allerdings präzisieren. Absolut gesprochen braucht Gott zu seinem Glück keine Menschen, wie er zur Verwirklichung seiner Heilspläne auch die Mitwirkung Satans nicht braucht. Er käme ebenso gut ohne Satan aus, aber er wollte es anders. Er hat sich entschieden, die Macht des Bösen zu gebrauchen und sie in seine Absichten einzubeziehen. Unter dieser Voraussetzung kann man darum auch sagen, Satan sei im Heilsplan notwendig: Gott braucht Satan und seinen Anhang, weil er sich entschieden hat, ihre auf das Böse abzielende Tat zum Wohl der Kirche einzusetzen. In diesem Sinne spielt Satan eine Rolle in der Heilsgeschichte.

Die Welt Satans ist eine Grossmacht, die das Potential aller weltlichen Mächte bei weitem übersteigt. Aber diese Grossmacht wird von der göttlichen Übermacht dominiert: «Potestas illa est sub potestate – diese Macht untersteht der Kontrolle einer andern Macht», sagt der heilige Augustinus[316)]. «Satan und sein Anhang können nur in dem Mass nach Belieben handeln, als es der zulässt, dessen Pläne von niemandem erfasst noch gerecht beurteilt werden können»[317)].

Auf den Meeren Japans und Chinas

Augustinus von Hippo, Gregor der Grosse und Thomas von Aquin unterstreichen alle drei die Bedeutung der beiden ersten Kapitel des Buches Ijob als biblische Aussage über die verborgene Rolle Satans in den Prüfungen der Gerechten.

Die Tugend Ijobs empört Satan. Sie ist ihm unerträglich. Er möchte sie brechen. Seine Pläne will er mit Hilfe von Heim-

suchungen verwirklichen. Um aber Ijob mit Prüfungen zu überschütten, bedarf er vorher der Einwilligung Gottes. Seinem Antrag stimmt Gott zu, begrenzt aber den Wirkbereich Satans: «Siehe, alles, was er besitzt, ist in Deine Hand gegeben. Nur gegen ihn selbst darfst Du Deine Hand nicht ausstrecken»[318]. Das ist keine Blankovollmacht, lediglich grünes Licht in eine bestimmte Richtung.
Mit dieser Erlaubnis kann Satan zur Tat schreiten. Er entfesselt ein Unglück nach dem andern: Von den Sabäern werden Ijobs Rinder und Eselinnen entführt; seine Knechte werden umgebracht; die Schafe werden vom Blitz erschlagen; die Chaldäer überfallen seine Viehhirten und entführen die Kamele; unter einem gewaltigen Sturmwind bricht Ijobs Haus zusammen und begräbt Töchter und Söhne unter den Trümmern.
Ijob aber erträgt alle Heimsuchungen in vollkommener Unterwerfung unter Gott. Voll Zorn erwirkt Satan eine zweite Unterredung mit Gott und erhält die Erlaubnis, diesmal auch an Ijobs «Gebein und Fleisch» zu rühren; nur sein Leben soll er schonen. Abermals erfährt Satan einen Misserfolg: Ijob hält Gott die Treue.
Hinter den unmittelbaren Ursachen der Heimsuchungen vermag Ijob noch immer Gottes unsichtbare Hand zu erkennen. Hinter den Sabäern und Chaldäern, hinter Blitz und Sturm steht für Ijob der Herr. In der Beurteilung der Situation erfasst Ijob über die Zweitursachen hinweg die Erstursache: «Jahwe hat gegeben, Jahwe hat genommen; der Name Jahwes sei gepriesen»[319]. Seinen Reichtum und seine zehn Kinder schreibt Ijob nicht der günstigen Konjunktur oder seinem eigenen Wissen und Können zu. Genausowenig sind letztlich die Sabäer und Chaldäer, Blitz und Sturm, für den Verlust von Reichtum und Familie verantwortlich: All dies hat Gott ihm geschenkt. Was Gott selbst ihm gegeben hatte, das hat Gott selbst ihm wieder genommen, sosehr dabei auch Zweitursachen mitgespielt haben.
In diesem Zusammenhang weist Thomas von Aquin auf einen subtilen Irrtum hin: Es wäre abwegig zu glauben, Satan habe mit seinem Vorgehen von Gott die Erlaubnis erzwungen, Ijob in Versuchung führen zu dürfen. In Wirklichkeit kommt die Initiative von Gott. Von Ewigkeit her hatte er die Absicht, Ijobs Tugend als leuchtendes Beispiel aufzuzeigen, und dazu benutzte er die Bosheit Satans[320].
Diese Bemerkung des Aquinaten ist von bedeutender

praktischer Tragweite. Wir dürfen uns Gott nicht wie einen Staatschef vorstellen, der seinem Premierminister widerwillig Zugeständnisse macht oder Massnahmen zustimmt, an die er selbst nicht gedacht hat. Geschöpfe können der allmächtigen Weisheit des Schöpfers nicht zuvorkommen. Er übernimmt ihr Spiel in seine Initiative, nicht umgekehrt. Auch die Heimsuchungen gehen letztlich auf die Initiative Gottes zurück. Die Geschöpfe, ob gut oder böse, führen lediglich seine Pläne aus.

«Gott gestattete aus Güte, was Satan aus Bosheit verlangte. Satans Wollen ist immer schlecht, seine Macht aber ist nie illegitim. Denn sein Wollen stammt von ihm, sein Können aber von Gott. Was er aus Bosheit anstrebt, lässt ihn Gott aus Gerechtigkeit vollbringen»[321)]. Im ersten Kapitel des Buches Ijob spricht Satan zu Gott: «Strecke doch einmal deine Hand aus und rühre all seinen Besitz. Wahrhaftig, er wird dir ins Angesicht fluchen!»[322)]. Diesen Satz kommentiert Gregor der Grosse folgendermassen: «Auch wenn Satan den gerechten Ijob versuchen will, bittet er doch Gott, seine Hand ausstrecken zu dürfen. Es ist bemerkenswert, dass er die Fähigkeit zum Zuschlagen nicht sich selber zuschreibt, obwohl sein Stolz sich sonst stets gegen den Urheber aller Dinge aufbäumt. Satan weiss, dass er aus sich selbst zu nichts fähig ist...»[323)]. Kurz, er erbittet und erhält «von der Hand Gottes» die Macht, an Ijobs Besitz zu rühren.

Gregor der Grosse schliesst seine Überlegungen mit der Einladung an die Christen, Satan nicht masslos zu fürchten, weil er nur im Rahmen der ihm von oben gegebenen Vollmacht handeln kann. An diese Richtlinie hielt sich Franz Xaver auf seinen Ostasienreisen. In den gefährlichen Taifunen erblickte er den Widerstand, den Satan seinem Missionswerk entgegensetzte. Er schrieb: «Die Stürme dieser Gegenden gehören zu den heftigsten, die jemals beobachtet wurden; aber der Herr steht als Meister über ihnen, er herrscht über die Meere Japans und Chinas. Auch wenn hier die Stürme entsetztlich und die Klippen gefährlich sind, ohne Gottes Belieben vermögen sie nichts. Fürchten wir also einzig den Herrn, weil sich die fürchterliche Macht des Geschöpflichen nur innerhalb jener Grenzen abspielt, die ihr vom Schöpfer gezogen sind»[324)]. Kurz: «Stürme, Barbaren und Dämonen können uns nur ein Leid antun, können uns nur belästigen, wenn und insofern Gott es ihnen gestattet»[325)].

Die unzähligen Dämonen, die das Weltall bevölkern, stehen alle im Dienste Gottes zur Läuterung und Förderung der Erwählten.
Satan, der Fürst dieser Welt, spielt lediglich eine Sklavenrolle im Dienste des Königs der Jahrhunderte. Der Arm Gottes war notwendig, um ein solches Kraftstück zu vollbringen.

V.
Um eine reiche Ernte einzubringen

Die Hand der Vorsehung in der Geschichte zu erkennen und anzuerkennen, ist von grosser Bedeutung.
Noch bedeutender ist es, gläubig anzunehmen, dass das Wirken Gottes die Freiheit des Menschen nicht einschränkt, sondern im Gegenteil überhaupt ermöglicht und fördert.
Das Bekenntnis jedoch, dass Gott selbst aus dem Bösen auf geheimnisvolle Weise Gutes zu wirken vermag, bedeutet tiefstes Gotteslob. Ein solches Bekenntnis beruhigt den Geist der Menschen und spornt ihren Willen an. Aber die Zustimmung zur tätigen Gegenwart Gottes in der Geschichte der Menschheit genügt nicht. Wer von Paris oder Berlin nach Rom reisen will, bricht nicht unvermittelt seine Reise in Turin oder Mailand ab; er führt die geplante Reise bis ans Ziel fort. Genauso verhält sich Gott in den Geschehnissen. Seine Gegenwart ist nicht untätig wie die einer Statue, sondern dynamisch wie ein Motor und strebt darum auf ein Ziel zu. Wir können feststellen, wie der Mensch sich bewegt, und wissen, dass Gott ihn auf ein Ziel hinführt. Der Mensch denkt, Gott lenkt – um ein ihm allein bekanntes Ziel zu erreichen.
Mit Recht wurde betont, dass die beiden grossen Vertreter der Geschichtstheologie, Augustinus und Bossuet, nicht beim Wirken Gottes in der Welt stehen bleiben, sondern das Hauptgewicht auf den Zweck dieses Wirkens legen: Den Aufbau des Gottesstaates oder, anders ausgedrückt, die Erwirkung des Seelenheils[326)].
Augustinus und Bossuet hätten ohne weiteres auch den Satz von Marie-Thérèse de Soubiran, der Gründerin der Société de Marie Auxiliatrice, über das letzte Ziel des göttlichen Wirkens im Diesseits unterschrieben: «Wenn Gott die Welt erschaffen hat und sie ständig in Bewegung hält, dann einzig deswegen, um Heilige hervorzubringen»[327)].
Die Betonung dieser übernatürlichen Zweckbestimmung ist aus verschiedenen Gründen bedeutsam. Bei jedem Tun ist nichts so wichtig wie sein Endzweck, den man mit Recht auch als «Königin der Ursachen» bezeichnet. Seine Bedeutung überwiegt alles. Er ist wie der Schlussstein des

Domgewölbes. Jedes gut geführte Unternehmen richtet sämtliche Einzelmassnahmen auf den übergeordneten Unternehmenszweck aus. Nun aber ist der Endzweck des göttlichen Handelns der Aufbau der Kirche. In ihr bietet er der Menschheit Rettung an, in ihr fasst er mit Christus die Glaubenden in der Einheit seines mystischen Leibes zusammen.

Die Kirche ist das Ziel aller Dinge

Der Karmelit P. Maria-Eugen vom Kinde Jesus, ein grosser geistlicher Lehrer unserer Zeit, befasst sich eingehend mit dem Sinn des göttlichen Wirkens in der Welt. Um auszudrücken, dass Gott in all seiner Tätigkeit die Bildung des mystischen Leibes Christi anstrebt – P. Maria-Eugen nennt ihn auch «totaler Christus» oder «grosser Christus» –, schreibt er in seinem Buch *Ich will Gott schauen:* «Von Ewigkeit her betrachtete Gott die Kirche als Vollendung Christi und hatte Wohlgefallen an diesem Meisterwerk seiner Barmherzigkeit. Da Gott durch die Schöpfertätigkeit aus sich heraustrat, richtete er die Vielfalt seines Liebeswerkes auf die Vollendung seines Christus aus. *Finis omnium Ecclesia* – die Kirche ist der Endzweck aller Dinge, wie er durch den heiligen Epiphanius schreiben lässt. Selbst die Störungen, wie der Sturz der Engel und die Sünde der Menschen, wurden von Gott als Gelegenheit und Mittel zugelassen, um die ganze Kraft seines Armes, das volle Mass der Liebe zu entfalten, das er der Welt schenken wollte. Hat nicht der heilige Augustinus gesagt, Gott habe den Sturz der Engel zugelassen, um den Menschen erschaffen zu können? Die Sünde des Menschen ist eine ‹glückliche Schuld›, die uns den Erlöser erwirkt hat»[328].
Welche Rolle kommt in dieser kosmischen Schau der Geschichte dem Heiligen Geiste zu? «Der Geist der Liebe ist der Sachwalter, dem die Ausführung der ewigen Pläne Gottes aufgetragen ist. Den Grund setzt er durch sein geheimnisvolles Mitwirken bei der Menschwerdung Christi im Schosse Mariens. Seither führt er sein Werk fort, indem er in uns die Liebe zum Vater entzündet und uns zum Bruder des menschgewordenen Wortes Jesus Christus macht. Durch diese Gnade werden wir in Christus verwurzelt und bilden mit ihm den gesamten Christus»[329].
Nachdem P. Maria – Eugen dargelegt hat, wie die Bildung des mystischen Leibes Christi zum Wesen des Christen-

tums gehört, beschreibt er die Rolle der Menschen bei der Verwirklichung des göttlichen Planes.
Jeder hat seine ihm bestimmte Rolle zu spielen. «Wir traten keineswegs in diese Welt, um darin unsere *persönlichen Ziele* zu verfolgen. Die göttliche Weisheit hat uns in die Welt berufen, damit wir die menschlichen Agenten seines göttlichen Planes sind und die uns zugedachte Aufgabe genau erfüllen.»
«Ob diese Mitarbeit in der Liebe oder in der Rebellion geschieht, hängt von uns ab. Aber wie immer wir uns verhalten, Gottes Plan verwirklicht sich mit uns oder gegen uns. Ist der Plan erfüllt, wird die Zeit still stehen. Dann wird auch die Welt am Ende des irdischen Daseins angelangt sein; das Ziel, wofür die göttliche Weisheit die Welt erschaffen hat, ist erreicht».
P. Maria-Eugen rät uns, von dieser hohen Warte aus all die erregenden politischen Aktualitäten auf nationaler und internationaler Ebene zu betrachten, wie sie uns täglich durch Fernsehen und Presse berichtet werden: «Diktatoren und Reiche, Völker und Individuen stehen in rastloser Tätigkeit. Aber ihr Tun ist in die Erfüllung des grossen Planes Gottes eingeschrieben, von Gottes Weisheit in diesen grossen Zusammenhang eingeordnet. Gottes Einfluss erreicht alles und lenkt das ganze Weltgeschehen von einem Ende der Erde bis zum andern»[330].

Die Mitgift des Christen

Das Wissen um den tiefen Sinn der Geschichte ist das Privileg der Christen. Mit Recht bemerkt der christliche Denker L. Cristiani: «Überraschenderweise fragen Historiker der vorchristlichen Zeit wie Herodot, Thukydides oder Titus Livius und der vielleicht wissensdurstigste griechische Geschichtsschreiber Polybios nie nach dem Sinn der Geschichte. Weder Platon noch Aristoteles kamen auf die Idee, in der Geschichte könnten allgemeine Gesetze die einzelnen Ereignisse bestimmen. Nach Herodot, wie übrigens auch nach unserem Zeitgenossen Jakob Burckhardt, besteht die Aufgabe der Geschichtsschreibung einzig darin, die Ereignisse der Vergangenheit vor dem Vergessen zu retten. Polybios ordnet die von ihm beschriebenen geschichtlichen Ereignisse dem Aufstieg des römischen Reiches zu, worin wenigstens eine – allerdings sehr begrenzte – Sinndeutung der Geschichte liegt»[331].

Mit dem Eintreten Christi in die Geschichte ändert sich alles. Mit oder ohne Zuhilfenahme der Offenbarungserkenntnis bemühten sich Denker der letzten neunzehn Jahrhunderte, den Sinn der Geschichte zu entziffern: Der Bischof Augustinus von Hippo (†430), der spanische Presbyter und Theologe Orosius Paulus, der Ordensgründer Joachim von Fiore (†1202), der französische Kanzelredner und Geschichtsschreiber Bischof Jacques Benigne Bossuet (†1704), Voltaire (†1778), Giovanni Battista Vico (†1744), Antoine Condorset (†1794), Georg Wilhelm Friedrich Hegel (†1831), Auguste Comte (†1857), Karl Marx (†1883), usw.
«Wie man sieht, ist ihre Zahl gross», fährt L. Cristiani fort. «Ihre Meinungen gehen weit auseinander. Deshalb schütteln die Berufshistoriker den Kopf, sie sind skeptisch gegenüber derartigen Gedankengebäuden, die ja nicht nur auf Tatsachen beruhen»[332).
Lässt sich aber eine solche Skepsis bei einem gläubigen Historiker rechtfertigen, da doch Gott selbst sich die Mühe nimmt, uns den tieferen Sinn der Geschichte zu erschliessen? «Nach der Bibel steht Gott immer an erster Stelle. Für sie ist Gott sozusagen die Hauptperson der Geschichte. Himmel und Erde sind ja von Gott erschaffen. Gott ist es, der Adam schuldig spricht und ihm zur Sühne die Last der Arbeit aufbürdet. Gott führt die Patriarchen, rettet Noah, beruft Abraham, bringt Joseph nach Ägypten, bewegt Mose, siedelt in Palästina sein Volk an, beruft Propheten, schaltet Saul aus und setzt David an seine Stelle. Insbesondere die Menschwerdung wird von Gott von langer Hand vorbereitet und angekündigt. Dann zeigt er sich der Welt in Jesus Christus, seinem eingeborenen Sohn, der die Menschen auf Kalvaria loskauft und die Kirche gründet, um sein Erlösungswerk bis zum Ende der Zeiten fortzuführen. Angefangen von der Erschaffung der Welt bis zur Parusie Christi als höchster Richter wird von Gott alles gelenkt, geführt und beherrscht!»[333).
Tatsächlich spricht die Bibel vom Schöpfungsbericht in der Genesis bis zur letzten Verherrlichung der Kirche in der Apokalypse mit stets zunehmender Deutlichkeit von der einen grossen Wahrheit: «Gott, und Gott allein, ist Herr der Geschichte. Er führt sie mit sanfter und doch starker Hand dem ihr vorgezeichneten Ziel entgegen: der Verherrlichung Gottes durch das ewige Heil der Seelen».
Der frühere Erzbischof von Paris, Kardinal Amette, schrieb

einmal: «Das Ziel, das sich Gott mit der Erschaffung der Welt setzte, ist notwendigerweise identisch mit dem, welches er mit der Leitung der Welt anstrebt: Um den Himmel mit Auserwählten zu bevölkern, hat er alles gemacht. Auf dieses Ziel hin sind sämtliche Pläne der Vorsehung bezüglich der Menschen und der Völker ausgerichtet».

In einer Aufsehen erregenden Predigt an der Universität von Paris wagte Thomas von Aquin die Behauptung, dass eine fromme alte Frau über die grossen Wirklichkeiten des Glaubens mehr wisse als alle Philosophen der Antike zusammen[334].

Tatsächlich weiss das christliche Volk über die Frage nach dem Sinn des Lebens in einer Weise Bescheid, die der antiken Kultur und dem modernen Heidentum völlig fremd ist. Die alte Frau im Busch oder das Kind im Wolkenkratzer, die einen soliden Glaubensunterricht genossen haben, wissen, dass der Mensch erschaffen wurde, um Gott zu erkennen, zu lieben und ihm zu dienen, um dadurch zum ewigen Leben zu gelangen[335].

Damit weiss das Kind und weiss das Mütterlein mehr als die ohne den christlichen Glauben aufgewachsenen Gebildeten, selbst wenn sie Diplomaten und Minister, Philosophen und Mitglieder von Akademien sind und vielleicht sogar den Nobelpreis erhalten haben.

Schicksal, Geld oder Politik?

In der Enzyklika *Ad Salutem*[336] fordert Pius XI. die Katholiken auf, sich mit der Lehre des Bischofs von Hippo über die Rolle Gottes in der Geschichte zu befassen. Der Papst lobt den Verfasser des Gottesstaates dafür, dass er die Tatsache ins Licht rückt, dass die Geschichte wirklich von einem Gott der Liebe gelenkt wird: «Die Geschichte der menschlichen Gesellschaft erscheint dem scharfsinnigen Geiste Augustinus' als das Bild einer fortwährenden Ergiessung der göttlichen Liebe über uns, im Erfolg wie in den Widerwärtigkeiten, und zwar in einer Art und Weise, dass die Tollheiten und die Ausschreitungen des irdischen Staates zum Wachsen des Gottesstaates beitragen, gemäss dem Wort der Heiligen Schrift: «Denen, die Gott lieben, gereicht alles zum Besten, denen, die nach seinem Ratschluss zur Heiligkeit berufen sind»[337].

Nach Gottes Ratschluss soll die Geschichte zum Wachsen der himmlischen Stadt, zur Gemeinschaft der Erwählten

und zum Reiche Gottes führen. Auf diese eschatologische Wirklichkeit hin will Gott die Schritte des Menschen unmerklich lenken.
Wenn die entscheidende Rolle in allem, was geschieht, Gott zukommt, ist damit gegeben, dass den übrigen Wirkursachen trotz der Behauptungen von Philosophen, ja sogar eines grossen Teils der Menschheit keine Priorität zukommt. Diesbezüglich sagt Pius XI. in seiner eben erwähnten Enzyklika: «Offensichtlich fehlt es denen an der nötigen Einsicht, welche im Ablauf der Jahrhunderte lediglich ein Spiel des blinden Zufalls, das Ergebnis leidenschaftlicher Ambitionen von Machthabern oder des unersättlichen Strebens nach wirtschaftlichem, kulturellem oder materiellem Erfolg sehen».
Mit andern Worten, die Geschichte wird letztlich weder vom Zufall, noch von der Politik, der Wirtschaft und der Kultur und auch nicht vom Streben nach Wohlergehen gelenkt. All diese Kräfte werden von Gott in den Dienst der Erwählten gestellt: «Das geschichtliche Geschehen hat nur die eine Aufgabe, zum Gedeihen des Gottesstaates beizutragen. Es dient der Ausbreitung der Frohen Botschaft zum Heil der Seelen gemäss dem geheimnisvollen erbarmenden Plan Gottes, dessen Kraft von einem Ende zum andern reicht und das All vortrefflich leitet»[338]. Was immer geschieht, steht im Dienst des Menschen auf seinem Weg in die jenseitige Welt. «Hier haben wir keine bleibende Stätte, nach der künftigen suchen wir. Unsere wahre Heimat ist im Himmel»[339].

Hegel, Marx und Mao

In seiner Ansprache vor der Generalversammlung des internationalen Komitees der Geschichtswissenschaften am 3. März 1967 sprach Paul VI. über den Sinn der Geschichte, wobei er die Äusserungen Pius' XI. in seiner Enzyklika über den heiligen Augustinus zusammenfasste. Die Aussagen der beiden Päpste unterscheiden sich lediglich in der Form. Pius XI. wandte sich an katholische Leser und benutzte darum die Form der direkten Aussage. Paul VI. sprach vor einer ideologisch gemischten Zuhörerschaft und drückte sich behutsamer aus, um die zahlreich anwesenden Nichtkatholiken nicht vor den Kopf zu stossen. Dar-

um erwähnte er den Aufbau des Gottesstaates nur andeutungsweise. Mit der sehr nuancierten Frage nach dem Sinn der Geschichte deutete Paul VI. an, dass er die Sorge des modernen Menschen um die Autonomie seines Handelns kennt. Seine Antwort auf die gestellte Frage ist eindeutig. Er wendet sich an jene seiner Zuhörer, die Gott «als Herrn und Gebieter der Geschichte» anerkennen.
Kein Mensch guten Glaubens kommt um die Fragestellung herum: Wird diese Geschichte, die durch ihre Vielfalt, ihren Fortschritt und ihre Ordnung auffällt, von einer blinden Kraft vorangetrieben? Ist sie das Ergebnis des Zufalls? Ist sie lediglich Spielfeld freiheitshungriger Menschen, wobei jeder seine eigene Freiheit gegen die des andern ausspielt? Oder lässt sich darin eine höhere, ordnende Weisheit feststellen, die den Menschen das Spiel der Freiheit innerhalb der gesetzten Grenzen spielen lässt, es aber auch überwacht und auf die gottgesetzten Ziele ausrichtet? Ist nicht in allem eine unendliche Liebe zur Menschheit am Werk?
«Wir wissen, dass viele unter Ihnen sich zu diesem verborgenen und doch geheimnisvoll in den Geschehnissen der Welt tätigen Gott bekennen. Wir wissen, dass diese an Gottes Sein und Wirken glauben und ihn in Dankbarkeit als ihren himmlischen Vater, als Herrn und Gebieter der Geschichte verehren»[340].
Durch alle Fährnisse der Zeit hindurch die Erwählten für den Himmel zu bilden, das ist das Ziel, auf welches die Vorsehung sämtliche zeitlichen Geschehnisse hinordnet. Jean Guitton schreibt: «In den Augen Hegels war die Geschichte dem Geschick Preussens zugeordnet, welches er für das Ziel der Geschichte hielt. Nach Marx ist alles auf die Herrschaft des Proletariats ausgerichtet. Mao wiederum sieht den Sinn der Geschichte im neuen Menschen, auf dessen Verwirklichung die Vergangenheit hingearbeitet hat. Nun aber sind Preussen, das Proletariat und der künftige Mensch (verweltlichte) Bilder für jene Wirklichkeit, welche die Juden ‹Reich Gottes› nannten»[341].
«Das Ziel ist die Ursache aller Ursachen». Die Milliarden und Abermilliarden von Ursachen, welche im Verlaufe der Jahrhunderte tätig sind, werden von Gott mit sanfter und doch unwiderstehlicher Hand auf dieses eine letzte Ziel hingeordnet: durch alle Fährnisse der Zeit Auserwählte herauszubilden, um den Himmel zu bevölkern. Nach dem tiefen Wort des Dionysius Areopagita wollte Gott, der die

Liebe ist, nicht allein bleiben. Darum erschuf er aus Liebe die Menschen; nach dem Fall kaufte er sie von der Sünde los, um mit ihnen sein Glück zu teilen. Gott brennt darauf, sich in Liebe zu verströmen.
«Ich bin der Auffassung», schreibt Jean Guitton, «dass die Heiligen und Auserwählten der letzte Grund für das Dasein der Dinge sind. Wie Bergson, der sich dazu in seiner letzten Schrift geäussert hat, halte ich die Erde für so etwas wie eine Werkstätte zur Hervorbringung von Heiligen». Mein alter Lehrer M. Pouget drückte sich ähnlich aus: «Gott hat die Welt erschaffen, damit ihn eine Schar von Erwählten anbete.»[342].
Ähnliche Gedankengänge wie Bergson bringt der französische Priester Claude Roffat. Von ihm stammt folgende paradoxe Formulierung: «Zeitungen, Radio und Fernsehen schütten täglich einen Korb – fast hätte ich gesagt einen Abfalleimer – voll betrüblicher und grausamer Nachrichten aus, sorgfältig etikettiert, in langen Spalten geordnet, am Radio von Musik, im Fernsehen vom Bild begleitet. Unzählige Unglücksfälle werden uns täglich optisch und akustisch zur Kenntnis gebracht, blutige Überfälle, Morde, Strassenunfälle mit tödlichem Ausgang. Auf der internationalen Ebene sieht es nicht weniger dramatisch aus: Bürgerkrieg in Irland; der sich international ausbreitende Vietnamkonflikt; die blutigen Auseinandersetzungen zwischen Indien und Pakistan; der gesamte Nahostkonflikt; Polizeitorturen in Lateinamerika; die rassistische Gesetzgebung in Südafrika; die unmenschliche Behandlung von Regimegegnern in psychiatrischen Kliniken Russlands»[343].
Nach diesem Defilee des Schreckens zitiert Claude Roffat das berühmte Wort von Bergson: «Gott dachte sich die Welt aus und wollte sie als eine Werkstätte zur Hervorbringung von Heiligen»[344]. Diese Werkstätte funktioniert vollkommen, bemerkt Claude Roffat, was immer auch jene denken mögen, die deren Aufgabe nicht verstehen.
Claude Roffat berichtet, dass Bergson zu der Zeit, da er diesen Satz schrieb, eben katholisch geworden war «und in Hoffnung lebte». In der Kraft des neugewonnenen Glaubens vermochte er sich über die Zeitgeschehnisse – es war die Zeit Stalins, Hitlers und Mussolinis – hinwegzusetzen. Er entdeckte die Hand Gottes, «der die Welt bewegt, einzig um aus den Menschen Heilige zu machen».

In seiner grossartigen Theologie der Geschichte betont der heilige Augustinus eine Idee, die im Weltverständnis jüdischer Propheten vorkommt und die auch zum Wesen des Christentums gehört, dass nämlich die gesamte Menschheit einem Menschen gleicht, der durch Prüfungen und Versuchungen hindurch zu einem übernatürlichen Ziel unterwegs ist. Die Geschichte wird von einem einheitlichen Gedanken oder besser einer Vorsehung beherrscht, die den einzelnen Menschen und die gesamte Menschheit durch alle Fährnisse der Zeit hindurch Zielen entgegenführt, die jenseits ihrer Natur liegen. Von diesem Gesichtspunkt aus ist der Fortschritt unaufhaltsam, genauso wie die Zeit nicht umkehrbar ist. Jeder Augenblick hat einen besonderen Wert und ist mit Ewigkeitsfracht beladen; keiner gleicht dem andern, aber alle sind unter sich verbunden. Der Zeitablauf als ganzer arbeitet auf das Heil der Welt hin. Die Geschichte kennt keine Lücken. Selbst was unseren Augen als Abbruch oder Unterbrechung erscheint, fügt sich lückenlos in eine kontinuierliche Kette sinnvoll zusammengefasster Einzelereignisse»[345)].

Der deutsche Theologe Eduard Stakemeier unterstreicht in seinem Werk «Über Schicksal und Vorsehung» die Dynamik der geschichtlichen Ereignisse. Auch wenn sie vom Menschen in freier Wahl gesetzt werden, sind sie alle auf das Jenseits ausgerichtet. Die dem Menschen gegebene Freiheit lässt ihm nicht die Wahl zwischen Diesseits und Jenseits, sondern zwischen einem Jenseits mit Gott und einem Jenseits ohne Gott. Ob die Menschen es wahr haben wollen oder nicht, sie befinden sich in einem Boot, das auf die Ewigkeit zusteuert. Ob sie es wollen oder nicht, sie wirken mit, dass das Schiff sein Ziel erreicht[346)].

Der deutsche Philosoph Theodor Haecker schreibt über die Beziehung der Profangeschichte zur Heilsgeschichte: «Alle Geschichte ist Geschichte des Weges zum Heil oder des Abfalles vom Heil, des Weges zu Gott oder des Abfalles von Gott... Um der Geschichte der einzelnen heiligen Seelen willen ist jede andere Geschichte; *ihr* müssen dienen Aufstieg und Niedergang der Reiche, Kriege und Revolutionen... Alles, was geschieht, ist im Dienste dieses Zieles, und jedes Opfer ist recht für *dieses* Ziel. Auch das Glück oder Unglück ganzer Völker im Frieden oder im Krieg ist untergeordnet dem Heile jener Personen, deren Gemein-

schaft das Reich Gottes ist»[347]. Im Kolosserbrief schreibt Paulus: «Durch seinen Willen erst wurden das All, die Welten der Sterne und unsere Welt hier auf dieser Erde geschaffen, die sichtbaren und die unsichtbaren Wesen und Dinge». Theodor Haecker schliesst daraus, die gesamte Geschichte der Völker strebe geheimnisvoll auf Ihn zu. Selbst die Strassen des Römischen Reiches seien für seine Boten gebaut worden[348]. Das stand zwar nicht in der Absicht der römischen Kaiser und ihrer Ingenieure, aber in den Plänen Gottes, der zur Ausbreitung seines Reiches selbst die Grossen dieser Erde einspannt.
Es darf sogar behauptet werden, die Heilsgeschichte sei der geheimnisvolle Impuls der Profangeschichte. Profangeschichte gibt es um der Heilsgeschichte willen. Beide durchdringen sich gegenseitig. «Profangeschichte und Heilsgeschichte sind nicht zwei getrennte Wirklichkeiten, die parallel verlaufen. Vielmehr verwickelt sich die eine in die andere. Konkret gibt es nur eine Geschichte der Menschheit, die allerdings zwei verschiedenen Ebenen angehört. Die Erlösungsgnade ist innerhalb der Geschichte voll am Werk. Weil die Ankunft des *neuen Menschen* in Jesus Christus das letzte Ziel ist, auf das alles hinstrebt, kann man sagen, dass in gewisser Hinsicht die Heilsgeschichte die gesamte Profangeschichte in sich schliesst»[349].
Darum ist Jesus von Nazareth wirklich das Zentrum der Geschichte; und ihr Endziel ist der «gesamte Christus», das heisst Christus, wie er sich als mystischer Leib durch alle Jahrhunderte über die gesamte Welt hinweg im Wachstum der Kirche auf die Vollendung hin entfaltet[350]. Im Gedanken Gottes ist alles, was vor Christi Ankunft besteht, bereits auf sein Kommen hin ausgerichtet. Alles, was sich nach seiner ersten Ankunft ereignet, entfaltet sich in der Kraft dieser Ankunft und richtet sich auf das zweite endgültige Kommen Christi am Ende der Zeiten. Auch wir Menschen des 20. Jahrhunderts stehen innerhalb dieser beiden Pole.

Katastrophen oder Segen für die Kirche?

Die universale und unwiderstehliche Ausrichtung der Geschichte auf Gott mahnt uns zur Zurückhaltung in der Interpretation der Ereignisse. In einer Arbeit über die Theo-

logie der Geschichte schreibt Irénée Marrou: «Der mystische Leib Christi ist das eigentliche Subjekt der Geschichte, wie die Vollendung seines Wachstums der eigentliche Seinsgrund und das Mass der noch verbleibenden Zeit ist». Allerdings bleibt uns grösstenteils verborgen, wie dieses Wachstum konkret geschieht. Im Glauben weiss der Christ, dass die Geschichte einen Sinn hat, doch nichts berechtigt ihn, diesen Sinn in augenfälligen Erfolgen der Geschichte und noch weniger im Fortschritt der Zivilisation zu suchen. «Wieviele Heilige bleiben unerkannt! Wieviele Ereignisse hatten glückliche oder unglückliche Folgen, die wir weder berechnen noch vorhersehen konnten! Dieses Ereignis oder jenes Geschehen kann uns für die Kirche katastrophal oder vorteilhaft erscheinen, während die Auswirkung letztlich gerade umgekehrt ist». Die Menschheit schreitet im Halbdunkel. Der Christ kennt oft den konkreten Sinn der geschichtlichen Ereignisse nicht; er weiss bloss, dass sie einen Sinn haben. «Was nach und nach in den Vordergrund rückt, ergibt einen vorläufigen, fragmentarischen, noch nicht den vollen Sinn»[351].
Am Kongress im Januar 1971 in Rom zum Thema der Geschichtstheologie erwähnte der Dominikaner Yves Congar einige der bekanntesten Beispiele unheilvoller Geschichtsinterpretation durch Vertreter der Kirche im Mittelalter. «In ungefähr gleicher Weise», fuhr er fort, «behauptete nach der Niederlage Frankreichs im Jahre 1870 ein Kirchenhistoriker, die der Minorität des ersten Vaticanums angehörenden französischen Bischöfe seien dadurch bestraft worden, dass die Preussen ausgerechnet ihre Bischofsstädte und nicht jene der dem Papsttum günstig gesinnten Bischöfe besetzt hätten. Der gleiche Historiker stellte sich aber nicht die Frage, ob die Besetzung Roms durch die Piemontesen eine Strafe war oder nicht... Während des Konzils selbst entlud sich bekanntlich ein furchtbares Gewitter gerade in dem Moment über Rom, als das Dogma der Päpstlichen Unfehlbarkeit feierlich erklärt wurde. ‹Das ist der Protest des Himmels gegen diese neue Idolatrie›, murmelten leise einige Gegner der Definition. ‹Wie am Sinai wird eine göttliche Offenbarung bekräftigt›, sagten im Gefühl des Triumphes die Befürworter[352]. In Wirklichkeit handelte es sich um ein im Sommer übliches Gewitter. Hierüber konnte weder die Theologie, noch viel weniger eine Pseudotheologie, sondern einzig die Meteorologie etwas Kompetentes aussagen!» Welche Folgerun-

gen ergeben sich aus diesen offensichtlichen Missdeutungen eines meteorologischen Ereignisses? Welche Lehre ergibt sich aus diesen Missdeutungen der Geschichte?
«Der Theologe sieht die Dinge vom Standpunkt Gottes aus, aber er ist nicht Gott. Er ist an Gottes Wort gebunden. Es trifft zu, dass Gott durch die Ereignisse spricht. Aber ohne prophetisches Charisma, welches weder dem Theologen noch dem Historiker garantiert ist, besteht nur die eine zuverlässige Möglichkeit: sie zu deuten im Lichte der Offenbarung. Diese Offenbarung ist das Werk des Heiligen Geistes und ganz auf Jesus Christus hingeordnet. Er ist der alles umfassende Sinn der Geschichte. Er ist die Tür zu jeglicher Geschichtstheologie; in seinem Kreuz liegt der Schlüssel zu ihrem Verständnis»[353].
Um den fragmentarischen Charakter unseres Geschichtswissens zu kennzeichnen, zieht Yves Congar Beispiele aus der französischen Literatur zum Vergleich heran. «Gewiss kennen wir Gottes Heilsplan in seinen grossen Linien. Durch den Glauben und in der Hoffnung wissen wir, welchem Ziel die Welt zustrebt. Die biblischen Texte (beispielsweise Römer 8,18–30 und Epheser 1,3–23) bezeugen es zur Genüge.
Im Glauben wissen wir um den Gesamtsinn, aber die Bedeutung einzelner Vorkommnisse unseres Alltags bleibt uns oft verborgen, weil die Geschichte des Heils oder der Heiligkeit in die zeitliche oder kosmische Geschichte hineingreift, ohne dass sich beide Geschichten miteinander vermischen»[354].
Der Historiker Georges Goyau, Mitglied der französischen Akademie, mahnt ebenfalls zur Vorsicht bei der Interpretation geschichtlicher Ereignisse: «Es wurde schon gelegentlich der indiskrete Versuch unternommen, Gottes Plan Zug um Zug zu enträtseln und Gottes Willen tagtäglich aufgrund von Einzelereignissen oder einer Folge von Vorkommnissen festzulegen. Wer sich aber auf solche Weise mit Gottes Plänen befasst, bezeugt wenig Ehrfurcht vor der Vorsehung und macht sich der Respektlosigkeit schuldig»[355].
Die Besetzung Roms durch piemontesische Truppen im September 1870 und der Verlust der politischen Macht des Papsttums müsste als klassisches Beispiel in die Theologie der Geschichte eingehen. Die Besetzung war ein Vergehen gegen das internationale Recht, und sie war auch ein schweres Vergehen gegenüber der katholischen Kirche

und ihrem Oberhaupt. Von Pius IX., der die Besetzung als regierender Papst miterleben musste, bis zu Pius XI. erhoben alle Päpste Protest gegen diese Verletzung des Rechts. Pius XI. wurde von der Vorsehung zur Beendigung der dornenvollen Römischen Frage bestimmt. In dem von ihm unterzeichneten Konkordat «wurde Gott an Italien, und Italien an Gott zurückgegeben».
Die Besetzung Roms war ein Unrecht, aber ein Unrecht, aus welchem Gott etwas ausserordentlich Gutes erwirkte: Sie befreite das Papsttum von der Fessel wirtschaftlicher und politischer Macht und stellte das Papsttum ungeteilt für seine religiöse Aufgabe frei. Vom rein menschlichen Standpunkt aus hatten die Katholiken Recht und Pflicht, sich über den Verlust des Kirchenstaates zu beschweren. Im Lichte der Offenbarung und besonders des achten Kapitels des Römerbriefes hatten sie jedoch das Recht und die Pflicht, das Ende des Kirchenstaates auf höherer Ebene zu bewerten und sich darum getrost der Vorsehung zu überlassen, welche alles zum Wohle der Freunde Gottes wendet. Im Vertrauen auf Gottes Verheissungen durften sie gewiss sein, dass Gott den Verlust eines Tages in einen Gewinn verwandeln werde. Das Warten dauerte vom 20. September 1870 bis zum 11. Februar 1929. An diesem Tage wurden die Lateranverträge durch Kardinal Gasparri, den Staatssekretär Pius' XI., und durch Benito Mussolini, den Premierminister des italienischen Königs Viktor Emmanuel III., unterzeichnet.

Die Geschichte verhüllt und enthüllt

In Anspielung auf die glückliche Lösung der Römischen Frage wies Johannes XXIII. darauf hin, dass «die Geschichte alles verhüllt und alles enthüllt»[356]. Im Augenblick der Prüfung bleibt der Sinn, den Gott dem Ereignis gibt, meist verborgen. Es vergehen Stunden, Monate, Jahre. Und im Ablauf neuer Vorkommnisse tritt immer deutlicher zutage, was Gott beabsichtigt hatte. Dann entdeckt man mit Überraschung, dass das Übel zwar gross gewesen ist, dass das von Gottes allmächtiger Hand erzielte Gute aber noch grösser ist.
Manche Gegner des Kirchenstaates hofften mit dessen Annexion durch den italienischen König, das Papsttum und damit die katholische Kirche zu schwächen. In Wirk-

lichkeit trat das Gegenteil ein. Durch den Verlust des Kirchenstaates wurde die Kirche weder zerstört noch geschwächt, sie ging statt dessen gereinigt und gestärkt aus der Prüfung hervor. «Gott fängt die Weisen in ihrer eigenen Schlauheit», sagt die Heilige Schrift[357]. Dazu lautet der Kommentar des heiligen Thomas von Aquin: Gott lässt die Weisen dieser Welt handeln, richtet es aber so ein, dass ihre Absichten vereitelt und seine eigenen Pläne verwirklicht werden. Gerade dadurch, dass Josephs Brüder ihn loswerden wollten und ihn nach Ägypten verkauften, erfüllten sie Gottes Absicht. Joseph wurde zum Statthalter Ägyptens und damit zum Retter seines Stammes[358]. Die Politiker, die am Ende des 19. Jahrhunderts wähnten, zum tödlichen Schlag gegen die Kirche ausgeholt zu haben, wurden ungewollt ihre tatkräftigen Förderer. Der heilige Johannes vom Kreuz hatte also recht, wenn er aus einer höheren Sicht der Dinge seinen geistlichen Söhnen und Töchtern diesen paradoxen Rat gegeben hat: «Betrübt euch nicht über traurige Vorkommnisse in der Welt. Ihr wisst nicht, wieviel Gutes sie euch bringen. Ihr wisst auch nicht, ob sie in der Absicht Gottes nicht zum ewigen Glück der Erwählten angeordnet sind»[359].

«Ihr wisst nicht»: Das ist der Schlüssel. Der Mensch ist unwissend, Gott aber weiss. Will der Mensch wissen, ist ihm dazu Gelegenheit geboten. Er kann am Wissen Gottes teilhaben. Der Glaube ermöglicht ihm die Erkenntnis, dass Gott alles auf das Wohl seiner Freunde ausrichtet. «Wir wissen: Wenn einer Gott liebt, muss alles dazu beitragen, dass er das Ziel errreicht, zu dem ihn Gottes Plan berufen hat»[360]. Beachten wir die kategorische Aussage: *Alles* muss dazu beitragen. Es gibt keine Ausnahme. Diese Behauptung geht nicht auf die Spekulation eines Philosophen oder auf die Träumerei eines Dichters zurück. Sie stammt von Gott, der für ihre Richtigkeit garantiert.

Das glaubende Wissen, dass «der verborgene und doch geheimnisvoll gegenwärtige, in allen Geschehnissen wirkende Gott» auf die Gestaltwerdung der Kirche hinarbeitet, schützt uns vor Entmutigung und Verzweiflung. Dieser Glaube ist auch ein mächtiger Antrieb zum Handeln. Wie die Heilige Schrift bezeugt, zeigte sich Mose unerschütterlich vor den Drohungen des Pharao: «Er hatte den unsichtbaren Gott vor Augen, als ob er ihn wirklich sähe»[361]. Mose wusste Gott an seiner Seite. Ein solch heroischer Glaube wird jedem Menschen helfen, inmitten des Bösen zu erkennen, dass Gott eines Tages daraus Gutes wirken wird, selbst wenn sich im Augenblick Konturen des Guten nur unscharf abzeichnen und die Farben noch nicht sichtbar sind. Es ist aber, wie wenn man durch das Dunkel der Nacht die Schritte des herannahenden Freundes vernimmt.

Che Guevara und Fidel Castro als Agenten Gottes?

Eine immer wieder aufgeworfene Frage wurde am Internationalen Kolloquium für Geschichtstheologie im Jahre 1971 und am Internationalen Thomistenkongress im Jahre 1974 erneut gestellt: Wie weit darf man Politiker und Militärs als Gottes Agenten bezeichnen? Ist es zulässig, wie der französische Chronist Guibert von Nogent (1053–1124) ein Werk über den ersten Kreuzzug als *Gesta Dei per Francos* (Taten Gottes durch die Franken) zu betiteln?
Auf diese Frage anwortet Jacques Ellul von der Universität Bordeaux: «Wenn ich lese, ‹dass es in der revolutionären Aktion Gott ist, der die alten Strukturen zerstört, um die Bedingungen für eine menschlichere Lebensweise zu schaffen› (Shaull), oder wenn geschrieben wird, ‹die Revolutionäre tun das Werk Gottes› (Cardonnel), dann wird damit dasselbe ausgedrückt wie mit den *Gesta Dei per Francos:* Das Wirken Gottes in den politischen und militärischen Aktionen der Franken im 9. Jahrhundert dient später zur Rechtfertigung für den politischen Imperialismus des 17. Jahrhunderts. Ich weiss nicht, ob man vom theologischen Standpunkt aus ohne weiteres annehmen kann, Karl der Grosse und Ludwig XIV. seien in Wirklichkeit vor Gott und für Gott die Gestalter der Geschichte Gottes gewesen. Wenn man das aber nicht annimmt, kann man es auch von Che Guevara und Fidel Castro nicht behaupten»[362)]. Um Gottes Ratschlüsse nicht mit menschlichen Plänen zu verwechseln, bedarf es einer genaueren Unterscheidung. Philosophisch ausgedrückt muss man sagen, dass zwar materielle Identität, nicht aber formelle Identität besteht. Gewiss gehören die politischen Fakten, die kolonialen Eroberungen, die militärischen Operationen und Revolutionen zu Gottes Plan. Sie sind darin einbezogen. Sie spielen eine Rolle darin. Sie sind Räder der «Werkstatt zur Erzeugung von Heiligen». Der Verrat des Judas, das Leugnen des Petrus und die Zweifel des Thomas waren im Plane Gottes einberechnet. Aber – und hier liegt der sprin-

gende Punkt – den erwähnten Politikern, Eroberern und Revolutionären ging es bei ihren Unternehmen selten um die Verwirklichung des Willens Gottes. Nur wer den Eingebungen des Heiligen Geistes folgt, wird als Staatschef aus übernatürlicher Perspektive Politik betreiben.

Gewiss sind die Machenschaften machiavellistischer Staatschefs, blutbefleckter Diktatoren und zynischer Revolutionäre abzulehnen. Ebenso gewiss ist aber, dass auch sie durch ihre Massnahmen unbewusst Gottes ewige Pläne verwirklichen. Ihre Taten sind also ambivalent. Auch wenn sie gegen Gottes Gebot handeln, vermag ihr Verstoss den Plan Gottes nicht zu durchkreuzen. So ist jeder Staatschef Instrument und Agent des Herrn der Geschichte. Auf geheimnisvolle Weise hat «der König der Könige und Herr der Herrscher» zum Aufbau des mystischen Leibes Christi die Grausamkeiten Stalins und den Wahnsinn Hitlers ebenso wie die christlich motivierte Politik eines Konrad Adenauer, eines Alcide de Gasperi und eines Robert Schumann benutzt.

Auch wenn sich der Christ über die geheimen, einzig Gott bekannten Intentionen der geschichtemachenden Staatslenker nicht äussern kann, darf er doch die öffentliche Tätigkeit der Regierenden im Lichte des Naturrechts und des Evangeliums kritisch beurteilen. Er wird mit Freude bemerken, dass es Staatenlenker gab und gibt, die sich in den Dienst des Herrn der Geschichte stellen, auch wenn sie den Gesetzen der menschlichen Schwäche doch nicht ganz entfliehen können.

Vor allem soll der Christ mit Nachdruck – er darf dies aufgrund seiner Glaubensgewissheit – betonen, dass der göttliche Heilsplan alles umschliesst, also auch die Taten Karls des Grossen und Ludwigs XIV., genauso wie die Fidel Castros und Che Guevaras.

Gesta Dei per...: Von Menschen ausgeführte Taten Gottes. Diese Aussage kann missverständlich sein. Sie darf nicht dahin interpretiert werden, als würde sie Gott die Verantwortung für moralisch schlechte Taten anlasten. Wir dürfen uns aber auch nicht vor der Wahrheit verschliessen, die den Benediktinerabt und Geschichtsschreiber des ersten Kreuzzugs, Guibert de Nogent, bewogen haben, sein Werk als «Taten Gottes durch die Franken» zu bezeichnen.

Der italienische Theologe Divo Barsotti behauptet, durch die Vertrautheit mit der Apokalypse habe die christliche

Welt nach und nach immer besser erkannt, dass «die gesamte Geschichte nichts anderes ist als der friedliche Siegeszug Jesu durch die Jahrhunderte. Christus beherrscht tatsächlich die gesamte Geschichte und unterwirft sie seinem Plan»[363].

«Wirtschaftsleute, Militärs und Politiker glauben, für sich selbst zu wirken... Niemand aber kann sich der Macht des Lammes entziehen. Alle haben sich seinen Plänen unterzuordnen, alle vollstrecken seinen Willen und seine Anordnungen»[364].

«Selbst Hungersnot, Krieg, Ausrottung und Tod stehen im Dienste Christi. Diese Geisseln der Menschheit sind nicht einfach Vorwegnahme des Endgerichts; sie stehen im Dienste Christi, der sie zu unserer Rettung vorausgesandt hat»[365].

Als Kenner der Apolkalypse warnt Divo Barsotti davor, sich durch den äusseren Anschein täuschen zu lassen: «Die Geschichte scheint tatsächlich den Plänen Gottes zuwiderzulaufen, wenn sie nichts anderes als Tod, Pest, Hunger und Krieg in Aussicht stellt. In Wirklichkeit dient aber alles der Verwirklichung des göttlichen Plans. Auch der rote Reiter, der schwarze Reiter und der fahle Reiter, die in der Geheimen Offenbarung Geisseln der Menschheit symbolisieren, befolgen Gottes Befehl[366]. Ihr Gehorsam besteht darin, dass alle ihre Taten mitwirken, den Himmel zum Empfang der Auserwählten zu öffnen. Die ganze Menschheitsgeschichte spielt sich zwischen der ersten und der zweiten Ankunft Christi ab, zwischen seinem Kommen in Niedrigkeit und seiner Wiederkunft in Herrlichkeit. Sie hat keinen andern Daseinsgrund, sie hat nichts anderes zum Inhalt als das Heil derer, die Gott auserwählt hat»[367].

Das Zweite Vatikanum und das Geheimnis der Geschichte

Die Pastoralkonstitution über die Kirche in der Welt von heute spricht vom «Geheimnis der menschlichen Geschichte», das nur im Glauben erfassbar ist[368]. Dieses Geheimnis besteht im «Ineinander des irdischen und des himmlischen Gemeinwesens». Das Konzil weist so auf eine geheimnisvolle Wirklichkeit hin, die dem blossen Verstand unzugänglich ist und sich nur im Glauben erfassen lässt. Diese geheimnisvolle Wirklichkeit ist «das himmlische Gemeinwesen, die himmlische Stadt», die schon hier in verborgener Weise in der irdischen anwesend ist, ähnlich wie die Gottheit Christi in seiner menschlichen Gestalt geheimnisvoll anwesend ist. Das Reich Gottes entfaltet sich geheimnisvoll in den irdischen Reichen, in Diktaturen wie in Republiken.

Infolge der gegenseitigen Durchdringung des Göttlichen und Menschlichen, des Ewigen und Zeitlichen, «geht die Kirche den Weg mit der ganzen Menschheit gemeinsam und erfährt das gleiche irdische Geschick mit der Welt». Auf dem gemeinsamen Weg verhält sie sich nicht wie ein Reisender, der aus Furcht, die Gedankenfreiheit der Mitreisenden zu verletzen, jede Konversation über religiöse Themen vermeidet. Vielmehr versucht sie, die Menschheit mit christlichem Geist zu durchdringen. «Die Kirche ist gewissermassen der Sauerteig und die Seele der in Christus zu erneuernden und in die Familie Gottes umzugestaltenden menschlichen Gesellschaft»[369]. Letztlich hat die Weltgeschichte keinen anderen Zweck, als mitzuwirken am Aufbau des mystischen Leibes Christi und Gott den Rohstoff zu verschaffen, aus dem er die «Heiligen» hervorbringt.

Gottes souveräner Plan mit der Welt sieht vor, dass sämtliche kulturellen, politischen, diplomatischen, militärischen und wirtschaftlichen Tätigkeiten des irdischen Gemeinwesens wie auch die karitativen, pastoralen und apostolischen Unternehmungen der Kirche, jede auf ihrer Ebene und auf ihre Weise, direkt oder indirekt, auf ein einziges Ziel zustreben. Das Endziel ist die Heiligung der Menschen und die Verherrlichung Gottes[370].

In seiner Studie über den Gottesstaat des heiligen Augustinus schreibt Etienne Gilson, auf der Suche nach dem Sinn der Geschichte komme die Vernunft nur mit Hilfe des Glaubens voran. «Dank der Offenbarung vermögen wir im Verlauf der Geschichte das stete Wachsen der himmlischen Stadt zu erkennen und ihre Vollendung vorauszuahnen. Letztes Ziel ist nämlich die vollendete Stadt Gottes, in welcher sich das Volk der Auserwählten der ewigen Glückseligkeit erfreuen wird. Tiefster Sinn der Geschichte ist das fortschreitende Wachsen des Gottesstaates nach den Plänen der Vorsehung, die jedem Volk einen besondern Daseinszweck, eine eigene Rolle und Bestimmung zuweist»[371].

VI.
Leben im Sinne der Lehre

Vielleicht erscheint dem Leser verwunderlich, dass wir bei den bisherigen Darlegungen über den Sinn der Geschichte die Auffassungen Hegels, Karl Marx' und anderer moderner Philosophen ausser Acht gelassen haben. Dieses Schweigen ist beabsichtigt. Die Darstellung der verschiedenen Geschichtsverständnisse hätte den Rahmen dieser Studie gesprengt; zudem hätte sie vom Wesentlichen abgelenkt.
Dieses Buch richtet sich nämlich nicht an Philosophen und Theologen, sondern an eifrige, im Apostolat tätige Katholiken. Diese erwarten letztlich nicht gelehrte Abhandlungen über die verschiedenen Geschichtsauffassungen, sondern Einsicht in den wirklichen Sinn der Geschichte, wie Gott selbst ihn offenbart. Sie bedürfen nicht der Meinungen und Hypothesen von Autoren, die dauernd nur auf der Suche sind. Vielmehr wollen sie Klarheit und Sicherheit, die die Zweifel zerstreuen, das Tun befruchten, das Vertrauen stärken und das innere Leben nähren. Wozu soll man die Christen mit Ballast beladen? Wozu vor ihnen religiöse und philosophische Probleme ausbreiten, ohne Lösung anzubieten? Soviele geistlich unterernährte Christen verlangen heute nach Brot und Fisch. Warum ihnen also Steine und Schlangen vorsetzen?
Ebenfalls aus der Sorge heraus, der Wahrheit zu dienen, verzichten wir auf die Wiedergabe subjektiver Auslegungen der Apokalypse. Bis zu einem gewissen Grad mögen solche Interpretationen die Intelligenz von Gläubigen befriedigen, die aus dem Gefühl der Leere und des Unbefriedigtseins im Glauben nach Licht suchen. Doch sind solche Auslegungen vom Lehramt der Kirche, der authentischen Interpretin des Wortes Gottes, nicht beglaubigt.
Aus dem wunderbaren, göttlichen Buch der Geheimen Offenbarung möchten wir einige Hauptgedanken hervorheben: «Der da ist, der da war und der da kommt», ist auch der Herr der Geschichte und der «König der Könige». Er lässt die Prüfungen und Verfolgungen wirklich zum Wohl seiner Kirche und zum endgültigen Triumph des Lammes gereichen. Dem flackernden Licht gewagter Auslegungen

ziehen wir die kräftige Dunkelheit des Glaubens vor. «Der Glaube ist die sicherste Zuflucht der Seele, denn der Heilige Geist ist dann ihr Licht»[372].

Für den engagierten Laien sind subjektive Interpretationen der Heiligen Schrift und dem katholischen Glauben widersprechende Geschichtsphilosophien von zweifelhaftem Nutzen. Wessen er zur eigenen Erleuchtung und Stärkung bedarf, sind überzeugende Beispiele eines tapfern Glaubens an den Herrn der Geschichte.

Im folgenden möchten wir einige solcher Beispiele anführen. Nach dem Zweiten Weltkrieg erschien die französische Übersetzung des Buches *Die Pflichten des Herzens* von Bahya Ibn Paquda, einem in Spanien lebenden geistlichen Schriftsteller des 11. Jahrhunderts. Das Original ist in arabisch geschrieben. Die französische Übersetzung besorgte André Chouraqui, der erste Bürgermeister Jerusalems nach der Gründung des jüdischen Staates. Das Vorwort schrieb Jacques Maritain[373].

Bahyas Buch stellt den Leser mitten in die damalige Auseinandersetzung zwischen Judentum, Islam und Christentum. Der Autor ist von allen drei Religionen beeinflusst. Sein Werk ist von einer tiefen Weisheit gerade auch in bezug auf die Transzendenz Gottes. Kardinal Daniélou schreibt darüber, es handle sich «um eine Art jüdischer Nachfolge Christi von unbestreitbar religiösem Wert. Wir haben es mit echter jüdischer Mystik zu tun, mit der Betrachtung des transzendenten Gottes, wie er sich im Alten Testament offenbart». Ähnlich urteilt Louis Gardet: «Das Werk Bahyas verdient in höchstem Mass von denen, die an den einen Gott glauben, als geistliche Nahrung zur Meditation benutzt zu werden». Einzelne Abschnitte sind nach Robert Gamzon «von bestürzender Modernität».

Eine der Hauptideen dieses Meisterwerks mittelalterlicher Spiritualität ist die ausschlaggebende Stellung der Erstursache gegenüber den Zweitursachen, der absolute Primat des schöpferischen Wirkens Gottes gegenüber den Taten der Geschöpfe. Daraus zieht Bahya den Schluss, dass sich der Gläubige von unbegründeter Furcht vor den Zweitursachen lösen soll. Warum soll man Menschen und Ereignisse fürchten, als ob sie Herren wären, während sie letztlich bloss Vollstrecker göttlicher Pläne sind?

Die Zeitgenossen des jüdischen Mystikers aus dem 11. Jahrhundert stellten die Frage nach dem Sinn der Geschichte anders als die heutigen Denker. Indem Bahya sei-

ne Leser in die Tiefen des Geheimnisses Gottes führt, macht er sie mit den Fragen der Geschichtstheologie vertraut. Er vermittelt die Prämissen, überlässt es aber dem Leser, die Wechselfälle im Leben der Menschen und Völker zu beachten und daraus die Folgerungen zu ziehen.
Mit Nachdruck betont Bahya die Transzendenz Gottes, welche jegliche Wahrnehmung und jede Vorstellung übersteigt. Man erkenne ihn umso eher, je mehr man sich seiner Unerkennbarkeit bewusst werde. Insbesondere weist der Autor auf die Unzulänglichkeit menschlicher Ausdrücke für die Attribute Gottes hin. «Wir müssen uns bewusst sein, dass diese Ausdrücke in einem übertragenen und rhetorischen Sinn verwendet werden und dass sie der Ebene der Auffassungsfähigkeit unseres Verstandes angehören... Gott ist grösser und höher und unendlich erhaben über alle Lobpreisung» (S. 105). Dieser unendlichen Überlegenheit Gottes entspricht die wesensmässige Abhängigkeit der Geschöpfe. «Gott ist dem Menschen gegenüber immer im Recht, der Mensch gegenüber Gott nie» (S. 226). «Überantworten wir uns also dem Allmächtigen mit wachem Glauben an seine Herrschaft über alle Dinge. Hegen wir die Überzeugung, dass Gut und Bös einzig von seinem Befehl, allein von seinem Willen und höchsten Wort abhängen» (S. 226).
«Erfasst der Mensch, dass ihm ohne Einwilligung Gottes von einem Geschöpf weder Gutes noch Böses zugefügt werden kann, wird er die Menschen nicht fürchten noch von ihnen etwas erwarten, dafür sich aber Gott ganz anheimstellen».
«Der Mensch muss wissen, dass ein strikter Determinismus alle Wesen dieser Welt, substantielle und akzidentelle, begrenzt. Was Gott für sie in bezug auf Zahl, Qualität, Ort und Zeit bestimmt hat, kann durch nichts ergänzt oder beeinträchtigt werden. Was Gott verringern will, kann man nicht vermehren; was er vermehren will, kann man nicht vermindern. Wo er Beschleunigung beschlossen hat, kann man nicht verlangsamen. Wo er eine rückläufige Entwicklung vorgesehen hat, kann man nichts vorantreiben. Auf der Ebene von Zeit, Ort, Qualität und Quantität verwirklicht sich alles, wie Gott es in seinem Vorauswissen angeordnet hat. Sämtliche Entscheidungen präexistieren in ihm, lange bevor sie sich mit Hilfe von Ursachen, die ihrerseits wieder durch andere Ursachen bedingt sind, verwirklichen. Wer diese Ökonomie des Universums nicht ver-

steht, mag glauben, die Zweitursache bewirke eine Veränderung an den Objekten, indem sie sie umgestaltet. In Wirklichkeit ist sie ob ihrer Schwäche und Ineffizienz aus sich selbst zu nichts fähig» (S. 263).
Bahyas Gedanken erreichen schwindelerregende Höhen. Um ihm zu folgen, muss man seinen Glauben an die unaussprechliche Transzendenz Gottes teilen. Wie lässt sich mit der Freiheit des Menschen vereinen, was Bahya in Anlehnung an die Texte des Alten Testamentes einen «strikten Determinismus» nennt? Schliesst ein solcher, von der Allmacht des Schöpfers in die Geschichte hineingestellter Determinismus nicht die Freiheit vernunftbegabter Geschöpfe aus? Wie Johannes Chrysostomus und Augustinus findet Bahya die Lösung in der von der Offenbarung bezeugten unauslotbaren Weisheit Gottes. Es ist richtig und gerecht, angesichts der Weisheit des Allerhöchsten unsere Unwissenheit zuzugeben. «Unser Geist ist schwach, unser Verstand gering, und zu gross ist unsere Torheit angesichts der Gnaden des Schöpfers, als dass sein Geheimnis für uns erklärbar würde» (S. 226).
«Man muss an beide Wahrheiten glauben: an Determinismus und Freiheit. Wer sich auf Widerspruch von Determinismus und Freiheit versteift, entrinnt der Sünde nicht. Von welcher Seite her er den Widerspruch anpackt, er wird straucheln» (S. 226).

Ein glücklicher Mensch

Der jüdische Mystiker kommt auch auf das Glück jener zu sprechen, die darauf verzichten, das für den Menschen Unfassbare erklären zu wollen, und sich statt dessen der allmächtigen Güte des Schöpfers überantworten. Der Lohn solcher Demut ist Freude. «Wer sich Gott ganz hingegeben hat, trachtet deshalb in allem nach dem Willen des Herrn. Er lobt ihn im Glück wie im Unglück, er besingt Gottes Gnade alle Tage seines Lebens, mag Gott gegen ihn Liebe oder Strenge walten lassen.» Von geistlichen Lehrern stammt die Forderung: «Der Mensch soll Gott im Unglück preisen, wie er ihn in der Freude preist» (Talmud Berakhôt 60b und 54a, Ijob 1,21).
«Wer sich Gott ganz hingegeben hat, besitzt den Frieden der Seele; und sein Herz vertraut auf das Los, das ihn er-

wartet. Er weiss, dass Gott ihn sowohl auf der Erde wie auch im Himmel zum Glück führt. Wer sich nicht Gott hingibt, lebt in dauernder Angst, in ständiger Sorge, in unablässiger Trauer, mag er sich in einer Situation des Glücks oder des Unglücks befinden» (S. 311). Im Glück bleibt er unbefriedigt, in der Prüfung verzweifelt er.
«Wer sich Gott ganz hingegeben hat, verlässt sich nie auf Zweitursachen, deren Gott sich bedient. Von ihnen erwartet er, ohne dass Gott es will, weder Gutes noch Böses. Sein Herz verlässt sich auf Gott und nicht auf Zweitursachen. Andere verlassen sich auf Zweitursachen, von denen sie glauben, sie könnten nützen oder schaden. Sind sie ihnen nützlich, rühmen sie überschwenglich deren Wahl und Anwendung. In diesem Fall setzen sie so grenzenloses Vertrauen darauf, dass sie unfähig werden, darauf zu verzichten. Bringen ihnen die Zweitursachen aber nicht den gewünschten Nutzen, überhäufen sie diese mit Vorwürfen, strafen sie mit Verachtung und entledigen sich ihrer so schnell wie möglich. Wer sich den Zweitursachen gegenüber so verhält, gleicht dem Fischer, der seiner Angelrute opfert und vor seinen Netzen Weihrauch verbrennt» (S. 312). Hier spielt Bahya auf das Buch Habakuk an, wo von einem Fischer berichtet wird, der seinen Netzen opfert und seinem Garn Räucherstäbchen anzündet, weil sie ihm reichlich Beute und üppiges Mahl verschafft haben. Dieser Fischer vergisst, Gott als dem eigentlichen Urheber seines Erfolgs zu danken.
Die Hingabe an den Herrn der Geschichte schützt den Glaubenden vor Schmeichelei wie vor Furcht: «Würden die Menschen verstehen, dass es in niemandes Macht steht zu geben oder zu verweigern, ohne dass dies dem Ratschluss Gottes entspricht, würden sie nur noch auf Gott allein hoffen» (S. 287). «Ob der Mensch nun um grosse oder kleine Dienste bittet: ihre Verwirklichung muss er Gott anheimstellen. Erhält er das Erbetene, soll er denen danken, die es ihm gegeben haben; er weiss, dass Gott sie zu diesem erwählt hat. Werden die Wünsche nicht im erwarteten Rahmen erfüllt, soll er dafür niemanden beschimpfen und verantwortlich machen; vielmehr danke er Gott dafür, der einzig sein Bestes will» (S. 294). «Glück und Not kommen allein aus der Hand Gottes» (S. 295).
«Wenn ihm Feinde, Gegner und Neider schaden, mache er nicht die verantwortlich, die nur als Instrument gewirkt haben» (S. 295).

In logischer Weiterführung seiner Gedanken bezieht Bahya auch die materiellen Dinge in seine Überlegungen ein. Letztlich entscheidet Gott, ob die Ernte gut oder schlecht wird: «Erdarbeit und Aussaat sind Zweitursachen der Nahrungsbeschaffung... Bringt die Erde nichts hervor oder wird die Ernte durch Unglück zunichte, beschuldige man keinesfalls den Acker» (S. 293). «Der Mensch soll sich weder an seine Arbeit verlieren noch über die Zweitursachen klagen. Gäbe ihm Gott nur Brot, wären Himmel und Erde unfähig, trotz aller Anstrengungen und zusätzlichen Mittel noch etwas beizufügen. In der Hingabe an Gott erfährt der Mensch die Ruhe des Herzens und den Frieden der Seele, den ihm die Welt nicht nehmen kann. Sein Los trifft ihn zur vorgesehenen Stunde, nicht früher und nicht später» (S. 284–285).
Mit einem Wort: «Gott lenkt alles, und selbst dem geringsten Geschöpf stösst nichts zu, was er nicht zugelassen, gewollt und angeordnet hat». Er ist der Herr des Universums, sein Arm lenkt die Geschichte. Die Menschen unterstehen einem geheimnisvollen Determinismus, der aber ihre Freiheit weder begrenzt noch beschränkt, sondern schöpferisch entfaltet.
Wie Thomas von Aquin, allerdings ohne sich zu denselben Höhen zu erheben, bestätigt der jüdische Mystiker des 11. Jahrhunderts mit beeindruckender Überzeugung, dass die Menschen unfehlbar und frei Gottes Pläne verwirklichen.
Bahyas Überzeugung wirkt ansteckend. Ihre sprudelnde Vitalität verströmt Leben. Sein Glaube ist erhellendes und wärmendes Feuer. Weil dieser jüdische Geisteslehrer des Mittelalters so tief in das Geheimnis Gottes und in die Eigenart der menschlichen Seele vorgedrungen ist, sind seine Aussagen von einzigartiger Aktualität. Sein Zeugnis ist überwältigend. Bahya hat auch den Menschen des Atomzeitalters auf die Frage nach dem Sinn der Geschichte etwas zu sagen. Er hat ihnen etwas zu bieten, selbst wenn ihm jene Vollendung fehlt, die das Neue Testament dem Alten Bund verleiht, und die man bei christlichen Heiligen und Mystikern findet.

Die Hand, die alle Hände lenkt

Die bereits früher vorgestellte christliche Mystikerin Lucie-Christine spricht in einer der schönsten Stellen ihres

Tagebuchs ebenfalls von Gottes Einwirken auf die Zweitursachen, und zwar mit einer Innigkeit der Liebe, wie wir sie bei Bahya noch nicht finden. Lucie-Christine sieht in den angenehmen und den schmerzlichen Ereignissen gleichsam Gottes Hände, die uns liebkosen oder auch heilsame Wunden schlagen. Sie rät, «*alle Hände* der Vorsehung zu lieben. Diese Hände, das sind die Geschöpfe, durch die Gott uns erreicht, um sein Wirken in unseren Seelen zu vollenden. Wenn wir in diesen Händen *Ihn* sehen, müssen wir sie *alle* lieben».

«Es gibt Hände, die uns *kreuzigen*... Es gibt solche, die uns unachtsam ins Herz stossen. Es gibt Hände, die uns geisseln. Sie alle wirken auf unsere Heiligung hin. Es gibt auch Hände, die uns *trösten.* Hände, die uns die Güte und die Liebenswürdigkeit der Vorsehung offenbaren.»

«Es gibt Hände, die uns *segnen* und da zum Erfolg führen, wo unsere eigenen Anstrengungen versagen müssen. Das sind die Gebete der Kleinen und Unglücklichen».

«Da sind auch manchmal ganz kleine Hände; sie umgeben unser Herz mit einem Sonnenstrahl, und eines Tages lassen sie plötzlich das arme Herz zerbrochen zurück, weil sie eine Hälfte von ihm mit sich in den Himmel nahmen. Aber durch sie sendet Gott zugleich mit der Wunde auch den Balsam. Die kleinen Hände, die schon in der Ewigkeit den Vater *anbeten,* tragen in die bedrängte Seele den himmlischen Widerhall der Seligkeit herab. So gibt uns Gott mehr zurück, als er uns genommen. Und endlich gibt es Hände, die *führen* uns, *tragen* uns zu Gott und *halten* uns auf dem Wege zum Himmel *aufrecht.*»

Nach dieser anschaulichen Schilderung der Hände der Vorsehung, das heisst der Geschöpfe, deren sich Gott zur Erfüllung seiner Pläne bedient, schreibt Lucie-Christine: «Und dann ist eine Hand über allen, und es gibt keinen Namen, der ihrer würdig wäre. Sie kann durch ein Zeichen das Weltall in Staub zerfallen lassen. Sie berührt auf dem Grund des Menschenherzens die innerste Stelle, die niemand zu berühren vermag»[374].

Gottes Freunde fühlen seine unsichtbare Hand. Mit sicherem Gespür erfahren sie die tätige Gegenwart der Erstursache hinter den Zweitursachen. Solch übernatürlicher Realismus zeigt sich im Leben mancher Ordensgründer, besonders wenn Widerstände auftraten, oder materielle Nöte die Entwicklung ihres Werkes in Frage stellten.

Ein Bär im Dienste Gottes

Das Leben des heiligen Joseph-Benedikt Cottolengo (1786–1842) und die von ihm gegründete *Piccola Casa della divina Provvidenza* (Kleines Haus der göttlichen Vorsehung) in Turin sind augenfällige Beispiele, wie Gott durch Menschen und Dinge wirkt. Cottolengos Gottvertrauen ist tatsächlich ausserordentlich. Der Gründer der Piccola Casa nimmt die Randexistenzen der Gesellschaft auf: Krüppel, Gebrechliche und Arme, die niemand will. Gleichwohl verlässt er sich ausschliesslich auf die Vorsehung. Er weigert sich sogar, Nahrungs- oder Geldreserven anzulegen. Tag für Tag erwartet Cottolengo von der Vorsehung die Nahrung für die Armen, die sie ihm anvertraut hat. Mit eiserner Unerschütterlichkeit glaubt er an das Wort Jesu: «Bittet, und ihr werdet empfangen».
Bezeichnend sind seine Auseinandersetzungen mit Ämtern und Behörden. Cottolengo hat alle Mühe, seinen Grundsatz «Sich einzig auf die Vorsehung verlassen» verständlich zu machen; so sehr drängt man ihn, sich auf menschliche Mittel abzustützen. Aber er spürt, dass dadurch seine geistige Freiheit erschüttert würde. Beispielsweise sähe man es bei den Behörden und auf den Ämtern lieber, er würde sein Werk nur «Kleines Haus der Vorsehung» statt «Kleines Haus der *göttlichen* Vorsehung» nennen. Aber damit müsste er ausgerechnet den Bezug auf Gott aus dem Namen seines Werkes entfernen. «Nein, das ist einzig Gottes Werk», gibt er darum zur Antwort. Seine Piccola Casa ist das Werk Gottes, der sich der Menschen und der Ereignisse bedient, um seinen Plan der Liebe auszuführen. Warum also jene als Herren betrachten, die in Wirklichkeit nur Vollstrecker seines Planes sind?
Seinen Schülern untersagt Cottolengo übertriebene Dankbarkeit. Gewiss soll man den Wohltätern danken, das ist eine Pflicht. Aber beim Danken soll man nicht vergessen, dass die Wohltäter Instrument der Vorsehung sind; wenn sie Dank verdienen, dann gehört der Vorsehung noch grössere Dankbarkeit. Der Vorrang der Erstursache gegenüber den Zweitursachen bedingt auch die Priorität der Dankbarkeit gegenüber Gott; der Dank gegenüber den Menschen kommt erst an zweiter Stelle.
Das einzige Geldstück, das Cottolengo bei sich behielt, war eine alte Münze aus Bern, die auf der einen Seite den Bären als Kantonswappen, auf der andern Seite den bibli-

schen Sinnspruch aufwies: Dominus providebit – der Herr wird vorsorgen. Dazu erklärte Cottolengo: «Der Sinnspruch drückt das Vertrauen der Piccola Casa auf den Herrn aus, das Wappentier auf der Rückseite bedeutet, dass Gott mich als Bären in seinen Dienst nimmt, um dieses Vertrauen zu rechtfertigen».

Giovanni Bosco, ein Zeitgenosse des Gründers der Piccola Casa, litt darunter, dass der Ökonom sein Gottvertrauen nicht ganz teilte. Dem künftigen Nachfolger Don Rua, der später von Paul VI. selig gesprochen wurde, vertraute Don Bosco an: Ich kann keinen Ökonom finden, der mich voll unterstützt und der Vorsehung vorbehaltlos vertraut, ohne etwas für die Zukunft beiseitelegen zu wollen. Ich fürchte, wir sind in Schwierigkeiten, weil bei uns zuviel gerechnet wird. Es ist schon so: Wenn der Mensch hereinkommt, geht Gott hinaus». Don Giovanni Calabria (1873–1958), der Gründer der «Kleinen Diener und Dienerinnen der göttlichen Vorsehung», besass ein ähnlich unbegrenztes Vertrauen in die Vorsehung.

Mehr als einmal hörte man diesen sonst nüchternen Mann fast fröhlich sagen: «Ich habe nichts, mein Portemonnaie ist leer, und so komme ich mir wie der grösste Millionär der Welt vor». Er verliess sich auf die Milliarden Gottes. Er wusste, dass ein liebendes Ja zur gänzlichen Mittellosigkeit die Grosszügigkeit der Vorsehung auf den Plan rief. Er glaubte an Gottes Vaterschaft: «Euer himmlischer Vater weiss, dass ihr dies alles braucht».

Don Calabria verstand es, seinen Wohltätern mit ausgesuchter Freundlichkeit zu danken, erinnerte sie aber gelegentlich daran, dass sie Gott gegenüber selbst Schuldner sind: «Dankt dem Herrn für die Gnade, dass er euch zum Instrument seiner Vorsehung gemacht hat. Denn nicht Menschen, sondern Gott unterhält unser Werk». Selbst in grössten materiellen Schwierigkeiten konnte es vorkommen, dass Don Calabria auf beträchtliche Geldspenden verzichtete, wenn der Geldgeber daran die Bedingung knüpfte, seine Gabe in der Lokalpresse bekannt zu machen[375].

Herr der Rentner und Renten

So verschieden die genannten Persönlichkeiten sind, sie handeln alle unter der Führung desselben Geistes. Darum reagieren sie ähnlich auf schwierige Situationen. Schon

Teresa von Avila, die Reformerin des Karmel, schrieb ihren geistlichen Töchtern: «Gründet euren Lebensunterhalt nie auf menschliche Geschicklichkeit, sonst werdet ihr, dessen kann ich euch versichern, Hungers sterben, und dies wäre nichts als gerecht». «Schaut lieber auf euren Bräutigam», fährt Teresa weiter, «er wird euch das Notwendige geben. Ist er mit euch zufrieden, werden euch unverhofft Menschen, die euch sonst wenig gewogen sind, zu Hilfe kommen; dies hat die Erfahrung schon oft gezeigt. Arbeitet also dahin, ihm zu gefallen».

Für Teresa war Gott nicht ein unbestimmtes höheres Wesen, sondern Derjenige, der uns sieht, uns liebt und der alles vermag. Teresa sprach aus Erfahrung: «Überlasst eure materiellen Sorgen Dem, der alle Herzen zu rühren vermag, dem Herrn der Rentner und ihrer Renten... Versagen wir uns ihm nicht, dann brauchen wir auch nicht zu fürchten, dass er sich uns versagt»[376].

Gott, Herr der Rentner und ihrer Renten: Welch köstliche und tiefsinnige Aussage!

Auch Johannes vom Kreuz, der Seelenführer und Mitarbeiter Teresas von Avila, vertritt die Auffassung, zur Lösung materieller Probleme verlasse man sich besser auf Gott als auf Menschen. Am Provinzkapitel des Jahres 1583 in Almodovar wirft ihm ein Oberer vor, die Wohltäter des Klosters nicht oft genug zu besuchen. Dies könne unliebsame Auswirkungen auf die materielle Lage der Gemeinschaft haben. Johannes antwortet: «Wenn ich, statt Besuche zu machen und die Leute zum Almosen aufzufordern, gleichviel Zeit in meiner Zelle verwende, um Gott zu bitten, dass er unsere Wohltäter zu guten Taten anregt, und wenn ich, was mich betrifft, überzeugt bin, dass seine göttliche Majestät mir das Lebensnotwendige geben wird, warum soll ich dann mehr Besuche machen, als es Nächstenliebe und Notwendigkeit verlangen»[377]?

Im Jahre 1529, wenige Wochen vor seiner Ernennung zum Kanzler des englischen Königs Heinrich VIII., erfuhr Thomas More nach seiner Rückkehr von einer diplomatischen Mission nach Cambrai, eine zu seinem Landgut gehörende Scheune sei niedergebrannt. Da schrieb er an seine Gemahlin, Lady Alice More: «Wir sollen nicht nur darauf verzichten, sondern wir sollen uns darüber freuen; erheben wir keine Anklage, sondern verehren wir Gottes Willen und danken wir ihm von ganzem Herzen für die Trübsal wie für das Glück. Vielleicht haben wir sogar mehr Grund,

ihn für den Verlust als für den Gewinn zu preisen. Seine Weisheit weiss besser als wir, was für uns heilsam ist. Sei darum, ich bitte dich, frohen Herzens. Begib dich mit der ganzen Hausgemeinschaft zur Kirche, um Gott für alles zu danken, was er uns gegeben und was er uns genommen hat. Danke ihm auch für das, was er uns übrig liess. Er wird das Fehlende, wenn er es für richtig erachtet, jederzeit ergänzen können. Falls er uns noch weniger zugesteht, dann geschehe auch in diesem Fall nach seinem Gutdünken»[378].
Wenn der Kanzler Heinrichs VIII. hier aus tiefchristlichem Verständnis über die Ereignisse urteilte, so war es deshalb, weil Gott seinem innigsten Wunsche entsprochen hatte. Er drückte diesen Wunsch kurze Zeit vor seiner Hinrichtung in seinen im Gefängnis niedergeschriebenen Meditationen und Gebeten folgendermassen aus: «Gib mir die Gnade, den Verlust von Reichtum, Freunden, Freiheit, Leben und übrigen Dingen für unwichtig zu halten, um Christus zu gewinnen. Gib mir die Gnade, meine grössten Feinde für meine grössten Freunde zu halten.»
«Denn die Brüder Josephs hätten ihm aus Liebe und Zuneigung nie soviel Gutes erweisen können, wie durch ihre Bosheit und ihren Hass». Mit jener Mischung von christlicher Weisheit und britischem Humor, die ihn uns so sympathisch macht, fügt der heilige Thomas More hinzu: «Die seelische Haltung, um die ich bitte, ist für jeden Menschen erstrebenswerter als sämtliche Schätze der christlichen und heidnischen Fürsten und Könige zusammen, selbst wenn sie zu einem einzigen grossen Haufen aufgeschüttet würden»[379].

Der Vorsehung nicht vorgreifen

Uns scheint, von all den Heiligen, die sich in sozialen Werken engagiert haben, habe kaum einer ein solches Gespür für die Transzendenz Gottes und die absolute Abhängigkeit der Menschen besessen wie Vinzenz von Paul. Von den sozial tätigen Heiligen haben wenige wie er erfasst, dass Gottes Allmacht, Liebe und Weisheit all das, was wir selbst ausdenken und planen, unendlich übertrifft.
Paul Renaudin, einer seiner Biographen, fasst die Spiritualität des heiligen Vinzenz in der folgenden paradoxen Formel zusammen: «Der Mensch ist ein reines Nichts[380]; Gott allein wirkt in der Welt» (S. 270).

In einer literarkritischen Studie über Vinzenz von Paul schrieb Jean Calvet im Jahre 1960, die Spiritualität der kraftvollen Persönlichkeit des heiligen Vinzenz sei die Frucht eines langen inneren Reifungsprozesses. «Je mehr sich sein Werk entfaltet und je mehr Länder seine Tätigkeit umfasst, desto stärker staunt er über diesen Fortschritt. Immer tiefer denkt er über seine Funktion als Arbeiter des Herrn nach und gelangt zur Überzeugung, dass er nicht wirklich Arbeiter, sondern lediglich Instrument ist. Er empfindet, dass er (aus sich selbst) eigentlich nichts tut, sondern dass Gott durch seine Hände wirkt».
«Die Überzeugung, Instrument zu sein, erscheint ihm so wesentlich, dass er sie auch seinen geistlichen Söhnen und Töchtern gegenüber stets von neuem aufgreift und vertieft. Das Instrument ist in den Händen Gottes allzeit fügsam und verfügbar und passt sich der geringsten Bewegung der Hand an. Es empfindet keinen Stolz über das Gelingen der Arbeit; durch Ungeschicklichkeit und Misserfolg lässt es sich aber auch nicht niederdrücken. Es handelt sich ja nicht um seine, sondern um Gottes Sache. Ein Instrument ist demütig, aber nicht kriecherisch. Es ist demütig, indem es seinen Platz ausfüllt»[381)].
«Das gute Funktionieren der Dinge ist nicht den Menschen, sondern Gott zuzuschreiben», schreibt Vinzenz von Paul. «Wer der Vorsehung folgt und ihr nicht vorgreift, ehrt unseren Herrn in hervorragender Weise»[382)]. «Gottes Sache gelingt von selbst. Was nicht er tut, geht bald zugrunde». «Ihr wisst recht wohl», sagt er zu seinen Mitarbeitern, «dass Gott alles vermag, und dass ihr nichts könnt. Trotzdem verlasst ihr euch mehr auf euren Fleiss als auf seine Güte, mehr auf eure Armut als auf seinen Überfluss».
Es ist bezeichnend für die menschliche Kurzsichtigkeit, dass ausgerechnet einer der aktivsten Männer der Kirche Frankreichs, Vinzenz von Paul, ob seiner jede Überstürzung vermeidenden Ruhe «saint Lambin» – «heiliger Trödler» genannt wurde.

Der Gewinn im Verlust

Die Episode des Scheunenbrands bringt den heroischen Glauben des Thomas More an den Tag. Die übernatürliche Einstellung eines Vinzenz von Paul lässt sich in der Angelegenheit der Farm bei Orsigny erkennen. Ein Wohltäter

hatte der Kongregation eine Farm vermacht und sich dafür als Gegenleistung eine Leibrente ausgehandelt. Die Gebäulichkeiten waren aber in recht vernachlässigtem Zustande. Erhebliche Reparaturen waren notwendig, die Kongregation musste namhafte Summen investieren.
«Einige Jahre später, im Jahre 1658, wurde auf Grund undurchsichtiger Machenschaften beim Gerichtshof Annulationsbeschwerde gegenüber der Schenkung eingereicht. Das Gericht entsprach der Beschwerde und verfügte die Annulation der Schenkung, ohne den neuen Eigentümer zu verpflichten, den durch die Investitionen der Kongregation erzielten Mehrwert zu vergüten»[383]. «Gott sei gelobt!», rief Vinzenz von Paul aus, als ihm sein Sekretär, Bruder Du Courneau, die Nachricht vom ungerechten Gerichtsurteil überbrachte. Wie der Dulder Ijob wiederholte Vinzenz von Paul fünf- oder sechsmal mit steigender Inbrunst diesen Satz liebender Resignation. Dann begab er sich zur Kirche und verharrte dort lange im Gebet. In sein Zimmer zurückgekehrt, schrieb er einem Freund: «Gute Freunde nehmen Anteil am Guten und am Bösen, das dem andern widerfährt. Da Sie zu meinen besten Freunden auf Erden zählen, kann ich nicht umhin, Ihnen den Verlust mitzuteilen, den wir durch den Prozess und den Verlust der Farm bei Orsigny erlitten haben. Indes betrachten wir dies nicht als ein uns zustossendes Übel, sondern als eine Gnade, die Gott uns erweist. Ich mache Ihnen diese Mitteilung, damit Sie, lieber Herr, die Möglichkeit erhalten, uns zu helfen, Gott für diese Gnade zu danken. Als Gnade Gottes bezeichne ich Kümmernisse, die er uns schickt, vor allem wenn wir sie gut aufnehmen. Nun hatte seine grenzenlose Güte uns schon auf diese Entäusserung vorbereitet, bevor sie eintraf. Sie liess uns in diesen Verlust in völliger Ergebenheit einwilligen. Ich darf dies mit ebensoviel Freude behaupten, wie wenn die Gerichtsverfügung zu unseren Gunsten gelautet hätte. Das mag jenen paradox erscheinen, die mit den Dingen des Himmels weniger vertraut sind als Sie, lieber Herr. Denn Sie wissen, dass in Widerwärtigkeiten die Übereinstimmung mit dem Willen Gottes ein grösseres Gut darstellt als sämtliche irdische Vorteile. Ich flehe Sie demütigst um Ihr Einverständnis, meine Gefühle auch Ihrem Herzen mitteilen zu dürfen».
Auf solche Weise reagierte Vinzenz von Paul! Noch blieb ihm die Pflicht, die Neuigkeit seinen nächsten Mitarbeitern mitzuteilen und sie dazu zu bringen, wie er das ungerechte

Urteil als Entscheid der himmlischen Gerechtigkeit anzusehen. In einem geistlichen Vortrag orientierte er seine Mitbrüder. Er berichtet auch, man habe ihm den Rat gegeben, einen Rekurs einzureichen. Aber er erwiderte: «Mein Gott, wir werden uns hüten, dies zu tun. Du selbst, o Herr, hast diesen Urteilsspruch gefällt. Er wird, wenn es dir so gefällt, unwiderruflich sein»[384].

«Du selbst hast das Urteil gefällt»: Wie die Gerechten des Alten Testamentes, die aufgrund ihres Glaubens in erster Linie Gott zuschrieben, was ihnen an Glück oder Unglück zustiess, so sieht Vinzenz von Paul in Gott den Urheber des niederschmetternden Urteils, das vom weltlichen Gericht ausgesprochen wurde. Hinter der Zweitursache erkennt er das Herz und den Arm des Herrn.

Das geistliche Gespräch, welches Vinzenz von Paul vor seinen Mitarbeitern hielt, wäre es wert, vollumfänglich wiedergegeben zu werden. Die Gedanken über Gottes läuterndes Eingreifen in den Prüfungen des Lebens sind nicht nur von ausserordentlicher Tiefe und Klarheit, sondern auch von dauernder Aktualität.

«Gott spricht in der Geheimen Offenbarung: ‹*Ego quos amo castigo* – Wen ich liebe, züchtige ich›. Müssen wir aufgrund dieses Wortes die Züchtigungen nicht als besondere Zeichen seiner Zuneigung lieben? Es genügt nicht einmal, sie zu lieben, man muss sich darüber sogar freuen».

Als guter Psychologe errät Vinzenz von Paul die Einwände seiner Zuhörer: «Wie kann man sich über Leiden freuen, die uns von Natur aus zuwiderlaufen und denen wir normalerweise entfliehen? Gemeint ist damit die Freude, wie wir sie über Heilmittel empfinden. Wir wissen zwar, dass die Medizin bitter schmeckt. Vielleicht empfinden wir beim Einnehmen sogar Ekel. Trotzdem schlucken wir sie tapfer herunter. Warum? Weil uns an der Gesundheit liegt, die wir bewahren oder wiedergewinnen möchten. So trägt die an sich unangenehme Bitternis zum Wohl der Seele des einzelnen Menschen oder der ganzen Gemeinschaft bei. Durch sie läutert uns Gott wie Gold im Feuer.»

Vinzenz von Paul erinnert seine Mitbrüder an das Beispiel Christi, der sich in seinem Leiden «freut, den Willen seines Vaters zu tun». Er spricht vom Beispiel der ersten Christen, welche die Beschlagnahmung ihrer Güter mit gleichmütiger Freude hinnahmen. Dann zieht er Bilanz: «Wir dürfen überzeugt sein, dass uns der Verlust grossen Gewinn bringt. Mit der Rückgabe der Farm können wir die Genug-

tuung über ihren Besitz ablegen, ebenso das selbstzufriedene Bewusstsein, uns von Zeit zu Zeit auf die Farm zurückziehen zu können. Die Erholung, die wir dort unserem Leib gegönnt hätten, wäre für uns ein süsses, aber vielleicht tödliches Gift geworden, ein gefährliches Messer, ein zerstörender Feuersbrand. So aber befreite uns Gottes Barmherzigkeit von dieser Gefahr.
Da nun die materiellen Sorgen grösser sind, will Gottes Güte uns zu einem grösseren Vertrauen auf seine Vorsehung anspornen. Sie will uns dazu bringen, uns für die Bedürfnisse des zeitlichen Lebens wie für die zum ewigen Heil nötigen Gnaden ganz Gott anzuvertrauen. Möge es Gott gefallen, den materiellen Verlust durch grösseres Vertrauen auf seine Vorsehung zu belohnen, indem wir uns seiner Führung überlassen, eine grössere Freiheit gegenüber den Dingen dieser Welt gewinnen und uns selbst verleugnen. O mein Gott, o meine Brüder, wie glücklich wären wir dann!»[385].

Maximilian Kolbe und der Fortschritt

Das Leben des Martyrers von Auschwitz, Maximilian Kolbe, dessen «Stadt der Unbefleckten» sich in den Dreissigerjahren zu einem wirkungsvollen Zentrum des modernen Presseapostolats entwickelte, stellt ein beeindruckendes Beispiel für den Vorrang der Gnadenwerte gegenüber den menschlichen Gütern dar, selbst wenn diese im Dienst des Apostolats stehen. So imponierend die Leistung seiner «Stadt der Unbefleckten», Niepokalanow, auf dem Sektor der Presse war, der geistliche Fortschritt seiner Mitarbeiter lag P. Kolbe noch mehr am Herzen. Zehn Jahre nach der Gründung zählte seine Klosterstadt über 700 Ordensmitglieder, darunter Techniker, Mediziner, Zahnärzte, Schriftsteller, Reporter, Handwerker und Künstler. Zu ihnen sagte er in einer Ansprache: «Unsere Aufgabe ist schön und wichtig, trotzdem haben wir uns zuerst um unser inneres Leben zu kümmern, um das Leben der Gnade, das die Quelle aller äusseren Tätigkeit sein muss. Besteht der Fortschritt von Niepokalanow in der Vermehrung von Bauten und in der Verdoppelung der Auflageziffer unserer Publikationen? Das wäre ein rein äusserer Fortschritt, und der kann täuschen. So oft unsere Seele dem Wollen der Immaculata gleichförmiger wird, bedeutet dies für die Entfaltung von Niepokalanow einen Schritt nach vorn».

Als man 1939 jeden Augenblick den Ausbruch eines neuen Weltkrieges befürchten musste, sagte Maximilian Kolbe: «Selbst wenn unsere Tätigkeit in der ‹Stadt der Unbefleckten› aufhörte und wir in alle Winde zerstreut würden, könnte dies ein Fortschritt bedeuten, sofern diese Prüfung eine tiefere Übereinstimmung mit dem Willen Gottes bewirkt. Wenn der Krieg ausbricht, wird sich unsere Gemeinschaft zerstreuen. Darüber dürfen wir aber nicht traurig werden, wir müssen uns vielmehr der Erwartung der Immaculata ganz gleichförmig machen. Wenn wir so handeln, wird uns die Auflösung der Gemeinschaft nicht schaden, wir werden im Gegenteil im Streben nach Heiligkeit wachsen»[386].

Verlust der Farm bei Orsigny, Auflösung der Gemeinschaft von Niepokalanow: Vinzenz von Paul und Maximilian Kolbe verhalten sich angesichts schmerzlicher Prüfungen gleich. Beide stellen den geistlichen Fortschritt über das materielle Wohlergehen. Eben diese Sorge um den Vorrang des Geistigen führte den Gründer der Lazaristen und der Barmherzigen Schwestern dazu, Krankheit und Armut, die allerorts gemieden werden, als bevorzugte Werkzeuge der Vorsehung zu lieben.

«Die Armut bewirkt», sagt Vizenz von Paul seinen Priestern, «dass wir an Gott denken und das Herz zu ihm erheben. Lebten wir in bequemem Reichtum, könnten wir Gott vielleicht vergessen. So aber freue ich mich über die freiwillig gewählte Armut, die in all unsern Häusern geübt wird. In ihr liegt eine Gnade verborgen, die wir nicht kennen»[387]. Sie ist den Augen der Menschen verborgen, aber den Engeln, die in die Geheimnisse der göttlichen Weisheit eingeweiht sind, offenbar.

«Auch in der Krankheit kann sich der Glaube auf wunderbare Weise üben, denn aus ihr erblüht Hoffnung. Hingabe und Liebe gegenüber Gott und alle andern Tugenden kommen in ihr in weitem Masse zum Ausdruck». Daraus zieht Vinzenz von Paul für die Krankheit Folgerungen, die einer rein natürlichen Betrachtungsweise zuwiderlaufen: «Schon oft habe ich gesagt und kann nicht umhin, es ebenso oft zu wiederholen, dass wir unsere Kranken als Segen der Gemeinschaft betrachten sollen»[388]. «Nöte und Beschwerden sind Gaben, die uns Gott zur Erlangung von Verdiensten schickt; deswegen führt er uns in die Betrübnis. Gott ist kein Tyrann. Es bereitet ihm kein Vergnügen, seine Diener leiden zu sehen. Er lässt seine Söhne und

Töchter nur deshalb Mühsal, Krankheit und Hass ertragen, um sie vor seiner göttlichen Majestät noch wohlgefälliger zu machen».

Im Bestreben, seinen geistlichen Töchtern die ganz auf den innern Fortschritt der Erwählten ausgerichtete «Politik Gottes» zu erklären, bringt Vinzenz von Paul folgenden Vergleich: «Meine Töchter, ihr seid wie unbehauener Stein, aus dem der Bildhauer die Gestalt Marias, des heiligen Johannes oder eines andern Heiligen meisseln will. Wie geht der Künstler vor? Er benützt Hammer und Meissel, um alles wegzuhämmern, was nicht zum Bild der geplanten Figur passt. Mit harten Schlägen bearbeitet er den Stein, so dass man meinen könnte, der Bildhauer wolle ihn zertrümmern. Zeichnen sich die grossen Konturen ab, beginnt der Künstler die Feinarbeit. So wird der Stein mit immer feineren Werkzeugen behauen, bis die vollendete Form der Figur gefunden ist».

«Seht, genauso handelt Gott uns gegenüber. Ob Mitglied der ‹Filles de la Charité›, ob Missionar; bevor Gott sie aus der Welt herausholt, sind sie wie unbehauene Steine, gestaltlos und klotzig. Aber Gott will aus ihnen herrliche Gestalten meisseln, darum schlägt er mit harten Hammerhieben zu. Was heisst dies konkret? Manchmal lässt er sie unter der Hitze, ein andermal durch das schlechte Wetter leiden, dann schickt er sie zu den Kranken aufs Land, wo im Winter eisige Winde wehen. Lassen wir uns dadurch nicht von unseren Pflichten ablenken. Es sind schwere Hammerschläge, die Gott auf eine arme Schwester niederfallen lässt. Wer nur auf den äussern Schein achtet, mag diese Frauen bedauern. Hat man jedoch den Blick für Gottes Plan, so wird man sehen, dass Gott mit all seinen Schlägen eine wunderbare Gestalt meisseln will»[389].

«Wenn Gott beschlossen hat, eine Seele vollkommen zu machen, lässt Gott selbst Versuchungen gegen ihre Berufung zu; manchmal lässt er sogar zu, dass die Seele bereit ist, alles aufzugeben. Wie der Bildhauer greift Gott zu Hammer und Meissel, um in minutiöser Feinarbeit dem Antlitz Glanz und Schönheit zu verleihen»[390].

Die Vollendung des Kunstwerks

Was Vinzenz von Paul gegenüber seinen Töchtern der Barmherzigkeit und seinen Missionspriestern so klar und überzeugend darlegte, suchte Johannes vom Kreuz ebenso eindringlich den Karmelitinnen in den von Teresa von Avila reformierten Klöstern zu erklären. Er regte sie an, in den unvermeidlichen Unannehmlichkeiten und Leiden des Gemeinschaftslebens die Hand Gottes zu sehen: «Ihr müsst überzeugt sein, dass ihr zu nichts anderem ins Kloster eingetreten seid, als um erprobt zu werden und Tugend zu üben, genauso wie der Stein behauen und bearbeitet werden muss, bevor er an seinen Bestimmungsort im Gebäude gebracht wird. Die einen prüfen eure Seele durch Worte, die ihr nicht hören möchtet, andere durch ein Benehmen, das ihr nicht ertragen könnt, andere durch ihre Verdrossenheit, wodurch sie sich selber und anderen zur Last fallen, wieder andere durch ihre Gesinnung, weil sie euch nicht schätzen und lieben. Betrachtet folglich alle im Kloster als Diener, die Gott dorthin geführt hat, um eure Seele durch Abtötung zu bearbeiten und zu reinigen»[391].

Eine Karmelitin, die ihn zu ihrem Seelenführer gewählt hatte, regt Johannes vom Kreuz an, in der Verlassenheit, in der sie sich befindet, «eine Feile zur Vervollkommung» des Kunstwerks zu sehen, die Gott benutzt, um die Seele zu vervollkommnen und um seinen liebevollen Plan zu verwirklichen[392].

Johannes vom Kreuz betont die Wichtigkeit dieses Punktes auch in den «Vorsichtsmassregeln», die jeder befolgen muss, der ein wahrer Ordensmann sein und rasch die Vollkommenheit erlangen will.

«Um euch von Unvollkommenheiten und Störungen freizumachen, die eure Beziehungen zu anderen Ordensleuten belasten, und um aus jedem Geschehen Gewinn zu ziehen, müsst ihr alle, die mit euch im Kloster sind, als Diener Gottes betrachten. Sie sind in der Tat von Gott beauftragt, euch in der Tugend zu üben. Die einen sollen euch durch Worte, andere durch ihr Tun, wieder andere durch abschätziges Denken über euch prüfen. Dies sind alles Einzelmassnahmen des Künstlers, der sein Werk bearbeitet, bemalt und vergoldet». Ohne diese Glaubenshaltung gibt es keinen Sieg über die Empfindlichkeit und kein friedliches Zusammenleben mit den Mitbrüdern.

Am nachhaltigsten predigte Johannes vom Kreuz allerdings durch das eigene Beispiel. Die Mitbrüder, die ihn aus Avila entführten und während neun Monaten in einem grauenhaften Verliess zu Toledo einsperrten, nannte er seine «grossen Wohltäter». Als er am Generalkapitel von Madrid durch niederschmetternde Entscheide der Obern sämtlicher Führungsaufgaben im Orden enthoben und zur Busse in die Einsamkeit von Peñuela verbannt wurde, schrieb er: «All das kommt nicht von Menschen, sondern von Gott, der weiss, was wir brauchen und der es zu unserm Wohl anordnet. Denkt also nichts anderes, als dass Gott alles angeordnet hat. Wo keine Liebe ist, setzt Liebe ein, und ihr werdet Liebe hervorbringen»[393)].

Hinter den Prüfungen die Erstursache wahrnehmen, bedeutet, ihre Bitterkeit durch Liebe umgestalten und veredeln. «Wie wohltuend ist es, Leid zu ertragen, wenn es von Dem geschickt wird, der die wahre Güte ist», schreibt Johannes vom Kreuz in seinen Sentenzen.

Gott quält seine Freunde

Nach Bergson ist die Welt eine «Werkstätte zur Hervorbringung von Heiligen». Dieser Tatsache war sich gerade auch Johannes vom Kreuz stets bewusst. P. Maria-Eugen vom Kinde Jesus schreibt dazu: «Besser als irgend jemand kennt Johannes vom Kreuz die höchste Kunst der göttlichen Weisheit, die es versteht, unaufdringlich und schmiegsam die Menschen und Geschehnisse als Zweitursachen zu benutzen und sie als Instrumente der Allmacht Gottes zur Erreichung des Endzwecks, der Errichtung der Kirche und der Heiligung der Seelen, einzusetzen. Das Wirken der göttlichen Weisheit entfaltet sich gewöhnlich in unserem Alltag und verbirgt sich unter dem Schleier der gewöhnlichsten Ereignisse»[394)].

Es braucht einen tiefdringenden Glauben, um dieses ständige Wirken des göttlichen Bildhauers zu erkennen. «Das Geheimnis des göttlichen Wirkens wird verdeckt durch den Aufruhr der menschlichen Leidenschaften und noch mehr durch die Gewöhnlichkeit des alltäglichen Geschehens, unter dem es sich verbirgt».

«Ebenso intensiv, wenn nicht noch intensiver als beim kontemplativen Menschen, ist die Läuterung beim aktiven, weil er auf seinem Lebensweg mehr äussere Schwierigkeiten und Nachstellungen, persönliche Niederlagen und Ängste antrifft, die seine Interessen vom Geistigen ablenken. Eben wegen dieser Sorgen hat er mehr Gelegenheit zu Demut, Hoffnung und Liebe. Unter solchen Umständen könnte die Läuterung sogar schneller erfolgen, verstünde es die Seele, sie zur Abkehr von ihrem inneren

Kummer und zur rückhaltlosen Hingabe an Gott durch Glaube und Vertrauen zu benützen».

«Das Leben der Heiligen», fährt P. Maria-Eugen vom Kinde Jesus erläuternd fort, «könnte auf herrliche Weise diese Ausführungen illustrieren, die sonst nur toter Buchstabe bleiben. Ihr Leben zeigt, wie wunderbar die göttliche Weisheit äussere Schwierigkeiten wie Geldnot, Widerstände von Seiten der Freunde usw. benützt, um die Heiligen zu übernatürlichen Akten und somit zur Bewältigung der letzten Stufen zur Vollkommenheit zu bewegen. Auf bewundernswerte Weise martert Gott seine Heiligen, um sie zum übernatürlichen Ziel zu führen, das er ihnen gesetzt hat»[395].

Aus jedem Geschehnis Nutzen ziehen, weil alles Träger einer Botschaft des Herrn der Geschichte ist: In dieser Weisung des spanischen Mystikers liegt viel geistlicher Realismus. Sie liegt auf derselben Linie wie die Mahnung Pauls VI. an die Ordensobern, sich von den Schatten unserer Epoche nicht zu stark beeindrucken zu lassen, sondern sie als Anlass zu noch hochwertigerem Apostolat zu benützen: «Glücklich die Zeit, die uns alle zu totaler Liebe auffordert und immer dringender anhält, neue Mittel und Wege zu finden, um die Liebe durch unser Leben auf die Umwelt auszustrahlen. Das ist für Eure Gemeinschaften die Stunde neuer Bewusstwerdung, die Stunde der geistlichen Unterscheidung»[396].

Der Theologieprofessor P. Marie-Dominique Philippe OP von Fribourg betont, die Stimme Gottes in der schwierigen Situation der Gegenwart müsse die Christen zu doppelter Wachsamkeit anspornen. «Als Glaubende müssen wir wach werden. Ich frage mich, ob Gott die grossen Kräfte des Atheismus (Laizismus, Positivismus, Marxismus, Freudismus) nicht aufkommen lässt, um unsern Glauben wachzurütteln. Gegen ihre kraftvolle Propaganda besitzen wir zwei Waffen: Den Glauben und die Liebe»[397].

Der Redakteur der *Civiltà Cattolica*, Giuseppe De Rosa, untersucht die gegenwärtige Krise der Kirche in dem Artikel *«Una chiesa nuova per i tempi nuovi – Eine neue Kirche für eine neue Zeit»*. Auch er stellt die Frage nach möglichen Lösungen. Im Unterschied zu Autoren, die diese Krise lediglich vom psychologischen oder soziologischen Standpunkt angehen, beurteilt De Rosa die Lage aus der Sicht des Glaubens. Er vertritt die Auffassung, dass die Krise dem Plan Gottes entspricht, der seine Absichten im Verlauf der Monate und Jahre auf seine uns allerdings unbekannte Weise verwirklicht. Wie gelangen wir aus dieser Krise heraus? Gott, der sie zum Wohl der Kirche zulässt, weiss es. «Wir kennen den Ausweg nicht, Gott kennt ihn. Diese Gewissheit soll uns genügen. Er verfolgt seinen Plan, er wird ihn zu Ende führen». Mit Juliana von Norwich können wir beifügen: Wir werden am Schluss feststellen, dass alles gut war und dass geheimnisvoll alles zum Aufbau des mystischen Leibes geführt hat. Was uns heute noch wie eine unausstehliche Kakophonie vorkommt, wird eines Tages in eine glanzvolle Symphonie ausklingen.

Trauer mündet in Freude

Die Gewissheit eines guten Ausgangs kommt auch in einem Brief des heiligen Ignatius an Freunde in Neapel zum Ausdruck: «Was die Ereignisse des Lebens betrifft, sollten wir die Bereitschaft haben, die angenehmen wie die unerfreulichen als Gnadenerweis aus der Hand Gottes anzunehmen. Dabei genügt es, wenn wir entsprechend unsern schwachen Kräften das uns Mögliche tun. Das Übrige, was die Menschen nicht schaffen können, müssen wir getrost der göttlichen Vorsehung anheimstellen. Die Menschen verstehen nichts von der Vorsehung, und deshalb lassen sie sich immer wieder durch Dinge betrüben, über die sie sich eigentlich freuen sollten»[398].

Welche Weisheit spricht aus diesen Zeilen! Sie ist die Frucht einer seltenen und echten Gotteserfahrung und einer ebenso seltenen Kenntnis des menschlichen Herzens: beides sind einzigartige Gaben Gottes.

Eine Frage drängt sich auf: Wie gelangt der Mensch zu einer so hohen Schau der Dinge und zu einer vertrauensvollen Hinnahme göttlicher Anordnungen, wie wir sie insbesondere bei den Patriarchen und Propheten des Alten Testamentes, bei Maria und bei den Freunden Gottes bewundern?

Der hervorragende Geisteslehrer Jean-Joseph Surin antwortet folgendermassen: «Ein grosser Teil der Menschen weiss nicht, wie man Gott in den Geschöpfen sucht und findet. In den Ereignissen des Lebens erfassen sie lediglich die Zweitursachen. Aus diesem Grunde lassen sie sich leicht erregen, niederdrücken und zum Murren und Klagen verleiten. Wer aber zur innern Vereinigung mit Gott ge-

langt ist, nimmt alle Geschehnisse als aus der Hand Gottes gesandt entgegen; seine Weisheit ist unübertrefflich, und seine Güte fügt alles zum Wohl seiner Freunde»[399].
Welche Konsequenzen ergeben sich aus dieser übernatürlichen Sicht der Dinge? «Die Freunde Gottes sprechen von nichts anderem als von einer Fügung Gottes. Darum kann sie nichts betrüben, beunruhigen oder mit übergrosser Angst erfüllen[400]. Sie überlassen sich ganz Gott und stellen sich seinem Willen anheim».
Aus der Geschichte des Jesuitenordens führt Jean-Joseph Surin folgendes Beispiel an: «Der heilige Franz Borgia war einst noch spät nachts unterwegs zu einem Haus der Gesellschaft, wurde aber von schweren Schneestürmen behindert. Franz nahm dies mit Freude an, weil er überzeugt war, dass es Gott Vergnügen bereitete, ihm Schneeflocken zuzuwerfen. Wer nicht aus dem Gedanken an Gott lebt, ist bei solcher Gelegenheit eher versucht, mit Zorn und Unmut zu reagieren»[401].
Man könnte Surins Gedanken in den Worten zusammenfassen, die zwei Herren aus Turin dem heiligen Giuseppe-Benedetto Cottolengo sagten. Sie waren tief beeindruckt durch die Seelenruhe des Gründers der Piccola Casa della Divina Provvidenza, die er inmitten seiner Finanznöte ausstrahlte. «Herr Kanonikus,» sagten sie, «verzeihen Sie uns unsere unüberlegten Bemerkungen; wir argumentieren als Menschen, Sie aber sprechen wie ein Heiliger»[402].
In derartigen Schwierigkeiten verhalten sich der Ungläubige, der durchschnittliche Christ und der Heilige völlig verschieden. Für den Ungläubigen stellt sich die Frage nach dem Einwirken Gottes überhaupt nicht. Der durchschnittliche Christ hat nur eine verschwommene Vorstellung von der Vorsehung, als wäre Gott an den geschichtlichen Ereignissen nur dann mitbeteiligt, wenn die freie menschliche Entscheidung und das Böse nicht im Spiel sind. Der Heilige hingegen ist, wie Paulus sich ausdrückt, «dauernd vom Heiligen Geist geleitet»[403]. Er erfasst die Dinge darum in einem andern Licht: Hinter allen Zweitursachen erkennt er die in ihnen wirkende Erstursache. Die Menschen mögen sich rühren, soviel sie wollen, letztlich ist es Gott, der sie leitet und sie benützt, um den Himmel mit Auserwählten zu bevölkern.
«Gib uns Augen, Herr, um zu sehen; gib uns ein Herz, um zu lieben».
Diese Verse finden sich in einem Weihnachtsgebet des bel-

gischen Kardinals Suenens. Ein eigener Abschnitt begründet die erste Bitte:

«Wenn wir Dich um Augen bitten, um damit zu sehen,
dann flehen wir Dich an, uns Deine Augen zu geben,
damit wir die Welt, die Menschen und ihre Geschichte,
aber auch unsere eigene Geschichte,
so sehen, wie Du sie siehst»[404].

Von Stufe zu Stufe

Gottes Handeln umfasst viele Stufen. Die Gnade kann mehr oder weniger tief in die menschlichen Fähigkeiten eindringen, in Gefühl, Willen und Verstand. Teresa von Avila unterscheidet sieben Gebetsstufen, die dem Grad der Einwirkung des göttlichen Lichts und der göttlichen Energie auf die menschliche Psyche entsprechen. Dieses Einwirken erfolgt zunächst schwach, durchdringt allmählich die menschliche Seele und steigert sich schliesslich bis zur völligen Umgestaltung, das heisst bis zu einer Art «Vergöttlichung» der Seele. Kraft dieser fortschreitenden Umgestaltung lernt die Seele nach und nach, wie Gott zu denken, wie Gott zu lieben, wie Gott zu wollen und die Geschehnisse des menschlichen Alltags mit den Augen Gottes zu sehen. Sie hat in gewissem Masse Anteil an den Eigenschaften Gottes. Sie nimmt etwas von der Fülle des göttlichen Friedens auf und strahlt es auf ihre Mitmenschen aus. Sie lebt in Gott und Gott lebt in ihr.

Die aus Gott geschöpfte Weltschau der Heiligen hat eine seltsame Tiefe und Schärfe. Der deutsche Jesuit Joseph Sudbrack weist darauf hin, dass Franz von Assisi und Ignatius von Loyola, also zwei überragende Gestalten der katholischen Kirchengeschichte, über nur dürftige exegetische Kenntnisse verfügten. Die Auslegung des Poverello über die Schriftstelle «Nehmt weder Beutel, noch Sack, noch Sandalen mit...» sei vom exegetischen Standpunkt aus ungenügend. Die naiven Schriftmeditationen des Gründers der Gesellschaft Jesu entbehrten jeglicher kritischen Einstellung. «Und doch vermochten die beiden Heiligen», schliesst Sudbrack, «tiefer in das Evangelium einzudringen, als manche Exegeten mit viel besserer wissenschaftlicher Ausrüstung»[405].

Um zu verstehen, dass einzig Gott Welt und Menschen regiert, und um die Orientierung der Weltgeschichte und unserer eigenen Geschichte zu begreifen, bedürfen wir einer über die natürlichen Fähigkeiten hinausgehenden Hilfe. Auf sich allein gestellt, vermag das natürliche Auge das Übernatürliche nicht zu sehen, ebenso wie die Tiefen des gestirnten nächtlichen Himmels mit blossem Auge nicht erfassbar sind.

In einer öffentlichen Audienz erklärte Paul VI. den Gläubigen, wie der auf seine eigenen Kräfte gestellte sündige Mensch ohne übernatürliche Hilfe die Welt und ihre Geschichte nicht verstehen könne. «Der Mensch benötigt Heilung, Loskauf, Rehabilitation. Er braucht Verzeihen. Er bedarf der Rückkehr zu echtem Menschsein, der Wiederentdeckung seiner Würde und seiner wahren Persönlichkeit. Dann wird er zu Frieden, Frohmut, Lebensfreude und Hoffnung zurückfinden und ein klares Verständnis für die Welt, den Menschen, die Geschichte, den Tod und das Jenseits gewinnen können»[406].

Man kann diese geistliche Grundstimmung nicht stark genug als Voraussetzung für ein christliches Verständnis der Geschichte betonen. Wissen allein und Theologie allein genügen nicht. Es bedarf der Gnade. Diese gehört aber einer unendlich höheren Ebene an. In leichter Abänderung eines Satzes von Pascal könnte man sagen: «Aus allen körperlichen und geistigen Wesen der Welt könnte man nicht einen einzigen echten Akt des Glaubens hervorbringen; das ist unmöglich; denn er gehört einer anderen Ordnung, nämlich der übernatürlichen Ordnung an».

In seiner Autobiographie erzählt der heilige Ignatius von Loyola ein Erlebnis, das sich kurze Zeit nach seiner Bekehrung ereignete, als er am Ufer des Flusses Cardonner sass: Die Augen seines Geistes begannen sich zu öffnen, und er verstand mit einem Mal viele Dinge geistlicher Art, wie auch Dinge des Glaubens und des Wissens. Was er in jenem einzigen Augenblick an Erkenntnis gewonnen habe, gestand Ignatius gegen Ende des Lebens im Alter von 62 Jahren, «übertrifft bei weitem die während eines ganzen Lebens erworbene eigene Weisheit und die von Gott empfangene Hilfe»[407].

Die Zeitgenossin des heiligen Ignatius, Teresa von Avila, berichtet von ähnlichen gnadenhaften Erleuchtungen, welche all ihr erworbenes Wissen weit überragen: «Ich verstand höchste Wahrheiten über die Wahrheit selbst. Ich begriff besser, als wenn mich eine grosse Anzahl Weiser unterrichtet hätte. Mir scheint, diese hätten mich nie so tief in die Wahrheit einführen, mir nie eine so klare Sicht der Eitelkeit der Welt vermitteln können... Alle andern Wahrheiten hängen von dieser Wahrheit ab, jede andere Liebe von dieser Liebe, jede andere Grösse von dieser Grösse. Doch, was ich da sage, ist im Vergleich zur Klarheit, mit der der Herr mich begreifen liess, wie tiefes Dunkel»[408].

Solches habe ich nie gesehen

Es ist keineswegs so, als ob Gott Erleuchtungen nur grossen Heiligen vorbehielte. Er beglückt damit auch einfache Menschen. Die übernatürlichen Tugenden und die Gaben des Heiligen Geistes verbinden diese Menschen innig mit Gott und verleihen ihnen eine gewissermassen göttliche Schau der Dinge. So konnte im Ersten Weltkrieg eine französische Bäuerin ihrem Sohn ins Feld schreiben: «Was die Welt als Unglück, Not und schlimme Zeit bezeichnet, erhält einen andern Namen, wenn es durch Gottes Hände geht»[409]. Für den Theologen, der dieses Briefzitat überliefert, ist die einfache Bäuerin mit der heiligen Katharina von Siena geistig verwandt. Diese berichtete kurz vor ihrem Tod ihrem Beichtvater Raymund von Capua: «Ich habe im Lichte eines lebendigen Glaubens gesehen und vollständig verstanden, dass alles, was mit mir und meinen Mitmenschen geschieht, von Gott stammt, der nie aus Hass, sondern immer aus grosser Liebe zu seinen Geschöpfen handelt»[410].
Im Brief an seinen Mitbruder L. Lallemant erzählt der Jesuit J. Surin von der Begegnung mit einem jungen Mann während einer Kutschenfahrt: «Ich kam neben einen ungefähr 18jährigen Mann von einfachem, unauffälligem Äusseren zu sitzen. Er konnte weder lesen noch schreiben. Dafür aber war er mit soviel Gnaden und geistigen Gaben ausgestattet, wie ich es bis anhin noch nie erlebt hatte. Ohne je einen Seelenführer gehabt zu haben, sprach er mir von seinem reichen Seelenleben mit einem Scharfsinn, einer Sachkenntnis und einer Gründlichkeit, die alles übertrifft, was ich je über geistliches Leben gehört und gelesen habe»[411].
Kurzum, der Christ braucht einen lebendigen Glauben, um Gott in den Ereignissen am Werk zu sehen, um das Eingreifen seiner Hände zu erkennen, um sich von der Verblendung durch die Zweitursachen zu befreien, welche unsere

Sinne beschäftigen und die Wahrnehmung der Erstursache erschweren.
Je lebendiger der Glaube, desto eher vermag er die tätige Gegenwart Gottes zu erkennen, der mit liebender Zielstrebigkeit am Aufbau der Kirche arbeitet. Ein gottbezogenes Geschichtsverständnis ist nicht das Privileg einer intellektuellen, sondern geistigen Elite, und diese Elite setzt sich aus Angehörigen aller sozialen Schichten zusammen, denn bei Gott gibt es keine Diskriminierung der Menschen. Gott kann durchaus seine Erleuchtungen ungebildeten Menschen zukommen lassen und sie hochgebildeten Intellektuellen vorenthalten. «Ich preise Dich, Vater, Herr des Himmels und der Erde, dass Du dies vor Weisen und Gebildeten verborgen, es aber den Kleinen geoffenbart hast»[412].
Eine Schriftstelle, die für den einen unverständlich ist, ist für andere durchsichtig. Wir wissen von einem Bekannten, der sich in einer äusserst schwierigen Apostolatsaufgabe jahrelang vor Entmutigung bewahren konnte, indem er sich an den in seinem Missale stehenden Text klammerte: «Herr, König, Beherrscher des Universums, alles ist Deiner Macht anheimgestellt, niemand kann dir widerstehen...»[413].
«Niemand kann dir widerstehen», wiederholte der betreffende Bekannte, sooft er sich den Schwierigkeiten gegenübersah. «Niemand kann dir widerstehen», kraft dieses Satzes wuchs sein Glaube, und er überwand die Mutlosigkeit.
In einer älteren Biographie über den heiligen Cajetan von Tiene († 1547), den Gründer der Theatiner, steht folgende eigenartige Episode: Der heilige Cajetan wurde vor die kirchliche Behörde zitiert, weil er es bezüglich der materiellen Zukunft seiner Kongregation an Vorsicht hatte fehlen lassen.
Zu seiner Rechtfertigung berief sich Cajetan auf die Schriftstelle: «Suchet zuerst das Reich Gottes und seine Gerechtigkeit, und alles andere wird euch dazugegeben werden... Macht euch keine Sorgen über eure Zukunft...»
«Wenn Gott mir also nahelegt, mich nicht um die Zukunft zu sorgen», sagte er zu seinen Anklägern, «warum beschuldigt man mich dann? Ist es falsch, sich an Gottes Wort zu halten und ihm absolut zu vertrauen?» Die Verteidigungsrede Cajetans beeindruckte Papst Clemens VII. so tief, dass er seine Meinung mit dem Schriftwort ausdrück-

te: «Wahrlich, einen so grossen Glauben habe ich bei niemandem in Israel gefunden»[414].
So löst dieselbe Stelle aus der Heiligen Schrift verschiedene Reaktionen aus, je nachdem, ob sie von der Seele eines Heiligen aufgenommen wird oder von Theologen und Prälaten, welche nicht dieselbe Tiefe des Glaubens haben. Selbst die von Gott direkt ausgehende geistliche Botschaft wird von den Menschen je nach ihrer geistigen Verfassung verschieden aufgenommen. Es verhält sich wie mit den Samenkörnern, von denen einige auf den Weg, andere auf felsigen Grund oder zwischen Dornen, wieder andere schliesslich auf gutes Erdreich fallen. Die Aussaat, Symbol des Wortes Gottes, bringt nicht überall gleichviel Frucht. «Die einen sehen und sehen doch nicht», bemerkt Jesus, «andere hören und verstehen nicht»[415].

Ein Wort des österreichischen Kanzlers Seipel

Angesichts derselben Prüfungen verhalten sich auch Ijob und seine Frau verschieden. Ijob preist den Herrn, Ijobs Frau lässt sich zum Lästern hinreissen. Ijob versucht, sich in den Plan Gottes einzufügen, seine Frau bleibt im Natürlichen befangen.
In ähnlicher Haltung wie Ijob schrieb der polnische König Johann Sobieski († 1696) in gläubiger Haltung den Sieg über die Türken in der Schlacht am Kahlenberg bei Wien Gott zu, wobei er sich in Anlehnung an Cäsars berühmten Satz so äusserte: «Ich kam, sah, aber Gott siegte». Der Arzt Ambroise Parré schrieb die Erfolge seiner medizinischen Kunst aus gläubiger Überzeugung Gott zu: «Ich habe seine Wunden verbunden, und Gott hat ihn geheilt».
Ähnlich bedurfte es der Heiligkeit, als Jeanne d'Arc († 1431) vor ihren Richtern sagte: «Die Krieger kämpfen, aber Gott verleiht den Sieg». Der österreichische Kanzler Ignaz Seipel († 1932) gab folgendes Zeugnis seines Glaubens: «Der Mensch kann nichts Gescheiteres tun, als sich stets von Gott führen lassen». Der von seinen vielfältigen Werken aufgeriebene und in der Gesundheit stark angeschlagene P. Gustav Desbuquois konnte nur aus einem tiefen Glauben heraus folgendes sagen: «Was immer mir zustösst, ist für mich das Beste». Zu solchen Höhen kann der gesunde Menschenverstand sich nicht erheben, auch nicht mit Hilfe eines Durchschnittglaubens, sowenig wie

ein Löwe zu fliegen vermag, auch wenn er noch so stark ist. Zu einem Höhenflug braucht es Flügel. Um die Dinge mit den Augen Gottes anzusehen, bedarf es der Gaben des Heiligen Geistes.
Intelligente nichtchristliche Autoren können gewiss Interessantes über religiöse Themen schreiben. Universitätsprofessoren können, ohne selbst Katholiken zu sein, Vorlesungen über katholische Dogmen halten, wie sie es auch über den Islam oder den Buddhismus tun. Ein wissenschaftlich versierter Theologieprofessor ist fähig, selbst wenn er sein eigenes Gebetsleben vernachlässigt, gescheite Abhandlungen über die Vorsehung zu schreiben und inhaltlich unanfechtbare Vorträge über die Gedanken eines Thomas von Aquin, eines Augustinus und eines Bossuet zu halten. Steigen aber diese Gelehrten vom Katheder herunter und werden sie von harten Prüfungen heimgesucht, so verhalten sie sich wahrscheinlich nicht wie der demütig hinnehmende Ijob, sondern eher wie seine rebellische Frau, es sei denn, Gott gewährt ihnen plötzlich eine ausserordentliche Gnade.
Eine theoretische Kenntnis der Vorsehungslehre genügt nicht für eine christliche Auseinandersetzung mit den grossen Prüfungen des Lebens. Heimsuchungen verwirren oft das Gemüt; dadurch wird der Wille erregt und die Gelassenheit des Verstandes gestört. Das ganze Innenleben gerät in Aufruhr. Nur eine höhere Macht vermag diesen Sturm zu stillen. Die entfesselten Fluten des Sees Genesareth konnten nicht von jedem beliebigen galiläischen Fischer, sondern einzig von Jesus zur Ruhe gebracht werden. Es bedurfte der Allmacht Gottes. Genau so braucht der Mensch die Kraft der Gnade, um seine inneren Stürme zu besänftigen.
Gewissheit aus dem Glauben muss die zügellosen Reaktionen des Affektes bändigen. Die Gaben des Heiligen Geistes gewährleisten diesen Sieg.

Das Ereignis bin ich

In den dunkeln Stunden des einzelnen und in den tragischen Phasen der Völkergeschichte vermag nur jener, der gewohnheitsmässig dem Impuls des Heiligen Geistes gehorcht, hinter den Ereignissen den Arm Gottes, der sich hinter den Händen der Menschen verbirgt, zu erkennen

und seine innere Gelassenheit zu bewahren. Bei Christen, die lediglich eine lose Beziehung zu Gott haben, wird in solchen Augenblicken das Gefühl durch den Schmerz übermannt, der Geist wird aus den Fugen gebracht und der Wille gelähmt. Mit andern Worten: Sie lassen sich von Zweitursachen hypnotisieren. Die Idee, Gott könne früher oder später Gutes hervorbringen aus den Prüfungen, die über sie selber, ihre Heimat oder ihre Freunde hereingebrochen sind, der Gedanke, dass Gott wirklich der Herr der Geschichte ist, die Behauptung, sowohl das Wohlergehen als das Unglück, sowohl die Gesundheit als die Krankheit seien Werkzeuge in der Hand Gottes, dies alles übersteigt ihren Verstand und erscheint ihnen als eine fromme Illusion, wenn nicht als ein Hohn auf ihr Leiden.
Es wurde schon gesagt, Heimsuchungen, insbesondere Krankheiten, seien der Gradmesser des christlichen Glaubens. Mit Gottes Plänen übereinzustimmen, wenn diese in unser Konzept passen, ist leicht. Sich ihnen aber unterzuordnen, wenn sie unseren eigenen Vorstellungen zuwiderlaufen, ist schwer und schmerzlich. Es verlangt eine heroische Hingabe an Gott, um den unvergleichlichen Vorrang seiner Weisheit über unsern kleinen Verstand, den Vorrang seiner Pläne vor unseren kleinen Berechnungen, den Vorrang seiner Allmacht vor unserer zerbrechlichen Kraft anzuerkennen!
Die Frage nach dem Sinn der Geschichte wirft auch das Problem des geistlichen Lebens auf. Ohne lebendigen Glauben und ohne die Wirkkraft der Gaben des Heiligen Geistes, welche die natürlichen Fähigkeiten des Menschen durchdringen und erheben, gibt es kein christliches Verständnis der Geschichte. Der Christ braucht die Gaben der Wissenschaft und der Weisheit, um im Wirken der Zweitursachen das Spiel der Erstursache und in den Ereignissen die tätige Gegenwart Gottes zu erfassen. Nur so gelingt es dem Menschen, den Verlauf der Geschichte in grossen Zügen realistisch zu werten. Sonst bleibt er in vordergründigen Ereignissen stecken, sieht nur einen Teil des Ganzen, und die Gesamtschau fehlt. So weiss er weder über das Woher noch über das Wohin der Geschichte Bescheid. Wenn ein Chemiker in Basel Rheinwasser analysiert, wird er tausend interessante Dinge feststellen. Diese Analyse sagt aber wenig darüber aus, wo der Rhein entspringt, welchen Verlauf er nimmt und wo er ins Meer mündet. Genauso muss man bezüglich der Geschichte auf

Jenen zurückgreifen, den die Apokalypse den Pantokrator, den Allherrscher, nennt. Sonst bleibt man unweigerlich an der Oberfläche des Problems in bezug auf den Sinn der Geschichte stecken, selbst wenn man akademische Titel besitzt und gelehrten Akademien angehört. Wo der Ungläubige unter dem Einfluss der Gegenwartsereignisse keinen Bescheid über deren grundsätzliche Ausrichtung weiss, steht der Gläubige irgendwie über dem Alltagsgeschehen, weil ihm sein Glaube sagt, dass jedes Ereignis im Dienste Gottes zum Aufbau seiner Kirche steht. «Was immer eintritt, ist verehrungswürdig», sagt Leon Bloy († 1917), während Charles Péguy († 1914) Gott sprechen lässt: «Das Ereignis bin ich». Blaise Pascal († 1662) drückt sich so aus: «Alle Dinge sind Schleier, die Gott verhüllen; (gerade darum) müssen ihn die Christen in allem erkennen».
Es ist frappant, wie sehr Gott in der Heiligen Schrift seine Freunde auffordert, sich vor Ereignissen und Menschen nicht zu fürchten. Man kann sogar sagen, eine seiner Hauptsorgen liege darin, in den Gläubigen das Vertrauen und den Optimismus zu festigen, Haltungen übrigens, die mit der Gottesfurcht vollkommen vereinbar sind.
Wie oft mahnt Christus seine Jünger, keine Furcht zu haben! Das Vertrauen in Gottes Allmacht inspiriert den Apostel Paulus zu einem seiner schönsten Grundsätze: «Wenn Gott für uns ist, wer könnte dann (wirksam) gegen uns sein»[416]. Anders ausgedrückt: Wenn Gott als universale Erstursache seine Hand über alle Zweitursachen hält und sie anleitet, seine Pläne – und nur sie – auszuführen, wenn also dieser Gott mit uns ist, wer könnte dann unser Tun noch durchkreuzen, sofern es dem göttlichen Willen entspricht? «Wer könnte euch schaden, wenn ihr nach dem Guten trachtet?» schrieb Petrus, der erste Papst, den verfolgten Christen[417]. Der heilige Justinus, der erste christliche Apologet, erklärte dem römischen Kaiser mit Stolz: «Ihr könnt uns töten, aber ihr könnt uns nicht schaden»[418]. Er ist dermassen sicher, dass Gott, der Pantokrator der Apokalypse, sämtliche Ereignisse, die glücklichen und die unglücklichen, zum geistlichen Wohl und Wachstum der Auserwählten wendet. Gottes Sohn wurde nämlich Mensch, damit die Menschen in der kämpfenden Kirche ein Leben in Gnade führen; und diese Gnade soll ihnen in der ewigen Anschauung einst in Überfülle zuteil werden[419].
Aufgrund dieser kosmischen Schau der Geschichte «ist der

Christ grundsätzlich ein Optimist. Zwar ist er angesichts der Nöte des Lebens keineswegs blind, aber er hofft zu Recht, dass die Erfüllung der Pläne Gottes zum Wohl des Menschen und der Schöpfung gereichen. Gott überlässt die Welt, die er geschaffen hat, nicht dem Fiasko. Er sendet seinen ewigen Sohn in diese Welt, um die Menschen mit neuem Leben zu erfüllen. Das ist ein Zeichen, dass Gott seines Erfolges gewiss ist»[420].

Wirksamer als jede Psychoanalyse

In der Heiligen Schrift finden sich häufig Sätze wie: «Der Herr ist mit dir», oder «Ich bin mit dir». Der Christ, dem diese Versicherung gilt, muss sich also nicht auf Freunde, auf Finanzgruppen oder eine politische Partei stützen, sondern auf den mächtigsten aller Freunde, von dem auch jede wirtschaftliche Macht, jeder politische Einfluss und jede menschliche Befähigung ausgeht. Die einfache Aussage Gottes «Ich bin mit dir» birgt für den Christen mehr Sicherheit als der Schutz ganzer Atommächte. Selbst die grösste Atomenergie, die wir uns vorstellen können, ist bedeutungslos im Vergleich zum unendlichen Potential, das in den vier Worten liegt: «Ich bin mit dir».

«Wenn du gegen deine Feinde in den Krieg ziehst und wenn du Rosse und Wagen und ein dir an Zahl überlegenes Kriegsvolk siehst, dann sollst du dich vor ihnen nicht fürchten; denn Jahwe, dein Gott, ist mit dir, er, der dich aus dem Ägypterland herausgeführt hat»[421].

Diese Weisung gibt Mose seinem Volk. Von Gott selbst erleuchtet, verlangt er, dass der Priester auf dem Schlachtfeld den Kriegern Gottes Anwesenheit in Erinnerung ruft: «Höre, Israel, ihr rückt heute zum Kampf gegen eure Feinde an. Euer Herz verzage nicht, fürchtet euch nicht, seid nicht bestürzt, erschreckt nicht vor ihnen. Denn Jahwe, euer Gott, zieht mit euch, um für euch gegen eure Feinde zu kämpfen und euch zum Siege zu verhelfen»[422].

Die Stärke Israels wie auch die Stärke der Kirche und der gläubigen Seele, die Israel sinnbildlich darstellt, liegt also nicht im menschlichen Potential, sondern in der Gegenwart Gottes, der in ihm und durch ihn wirkt.

Es kann kaum überbetont werden, wieviel ruhige Sicherheit und geistige Ausstrahlungskraft der Christ aus dem Glauben an Gottes Gegenwart schöpfen kann, und wie sehr dieser Glaube sogar seiner körperlichen Gesundheit zuträglich ist. Albert der Grosse sagte einmal: «Der glücklichste Mensch hienieden ist der, welcher sich ganz dem Willen Gottes anheimstellt und aus seiner Hand alles entgegennimmt, Böses und Gutes». Der deutsche Benediktiner Wöhrmüller schreibt: «Ein gläubiges Gottvertrauen beruhigt und stärkt die Nerven mehr als Wasser- und Luftkuren und psychoanalytische Künste. Gottvertrauen ist nicht nur ein Hilfsmittel für schwere Erschütterungen unseres Nervensystems, sondern für die vielen Arten des täglichen Angstfiebers».

Vom heiligen Bernhard schliesslich stammt folgender Satz: «Der ruhige Gott beruhigt alles». Der mit dem Gott des Friedens vereinigte Christ wird seinerseits für die Umwelt zu einem Quell des Friedens. Mit Recht wird gesagt, ein Mensch, der in allen Lebensumständen Ruhe bewahre, bedeute für die anderen eine ungeheure Erquickung. Die Gelassenheit eines Christen, der aus dem Glauben an Gottes Wirken in der Geschichte lebt, vermag noch mehr zu beeindrucken, wenn man sie mit der Hilflosigkeit eines berühmten Biologen angesichts der zentralen Lebensfragen vergleicht. Es handelt sich um den französichen Biologen Jean Rostand. Auf eine Umfrage von Christian Chabanis unter französichen Intellektuellen über Glaube und Atheismus gab er folgende Antwort: «Die Frage des Glaubens, ich stelle sie mir jeden Tag, ununterbrochen. Ich habe einst nein gesagt. Ich habe nein gesagt zu Gott, um die Dinge etwas brutal auszudrücken. Aber in jedem Augenblick steigt die Frage neu auf. Ich sage zu mir: Ist das möglich? In bezug auf den Zufall beispielsweise sage ich mir immer wieder: Es kann doch nicht der Zufall sein, der die Atome miteinander verbindet. Aber was denn sonst? Eine Kette von Fragen drängen sich wieder und wieder auf, immer dieselben. Ich beginne wieder darüber zu brüten; ich stümpere die ganze Zeit. Ich bin besessen, brauchen wir ruhig dieses Wort besessen. Besessen vielleicht nicht von Gott, aber wenigstens vom Nicht-Gott. Im Ernst!»

«Es ist also ein Atheismus, und zwar ein beunruhigender Atheismus?» fragt Christian Chabanis zurück.

«Den richtigen Ausdruck dafür müsste man suchen. Es ist sicher kein selbstzufriedener, triumphierender, froher Atheismus. Er bringt weder Zufriedenheit noch Befriedigung. Aber er ist lebendig und immer tätig wie eine Wunde, die stets neu aufbricht[423].

Um es nochmals zu sagen: Man kann die Notwendigkeit der subjektiven moralischen Voraussetzungen für eine gottbezogene Schau der Welt und für das Erkennen des göttlichen Wirkens in der Geschichte nicht genug betonen. Die feinsinnige Bemerkung Romano Guardinis zum Problem des Bösen lässt sich in gleicher Weise auch auf die Frage nach dem Sinn der Geschichte anwenden: Kein Gelehrter, kein Philosoph und kein Sozialreformer ist fähig, auf die Existenznot Antwort zu geben, Gott allein vermag es. Verstehen können wir sie nur in dem Masse, wie wir selbst nach dem Wort Gottes leben. Und dieses Wort werden wir erst in der Ewigkeit, in der vollkommenen Vereinigung mit Gott, ganz erfahren[424]. Nach dem Worte Gottes leben heisst: In der täglichen Beschäftigung den Primat des Geistigen anerkennen, dem Gebet in unserem Leben den ersten Platz einräumen. Denn «die Heilige Schrift versteht man nur auf den Knien» (Maurice Zundel); «nur betend begreift man die Bibel» (Daniel-Rops).

Der auferstandene Jesus wurde von den Jüngern nicht sofort erkannt. Thomas von Aquin sieht in der Verschiedenheit der inneren Einstellung zu Christus die Erklärung für die Verschiedenheit der äusseren Reaktionen: «Die göttlichen Wirklichkeiten werden von den Menschen entsprechend der Verfassung ihrer Gefühle erkannt. Wessen Geist empfänglich ist, der erfährt diese Wirklichkeiten in ihrer Wahrheit. Wer aber gegenteilig eingestellt ist, nimmt diese Wirklichkeiten mit einer Mischung von Zweifel und Irrtum auf. ‹Der natürliche Mensch fasst nicht, was Gottes Geist kund gibt› (1. Korinther, 2,14)»[425].

Ungeordnete Selbstliebe verdunkelt das Urteil. Sind Wille und Gefühl schlecht disponiert und etwa von Stolz oder Sinnlichkeit beherrscht, dann erscheint alles, was den ungeordneten Neigungen entspricht, als gut. Johannes vom Kreuz stellt eine eingehende Analyse der moralischen Konsequenzen und der geistigen Auswirkungen der Sünde an. Leidenschaft hindert den Menschen daran, tiefer in den Sinn religiöser Wahrheiten einzudringen. «Christen, die den Leidenschaften des Fleisches nachgeben», schreibt François Mauriac, «geben unumwunden zu, dass ein von ihnen geliebtes Geschöpf genüge, um Gott vor ihren Augen zu verbergen. Dasselbe trifft auch für jene zu, deren Leben durch ein Laster beherrscht wird. Wir haben jedoch viel mehr Mühe einzusehen, dass auch eine politische, ideologische oder ästhetische Leidenschaft, indem sie unsere ganze Zeit und alle unsere Kräfte absorbieren, uns vom lebendigen Gott trennen[426].

Den von Mauriac angeführten Möglichkeiten zur Verdunkelung des Verstandes wäre noch die Gier nach materiellem Komfort beizufügen, die oft mit der Abneigung gegen physische und moralische Anstrengung gepaart ist. Treffend bemerkt Papst Paul VI.: «Mit ganzer Kraft suchen wir alles, was Leid, Schmerz und Kummer verursacht, aus unserem Leben fernzuhalten. Unablässig streben wir nach Bequemlichkeit, Genuss und Zerstreuung. Wir möchten uns mit Wohlergehen, Bequemlichkeit, Gesundheit und Geld absichern. Unser ganzes Können setzen wir ein, um Anstrengung und Mühe zu verringern und die Freuden des Lebens zu geniessen: Gute Nahrung, ein bequemes Bett, schöne Spaziergänge, interessante Theatervorstellungen, guten Verdienst. Darin erschöpft sich weitgehend das Ideal. Der Hedonismus wurde zur allgemeinen Philosophie, zum Lebenstraum so vieler Zeitgenossen. Wir möchten, dass bei uns alles leicht, angenehm, hygienisch, rationell und vollkommen sei»[427]. Wie aber ein zeitgenössischer Bischof erklärt, «schläfert irdischer Komfort zunächst den Leib, dann den Verstand ein, und schliesslich trocknet er auch das Herz aus»[428]. Wie könnte sich ein komfortgieriger Mensch von den Ketten befreien, die seine Sinne binden? Wie kann er sich vom Dunkel des Geistes und den Gelüsten des Herzens befreien und sich die kosmische Schau eines Jesaja oder eines heiligen Paulus zu eigen machen? Wie gewinnt er die Ergebenheit in den Willen Gottes, wie sie ein Ijob besass, wie die Einsicht eines Augustinus oder eines Thomas von Aquin in die Geheimnisse der Vorsehung? Kann sich ein Kleriker, der gewohnt ist, vor der Welt das Knie zu beugen, kann sich eine Katholikin, die jeden Trend der Mode mitmacht, kann sich schliesslich ein machiavellistisch eingestellter christlicher Parlamentarier, wie kann sich überhaupt ein im Irdischen verstrickter Christ von verhängnisvollen Bindungen an das Irdische lösen und sich an Gott, als dem Herrn der Geschichte, orientieren?

Fahrweg und Bergpfad

Wenn man weiss, wie streng sich Thomas von Aquin an die wissenschaftlich-logischen Methoden hält, um seine

Thesen mit Argumenten des Glaubens und der Vernunft zu belegen, mag es überraschen, dass er für die Erkenntnis religiöser Wahrheiten auch dem Gefühlsleben eine grosse Bedeutung beimisst. Dem Aquinaten geht es allerdings nicht um die rein natürliche Affektivität. In ihr sieht er eher ein Prinzip der Irreführung, da infolge der Erbsünde das Gefühlsleben im Gleichgewicht gestört und von der Gnade getrennt ist. Ihm geht es vielmehr um das «Herz», in welchem die übernatürlichen Tugenden wohnen und die Gaben des Heiligen Geistes die führende Rolle spielen. Es geht ihm, kurz gesagt, um eine echte Gotteserfahrung.
Thomas von Aquin unterscheidet zwei Quellen oder Wege der Gotteserkenntnis: Den Weg der Vernunft und den Weg des Herzens. Das eine Mal handelt es sich um den intellektuellen Zugang zu Gott, im zweiten Fall um eine lebendige Gotteserfahrung. Der erste Weg ist die Theologie, der zweite Weg die Mystik. Zur Charakterisierung des mystischen Weges steht Thomas von Aquin ein reicher Wortschatz zur Verfügung. In der Mystik könne der Mensch Gott auf einfache, fast instinktmässige Weise erfassen: durch «Konnaturalität», durch Hinneigung, durch Erfahrung, durch «Affinität» zu den göttlichen Dingen, durch Kontakt, durch den Willen, durch die Liebe ohne Argumentation, durch innige Gottvereinigung usw.[429].
Weil der Weg des «Herzens» vom Walten des Heiligen Geistes geprägt ist, steht er über dem Weg der Vernunft, bei dem das menschliche Wirken im Vordergrund steht. Die Liebe reicht weiter als der Verstand, lehrt Hugo von St-Viktor († 1141). Der Verstand gelangt nur bis zur Schwelle. Die Liebe hingegen tritt über die Schwelle in die Wahrheit ein, denn «das Fassungsvermögen der Liebe übertrifft die blosse Vernunft»[430]. Thomas von Aquin gibt dafür auch eine Begründung: Die Erkenntnis durch das Herz bereichert und vervollkommnet die Erkenntnis durch den Verstand[431].
Kurz, «die Liebe überflügelt das Wissen, sie ist vollkommener als der Verstand, denn das Lieben ist tiefer als das Erkennen einzig auf Grund natürlicher Kraft. Die Liebe kann uns dank ihrer Neigung und Erfahrung bezüglich der Geheimnisse und Mysterien ein tieferes Wissen vermitteln, als es die Engel einzig aufgrund ihrer Natur zu erwerben vermöchten»[432].
Heisst das, die beiden Wege sind unvereinbar, so dass man sich entweder für den Weg des Verstandes oder den des

Herzens entscheiden muss? Die beiden Wege trennen sich nicht voneinander, sondern führen aufeinander zu. Der Weg der Vernunft erfährt gewissermassen eine Verlängerung durch den Weg des Herzens, ähnlich wie der Fahrweg in einen Bergpfad ausmündet, auf dem man zum Berggipfel gelangt. «Unglücklich das Wissen, das nicht in die Liebe ausmündet», sagt Bossuet. Ähnlich kann man auch sagen: Unglücklich ist das theologische Wissen, das nicht in die Kontemplation ausmündet. Der grosse deutsche Theologe des letzten Jahrhunderts, Matthias Joseph Scheeben, legt dar, wie sich diskursives Wissen und experimentelles Wissen gegenseitig bedingen und ergänzen. Wo Gott nicht auf besondere Weise direkt eingreift, muss die Kontemplation durch theologisches Wissen vorbereitet und getragen werden. Umgekehrt regt die Kontemplation die theologische Forschung an und verleiht ihr höhere Wirkung. Die Kontemplation macht es heiligen Menschen möglich, mit weniger Studium und weniger Anstrengung zu höheren Ergebnissen zu gelangen als wissenschaftlich besser ausgerüstete Theologen[433].
Mag die auf experimentellem Wege gewonnene Gotteserkenntnis noch so überwältigend sein, sie darf sich der Kontrolle durch das Lehramt nicht entziehen. Es ist bemerkenswert, dass Kirchenlehrer vom Format eines Thomas von Aquin, eines Johannes vom Kreuz und einer Teresa von Avila ihre Schriften aus innerer Überzeugung dem Urteil des kirchlichen Lehramtes unterstellt haben. Gerade durch ihre Gotteserfahrung haben sie entdeckt, dass Jesus auch im Lehramt sein Werk auf geheimnisvolle Weise fortsetzt: «Wer euch hört, hört mich; wer euch verachtet, verachtet mich»[434]. Es ist der gleiche Gott, der durch seine Gnadengaben Mystiker erleuchtet und das Lehramt der Kirche leitet[435].

Weder Ferien noch Pensionierung

Kardinal Jean Daniélou, der in neuerer Zeit wie kaum ein zweiter die Bedeutung der Kontemplation betonte, bedauerte insbesondere, dass dem modernen Menschen der Sinn für die «Intensität des göttlichen Wesens» fast vollständig abgeht. «Die Bedeutung des Menschen wird heute unglaublich hoch eingeschätzt. Der moderne Mensch hat den Sinn für sein Geschöpfsein verloren. Dafür tastet er

selbst die Substanz Gottes an, so dass man sich ihn nur noch als eine Art abstraktes Phantom in einem metaphysischen Himmel vorstellt. So ist es nur folgerichtig, wenn sich schon der Erstbeste solcher altmodischer Vorstellungen entledigt, die jeder lebendigen Erfahrung widersprechen. Das Verschwinden eines solchen Phantom-Gottes wird sicher niemand bedauern, da er mit dem lebendigen Gott nichts gemein hat, von dem die Bibel sagt, man könne ihn nicht sehen, ohne zu sterben». Jean Daniélou schliesst: «Die Vertrautheit mit der Bibel führt uns Schritt für Schritt in die Eigenart des lebendigen Gottes ein, dessen Wege uns bestürzt machen, weil sich in ihnen eine Macht, eine Weisheit und eine Barmherzigkeit äussern, die unser Begreifen unendlich übersteigen»[436].
In der Heiligen Schrift steht ein Wort, das als Ausdruck der «Intensität des göttlichen Wesens» mit blitzartiger Helle den Sinn der Geschichte beleuchtet: «Mein Vater», sagt Jesus, «wirkt immerzu, und so wirke auch ich»[437]. Mit der Aussage, Gott sei ununterbrochen am Werk, wandte sich Jesus gegen die These gewisser Rabbiner. Nach ihrer Auffassung hätte Gott nach dem Sechstagewerk mit jeder Tätigkeit aufgehört, um völlig zu ruhen, wie einer, der in Pension geht. Aber darin irrten sich die Rabbiner. «Wenn Gott nach den sechs Tagen der Schöpfung ausruhte, dann in dem Sinn, dass er von nun an keine Geschöpfe mehr aus dem Nichts hervorbrachte», erklärt der heilige Augustinus[438]. «Aber von da an erhält und leitet der Herr bis zum Ende der Zeiten alles Geschaffene. Mit der Welt verhält es sich nicht wie mit einem Gebäude, das die Maurer nach der Fertigstellung verlassen, und das weiterbesteht, auch wenn die Erbauer nicht mehr daran arbeiten. Die Welt müsste unverzüglich in einem Augenblick verschwinden, stellte Gott sein erhaltendes Einwirken ein»[439].

Ganz auf Gott ausgerichtet

Wenn wir anerkennen, dass Gott ununterbrochen am Werk ist, kommentiert Thomas von Aquin, lehnen wir dadurch die Überbetonung der Autonomie der Zweitursachen ab und widersprechen wir jenen, die ihnen eigenes Wirken ohne die erhaltende, antreibende und leitende Mitwirkung der Erstursache zuschreiben. Mit andern Worten: Anerkennt man Gottes ununterbrochenes Wirken, so heisst dies auch, erkennen, dass die Naturgesetze in ihrer Funktion von Gott abhängig sind. Die Wirklichkeiten der materiellen Welt und ihre Bewegungen sind vollständig von Gott abhängig. Sie stehen weder über noch neben Gott, sondern unter ihm. Gottes erhaltendes Einwirken setzt keinen Moment aus. Er ist die dauernde Ursache jeglichen Tuns der Geschöpfe.

Da Gott der universale Antrieb aller Bewegung ist, versteht man, warum Bossuet den geistig orientierten Christen den Rat gibt, «das Auge offen zu halten, um festzustellen, dass alles von Gott ausgeht und alles zu Gott hinführt»[440].

Das Wissen um die Kontinuität des göttlichen Wirkens ergibt sich aus dem Glauben, nicht aus der Erfahrung. «Gott ist ununterbrochen am Werk», aber ohne dass sich dieses Wirken mit physikalischen Apparaturen messen lässt. Es entgeht den Reportern und Gelehrten, ist aber den Glaubenden im Mass ihres Glaubens fassbar. Papst Paul VI. sagte einst: «Als Christen wissen wir, dass die Geschehnisse, die täglich in unser persönliches Leben und in dasjenige der ganzen Welt hineingewoben sind, keineswegs blosse Zufälligkeiten im Gefolge eines blinden und unerforschlichen Schicksals sind. Wir wissen, dass sie als Teil zu einem geheimnisvollen Plan gehören, den wir vorläufig nur andeutungsweise erkennen, durch den uns aber Gott in *jedem* Augenblick einbezieht und anspricht, um dadurch unser Heil zu wirken. Das verlangt von uns eine weitherzige und frohe Annahme aller Ereignisse»[441]. Durch die Vorkommnisse, in die wir einbezogen werden, durch die Mitmenschen an unserer Seite und durch die Atmosphäre, in der wir leben, ist Gott uns ununterbrochen gegenwärtig. Er ist immer am Werk, er arbeitet ununterbrochen an uns wie ein Bildhauer an seinem Marmorblock. Jeder Hammerschlag hat seine Bedeutung. «Es gibt in unserem Leben keinen einzigen Augenblick, in dem sich Gott nicht in Form einer Tröstung, einer Mühsal oder einer Pflicht an uns wendet»[442]. «Jeder Augenblick ist wie ein Gesandter, der uns den Willen Gottes übermittelt»[443].

In unserem Dasein gibt es darum nichts Nutzloses, weil alles von Gott angeordnet ist: Es gibt nichts Überflüssiges, nichts Wertloses, nichts Sinnloses. «Alles dient denen, die Gott vorausbestimmt hat, dazu, dass sie ihr Ziel erreichen»[444]. «Dem, der unter Gottes Führung steht, kann nichts schaden»[445]. Alles ist Gnade! Aus diesem Bewusstsein erwächst die Gelassenheit der Heiligen sogar inmitten stärkster Stürme.

Das Ernstnehmen dieser Wahrheit vermag unsern grauen Alltag wirklich zu verklären, weil es dazu führt, überall «die Hand Gottes» und «die Flügel der wohlwollenden Vorsehung» zu erkennen. «In meinem kleinen Geburtsdorf Sotto il Monte», schrieb Johannes XXIII. an Verwandte, «wird das Leben nie eintönig, weil ihr euch, wie ich, unter den Flügeln der wohlwollenden Vorsehung fühlt»[446]. Wer seinen Weg unter dem Schutz der Vorsehung weiss, darf gewiss sein, dass er zu Glück ohne Grenzen und Ende unterwegs ist. Er befindet sich zudem in bester Gesellschaft. «Es gibt kein vollkommeneres Glück, als Gott zum Weggefährten zu haben»[447]. Ein solcher Mensch leidet nicht unter der «kalten Monotonie einer zum Roboter degradierten und programmierten Existenz»[448]. Er spürt Gottes Anwesenheit in jedem Geschehen. Bei jedem Ereignis weiss er: «Es ist der Herr».

Romano Guardini bemerkt zu Recht, dass der glaubende Mensch «in der Gegenwart Gottes lebt» und ihn daher in der Geschichte am Werk «sehen» kann: «Der Mensch lebt sich in ihn ein und bekommt einen Zusammenhang zum waltenden Gott hin; ein fortdauerndes Bewusstsein oder Gefühl, dass Gott in allem Geschehen am Werk ist. Wenn er im Laufe des Tages immer wieder an dieses stille, lebendige, zarte und zugleich mächtige Geheimnis denkt oder zu ihm hinüberfühlt, so ist das ein echtes Gebet, und es hängt ganz von ihm ab, wie weit er es ausdehnen will. Er braucht damit nicht vom täglichen Leben und Tun wegzugehen, denn es vollzieht sich ja gerade in diesem. Er nimmt das Geschehene so auf, dass es vom Vater zu ihm kommt, und tut das Seinige so, dass er es zu Gott hin, in das Walten des Vaters hinein tut. Er sieht sich selbst in diesem heiligen Zusammenhang und versteht sein Leben von Stunde zu Stunde aus ihm heraus. Darin ist er geborgen und steht doch tatkräftig mitten in der Welt. Hier wird das Leben selbst zum Gebet»[449].

Gottverbundenheit auch im dichtesten Verkehr

Jacques und Raïssa Maritain schrieben einmal, eine der wichtigsten Forderungen des christlichen Lebens heute bestehe darin, dass die Kontemplation, ohne die Klöster und religiösen Gemeinschaften zu verlassen, sich in den Alltag ausbreite[450]. Es scheint uns, eine unablässige Vereinigung mit Gott durch eine gläubige Einstellung zum Wirken der göttlichen Vorsehung in der Geschichte und im Alltag sei ein wesentliches Element jener Kontemplation, von der Jacques und Raïssa Maritain wünschen, dass sie in die Strassen hinuntersteigen möge.

Aus dieser Glaubensperspektive versteht man besser, warum jede Präfation den Priester und das Gottesvolk auffordert, «Gott immer und überall Dank zu sagen». Wenn der Vater wirklich «ununterbrochen am Werk» ist, wenn er «alles zum Wohl seiner Freunde wendet», dann bedeutet dies doch, dass Gott sich dem Menschen in unablässiger Liebe zuwendet.

Jeder darf sich mit vollem Recht sagen: Was immer mir zustösst, es ist Gnade. Kein Leid, das mich trifft, ist endgültig. Selbst aus dem Bösen weiss Gott ein höheres Gut hervorzubringen, das er zu meinem geistlichen Fortschritt und zur Ausbreitung seines Reiches einsetzt.

Der heilige Augustinus betont unsere Dankespflicht gegenüber Gott, dessen Kinder und Erben wir sind: «Ob uns Trauer und Angst, oder Freude und Jubel erfüllt, stets sollen wir den loben, der uns in der Trauer belehrt und in der Freude Erquickung schenkt. Nie soll das Gotteslob Herz und Mund des Christen verlassen; es wäre falsch, ihn nur im Glück zu preisen, ihn anderseits in Widerwärtigkeiten zu schmähen. Der Christ soll vielmehr nach dem Psalmwort handeln: ‹Preisen will ich Jahwe allezeit, immerdar sei in meinem Munde sein Lob› (Psalm 33,1). Bist du in Freude, erkenne den Vater, der dir Freude machen will. Bist du in Trauer, erkenne den Vater, der dich züchtigt. Alles, was er tut, unternimmt er, um in dir den Sohn heranzubilden, für den er sein Erbe bereitet»[451].

Nicht bloss Ungläubige, auch manche Christen mit wenig Glauben halten dieses Geschichtsverständnis für eine überspannte Spekulation. Sie können es nicht nachvollziehen, dass Gott auch heute sein geheimnisvolles Heiligungswerk unter den Menschen durchführen soll: In all den Staaten, die vom Krieg heimgesucht sind; in den asiatischen und europäischen Ländern, die unter einem militanten atheistischen Regime stehen; in der Sahelzone Afrikas, die unter der Dürre schmachtet; in den von Hungersnöten heimgesuchten Gebieten Asiens; auf dem von Rezession und Arbeitslosigkeit bedrängten Kontinent Europa. In dieser Situation an Gottes universale Gegenwart und Wirksamkeit glauben und sich unerschütterlich zu ihr bekennen, muss für jene eine Provokation bedeuten, die ihr höchstes Ideal in ungestörtem materiellem Glück sehen. Eine Provokation ist es auch für jene Intellektuellen und Kleriker, die aus Sorge um die menschliche Freiheit und die göttliche Heiligkeit keine Beziehung zwischen Gott und dem Übel sehen wollen.

Trotz aller Hindernisse für den Glauben an die Vorsehung gibt es Christen, denen Gott die Gnade verliehen hat, an die universale und unbesiegbare Herrschaft seiner Liebe zu glauben. An diese Souveränität Gottes glauben sie felsenfest, selbst wenn sie ihre eigenen Pläne durchkreuzt, wenn das Herz blutet und sie in Glaubensdunkel gehüllt werden. Solche Männer und Frauen geben ihren Verstand in den Verstand Gottes, ihr Herz in das Herz Gottes.

Vor dem Gang zum Schafott

Zum Schluss sollen zwei bewegende Beispiele angeführt werden. Es handelt sich um einen Bischof und um einen engagierten Laien. Der eine ist der heilige Bischof Johannes Chrysostomus, einer der ansprechendsten Kirchenlehrer und geistigen Führer der frühen östlichen Kirche. Der andere war Staatsmann zur Zeit der Renaissance und der Reformation, Familienvater, Humanist, englischer Kanzler und Märtyrer, Thomas More.

Wenige Kirchenväter führten ein so bewegtes Leben wie Johannes Chrysostomus. Sowohl die zivilen Behörden wie auch sein Klerus setzten ihm hart zu. Diese schmerzlichen Vorkommnisse, vor allem aber das geistliche Wohl seiner Gemeinde, führten ihn dazu, sich mit der biblischen Lehre von der Vorsehung näher zu befassen. Aus der Betrachtung der Heiligen Schrift schöpfte er bemerkenswerte Einsicht. Je mehr er sich in das geheimnisvolle Wirken Gottes in allem Geschehen vertiefte, desto inniger wurde seine Vereinigung mit ihm. Darum drängte es ihn immer wieder zu sagen: «Ehre sei Gott für alle Dinge!» «Man muss Gott für alles, auch die Mühsal, danken. Erst darin zeigt sich die echte Dankbarkeit des Herzens»[452]. Von seinem Exil in Kappadozien aus beglückwünscht er einen Freund für das Gefühl der Dankbarkeit: «Du hast mich mit Mut und Freude erfüllt, weil Du nach all den traurigen Neuigkeiten beifügst, man müsse unablässig wiederholen: ‹Ehre sei Gott für alle Dinge!› Dieses Wort ist für Satan ein arger Schlag. In Gefahr bietet es Sicherheit. In Traurigkeit zerstreut es die Wolken. Höre also nicht auf, diesen Satz zu wiederholen und ihn auch andern zu empfehlen». Am Ende seines dreimonatigen Exils stirbt Johannes Chrysostomus in Comane. Bis zur letzten Stunde dankte er Gott für alles und wiederholte sein gewohntes Dankgebet: «Ehre sei Gott für alle Dinge!»

Denselben unerschütterlichen Glauben an die Vorsehung bewies Thomas More in einem Gespräch, das er wenige Tage vor seiner Hinrichtung im Gefängnis mit seiner Lieblingstochter Margaret geführt hat. Als Beispiel heroischen Glaubens findet sich der Text im neuen Brevier unter dem 22. Juni, dem Fest der heiligen Martyrer John Fisher und Thomas More.

In seiner Gefängniszelle im Tower von London machte sich der frühere Kanzler König Heinrich VIII. über sein Schicksal keine Illusionen. Man hatte ihn vor die Wahl gestellt, in einer dem Gesetz Gottes widersprechenden Angelegenheit entweder dem König oder Gott die Treue zu halten. Er hatte sich zur Treue für Gott entschlossen. Darum hatte man ihn zum Tod verurteilt. In seinem letzten Gespräch mit seiner Tochter Margaret vollzog Thomas More diesen Akt der Hingabe an den Willen Gottes, den Herrn der Geschichte: «Bleib guten Mutes, mein Kind. Um mich mach dir keine Sorgen. Es kann nichts geschehen, ohne dass Gott es will. Was er aber will, und mag es uns noch so schlimm erscheinen, ist für uns trotzdem das Beste».

Mit diesen schlichten, aber von lebendigem Glauben erfüllten Worten erklärte Thomas More seiner Tochter Margaret den wahren Sinn der Geschichte.

Anmerkungen

[1] Zweites Vatikanisches Konzil, Dekret *Optatam totius*, über die Bildung der Priester, No. 16; Dekret *Gravissimum Munus*, über die christliche Erziehung, No. 10; Ansprache Pauls VI. vom 10. September 1965 vor dem 7. Internationalen Thomisten-Kongress; Schreiben *Lumen Ecclesiae* vom 20. November 1974 an den Generalmagister des Dominikaner-Ordens zum 700. Todestag des hl. Thomas von Aquin.

[2] Acte de Pie XI, Bonne Presse, Paris, Bd. I, S. 257.

[3] a.a.O.: S. 249.

[4] Enzyklika *Studiorum Ducem*, Actes de Pie XI, Bonne Presse, Paris, Bd. I, S. 249; Apostolisches Schreiben *Officiorum omnium* vom 1. August 1922, B. I, S. 91.

[5] Ansprache vom 15. September 1974.

[6] Verités de Pascal, Seite 204.

[7] II. II. 171. a. 5. Einwand 3.

[8] Homilie vom 19. Februar 1967 in der Pfarrei San Filipo in Eurosia, Rom.

[9] Documentation catholique 1971, S. 29.

[10] a. a. O. S. 25.

[10a] Konstitution *De Fide Catholica*, Kapitel 1, Denzinger 1784.

[11] (CV 105 b), zitiert in *Gottes Leben, Sein Erkennen und Wollen*, Bd. 2, deutsche Übersetzung der Summa Theologica, Pustet 1934, S. 331.

[12] Der Katholik, 1872, Seite 8.

[13] 1. Korinther, 10, 12.

[14] Traité du libre arbitre, Kapitel 4.

[15] Pensées, Editions Brunschvieg, 1862.

[16] La Croix, Paris, 29. Oktober 1971.

[17] Dieu seul est humain, S. 62.

[18] Hebräer 11, 27.

[19] Charles Klein, *Saint Louis, un roi aux pieds du pauvre*, S. 53.

[20] Patrick de Ruffay, *Difficultés et Facilités de croire aujourd'hui*, La Croix, Paris, 13. Juni 1973.

[21] L'athéisme contemporain, Genf, 1957, S. 90; in *Mysterium salutis*, Band 6, Die Vorsehung, S. 322.

[22] W. Kern, in *Mysterium salutis*, Band 6, Die Vorsehung, S. 322.

[23] Jean Daniélou, Les saints païens de l'Ancien Testament, Seite 109–128.

[24] Jeremia, 31, 35–36.

[25] Jeremia, 5, 24; Leviticus 26, 4.

[26] Leviticus 26, 4; Deuteronomium 11, 14; 28, 12.

[27] Ijob 31, 1.

[28] Sprüche 8, 29; Ijob 38, 11.

[29] Weisheit 8, 1.

[30] Judith 9, 5.

[31] Sprüche, 20, 24.

[32] Jesaja 45, 5–7.

[33] Ecclesiasticus 11, 14.

[34] Amos 3, 6.

[35] Enarrationes, Ps. 66.

[36] Summa contra Gentiles, Buch 3, Kapitel 67.

[37] Summa contra Gentiles, Buch 3, Kapitel 96.

[38] Genesis 50, 20.

[39] Apostelgeschichte 4, 27–28.

[40] Bossuet, *Discours sur l'histoire universelle*, Schluss.

[41] Anspielung auf die etymologische Bedeutung des Wortes *fatum* (Schicksal), das vom Verb *fari* (sagen) abgeleitet ist.

[42] Augustinus, *Vom Gottesstaat*,

Buch 5, Kap. 1; Thomas von Aquin, *Summa theologica,* I. 116.1.

43) Römer 11, 34.

44) Jesaja 55, 9.

45) Jesaja 55, 8.

46) Korinther 1, 23.

47) Am internationalen Augustinus-Kongress vom September 1954 in Paris fasste H. I. Marrou das augustinische Gedankengut wie folgt zusammen: «Weil die Geschichte nicht abgeschlossen ist, können wir sie nicht abschliessend beurteilen, so wie wir eine Melodie in ihrem Sinn erst von der Schlussnote her beurteilen können». (La théologie de l'histoire, in *Augustinus Magister,* Actes, Band III, S. 197, Paris 1957).

48) Ansprache Pauls VI. vom 7. Februar 1973.

49) Generalaudienz vom 17. Januar 1973.

50) Vgl. Pierre Henri Simon, Questions aux savants, Paris, Seuil.

51) Generalaudienz vom 4. Oktober 1972. Es ist auffällig, wie die letzten Päpste die Bedeutung der scholastischen Philosophie für die Ausbildung der Priester und der gebildeten Laien betonen. Die Kongregation für die katholische Erziehung hat am 20. Januar 1972 aufgrund mehrerer Konzilsdokumente an sämtliche Bischöfe der Welt ein Schreiben über den Philosophieunterricht an den Seminarien gerichtet. Paul VI. betonte in seiner Ansprache vom 11. Oktober 1972 vor der internationalen Theologenkommission, dass ohne solide philosophische Ausbildung «das Glaubensverständnis auf fragwürdige Formeln des Nominalismus, des Pragmatismus und des Sentimentalismus eingeengt werde». Die Kirche begnügt sich nicht damit, wie dies in der zivilen Gesellschaft üblich ist, das Studium der Philosophie auf eine Untersuchung verschiedener philosophischer Systeme zu beschränken. «Die Auseinandersetzung mit dem Gedankengut früherer Kirchenlehrer und Theologen ist noch keine Theologie, sondern bloss Geschichte der Theologie», erklärte Pius XI. In gleicher Weise kann man sagen, dass das Studium philosophischer Systeme von der Antike bis zur Moderne, von Aristoteles und Platon bis Karl Marx und Heidegger, noch nicht Philosophie ist, sondern Geschichte der Philosophie. – Geht einem solchen Studium nicht eine Einführung in «die solide scholastische Philosophie und die katholische Lehre» voraus (vgl. Brief Pius' XI. an Kardinal Staatssekretär Gaspari vom 30. Mai 1927), dann stiftet sie mehr Schaden als Gutes. Sie präsentiert ein Gemisch von Irrtum und Wahrheit und lässt die grossen und schwierigen Fragen, die sie aufwirft, unbeantwortet.

52) Generalaudienz vom 5. 1. 1972.

53) Homilie vor der Künstlervereinigung, 7. 5. 1964.

54) Generalaudienz vom 27. 9. 1972.

55) Generalaudienz vom 26. 1. 1972.

56) Generalaudienz vom 14.11.1973.

57) Generalaudienz vom 31. 1. 1973.

58) Kardinal Jean Daniélou, France catholique, 3. 12. 1971.

59) Summa theologica, II–II, 171, 5, Einwand 3.

60) Ansprache vor dem X. Internationalen Kongress für Geschichtswissenschaften: A.A.S. 1955, S. 6.

61) Jesaja 46, 10.

62) Jesaja 8, 10.

63) Apokalypse 3, 7.

64) Sein Schweigen gab Thomas erst am Vorabend seines Todes auf. Um den Söhnen des heiligen Bernhard dafür zu danken, dass sie ihn in ihrem Kloster von Fossanova aufgenommen hatten, erläuterte er eine Seite aus dem Hohen Lied der Liebe.

[65] *Buch der Visionen*, Kapitel 56.

[66] Kardinal Charles Journet, *Connaissance et inconnaissance de Dieu*, passim.

[67] Geistliches Lied, Strophe XI.

[68] Fünfte Ansprache über die Unbegreiflichkeit Gottes, Sources chrétiennes, S. 285.

[69] V. Cavallera und Jean Daniélou, in *Introduction aux homélies de Saint Jean Chrysostome sur l'incompréhensibilité de Dieu.*

[70] *Kardinal Charles Journet, Connaissance et inconnaissance de Dieu*, Kap. 4, S. 103.

[71] Thomas von Aquin, *De Potentia* VII, 5, ad 4.

[72] Der amerikanische Theologe John Courtney Murray bemerkt richtigerweise, dass dieses Nichtwissen keineswegs Ignoranz, sondern ein Übersteigen des Wissens bedeutet. Er fügt mit leisem Humor bei, dass im Leben eines Theologen nichts verheerender sein könnte, als ein verfrühtes Nichtwissen über Gott *(Das Gottesproblem gestern und heute*, S. 95). Das heisst, dass die Konklusion den Prämissen nicht vorgreifen darf. Thomas von Aquin erkennt am Ende seiner Laufbahn als theologischer Lehrer die Grenzen seines Werkes. So kostbar es war, es erschien ihm «wie Stroh» angesichts der Wirklichkeit Gottes, die er auszudrücken versucht hatte. Pius XI. schreibt in Anlehnung an Augustinus: «In bezug auf Gott ist der Gedanke richtiger als das Wort, und die Wirklichkeit richtiger als der Gedanke» (*De Trinitate*, Buch 7, Kap. 4, Nr. 7 in der Enzyklika *Ad salutem*).

[73] *Bekenntnisse*, Buch 1, Kap. 4.

[74] Jean Daniélou, *La vérité de Dieu*, in *France Catholique* vom 3. November 1971.

[75] Jacques Loew, Weihnachtsbrief an seine Freunde, 1973.

[76] Kardinal François Marty, an die Professoren und Studenten des Institut Catholique von Paris, *La Croix*, 21. 10. 1973.

[77] Ijob 36, 26.

[78] Jeremia 10, 7.

[79] Jesus Sirach, Ecclesiasticus 43. 30.

[80] *Summa theologica*, I–II, 64, 4.

[81] Joseph Huby S. J., *Saint Paul, les Epitres de la captivité*, S. 188–189.

[82] Jesaja 55, 8–9.

[83] «Der Mensch kennt zwar die Geschöpfe, aber er kann nicht erfassen, wie Gott in den Geschöpfen wirkt», schreibt Thomas von Aquin zum Pauluswort «Seine Wege sind unerforschlich» (Römer 11, 33).

[84] Anne Marie Malingrey, *Introduction aux Hómélies de Saint Jean Chrysostome sur l'incompréhensibilité de Dieu*, Sources chrétiennes, S. 65.

[85] *Summa theologica*, I, 105, 5.

[86] *De potentia*, 3. 7.

[87] Vgl. *Summa contra gentiles*, 3, 120.

[88] Vgl. *Summa contra gentiles*, 3, 143.

[89] «Das Sein ist die universalste und intimste Wirkung: Es kommt also im eigentlichen Sinne Gott allein zu. So ist Gott die Hauptursache jeglichen Wirkens, weil alle andern Wirkenden nur als Instrumente der göttlichen Kraft wirken... Kurz, Gott ist Ursache jeglicher Handlung, weil er die Kraft zum Handeln gibt, weil er sie erhält, weil er sie einsetzt, und weil jegliche Kraft nur aus seiner Kraft heraus tätig wird. Wenn wir feststellen, dass Gott aus eigener Kraft existiert und dass er im Grunde jeglichen Dinges ist, nicht als Teil seines Wesens, sondern um es im Dasein zu erhalten, dann verstehen wir, dass Gott selbst im Innersten jedes Handelnden wirkt, ohne indessen das Wirken des Willens

und der Natur auszuschliessen» (*De Potentia*, q3, a7). Vgl. P.E. Hugon, *La causalité instrumentale dans l'ordre surnaturel*, S. 18.

[90] *Summa theologica*, I, 22, 3.

[91] Vgl. Psalm 126.

[92] Predigt *Semper gaudete*, 6. März 1610. *Opera omnia postuma*, Bd. IX, 106.

[93] Bossuet, Handschriften, Bd. 3, S. 117 und 337.

[94] Bossuet, *Predigt über die Vorsehung*, Punkt 1.

[95] Bernhard Bro OP, Dieu seul est humain, S. 115.

[96] Nach *De l'intégration, Aspects d'une théologie de l'histoire*, S. 154.

[97] Pius XII., Ansprache vom 7.9. 1945 am 10. Internationalen Naturwissenschafterkongress, A.A.S., 1955, S. 673–674.

[98] *Summa theologica*, I. 105, 5.

[99] Thomas von Aquin, in *Boethii De Trinitate*, Q. 1, art. 1.

[100] Thomas von Aquin, in *Boethii De Trinitate*, Q. 1, art. 1.

[101] Thomas von Aquin, Kommentar zu Jesaja, Kapitel 10.

[102] Man beachte die Ausdrucksweise «Anordnungen»; es wird hier nicht von Befehl oder Gebot gesprochen.

[103] Zitiert in *La France Catholique*, 18. 1. 1974 (Artikel: *Non à l'emmêlement*, von L. Baresta).

[104] Psalm 103, 29.

[105] Matthäus 10, 28.

[106] M.D. Phillippe O.P., *Initiation théologique*, Bd. II, S. 435. «Wollte man behaupten, nur die Zweitursachen seien tätig, und Gottes Einwirken sei überflüssig, dann liesse sich das Vorhandensein dieses Handelns selbst überhaupt nicht erklären. Für sich allein können die Zweitursachen nur eines tun, nämlich Zeugnis ablegen für das Vorhandensein der letzten Ursache» (Philippe, a.a.O., S. 453).

[107] Vgl. Summa theologica, II-II 171, 5. Einwand 3: Nun «ist die Gewissheit durch göttliches Licht grösser als die Gewissheit durch das Licht der natürlichen Vernunft».

[108] Jesaja 10, 5–14. Bei Bossuet steht folgender Satz: «Es irrt der König, der glaubt, Herr über sein eigenes Geschick zu sein, weil er Herr über das Geschick der andern ist. Er ist zwar Herrscher, aber noch mehr der Beherrschte». Seine Aussage stützt Bossuet auf folgende Schriftstelle: «Keine Weisheit gibt es, keine Einsicht, keinen Rat dem Herrn gegenüber» (Buch der Sprüche 21, 30). *Poliltique tirée des propres paroles de l'Ecriture Sainte*, Buch 7, Proposition 8.

[108a] M. Kardinal Faulhaber, *Die Vesperpsalmen*, München 1929, 330.

[108b] Jesaja 10, 15.

[109] Jesaja 45, 5–7.

[110] Deuteronomium 32, 39.

[111] Ecclesiasticus 11, 15.

[112] Ecclesiasticus 11, 14.

[113] Jakobusbrief, 4, 13–16.

[114] Sprüche 19, 21.

[115] Psalm 126.

[116] Jeremia 17, 14.

[117] F. Osty, in *Le Livre de Jérémie*, Edition Rencontres, S. 133–134.

[118] Tobit 5, 10.

[119] Jesaja 26, 12.

[119a] M. Garcia Cordero OP, *Biblia commentada*, Editions BAC, Madrid, Band 3, S. 197.

[120] E. Osty, a.a.O.

[121] Philipper 2, 13.

[122] Korinther 12, 6.

[123] Galater 2, 20.

[124] Psalm 76, 21.

[125] Josua 24, 7.

[126] Judith 16, 4–5. Im Dankgebet identifiziert sich Judith gleichsam mit ihrem Volk. Daher die Ausdrükke: «Meine Jünglinge, meine Säuglinge, meine Kinder».

[127] Judith 16, 5.

[128] Psalm 108, 14.

[129] Psalmenkommentar zu Psalm 59, 13.

[130] Sprüche 21, 1.

[131] A. Bayle, *L'Exode*, Lethielleux, Paris, S. 38/39.

[132] Psalm 105, 16–17.

[133] Genesis 45, 7–8.

[134] Apostelgeschichte 9, 15.

[135] Apostelgeschichte 21, 19.

[136] Bruno de J.M., O.C.D., *Saint-Jean de la Croix*, Kapitel 19.

[137] Römer 8, 28.

[138] Diese Aussage verlangt einen Vorbehalt. Spricht Gott nicht tatsächlich zu den entfesselten Fluten des Meeres, diesen Symbolen menschlicher und teuflischer Macht: «Flutet bis hierher und nicht weiter. Hier soll der Stolz der Wogen brechen.» (Ijob 38, 11), «Er, der Fluten entfesselt, bannt auch den Aufruhr der Bösen» (Racine). «Bald dämmt Gott die Leidenschaften ein, bald lockert er ihre Zügel» (Bossuet).

[139] *Summa contra Gentiles*, Buch 3, Kap. 89.

[140] So verhält es sich auch bei der hierarchisch gegliederten Verbindung des göttlichen Handelns mit den Willensakten des Menschen: «Selbstverständlich kann man die gleiche Wirkung nicht in der Weise ihrer unmittelbaren natürlichen Ursache und Gott zumessen, als käme ein Teil von Gott und der andere von der natürlichen Ursache. Die Wirkung kommt ganz sowohl der einen als auch der andern Ursache zu. Allerdings auf verschiedene Weise, so wie die Wirkung sowohl dem Instrument, als auch demjenigen, der dieses Instrument handhabt, ganz zukommt» (Vgl. *Summa contra Gentiles, Buch 3, Kap. 70).*

[141] Vgl. Thomas von Aquin, *Summa contra Gentiles*, Buch 3, Kapitel 1.

[142] *Kommentar zum Johannes-Evangelium*, Kapitel 14, Vers 12.

[143] *Summa contra Gentiles*, Buch 3, Kapitel 1.

[144] Römer 9, 16.

[145] Summa theologica, I, 83. 1. ad. 2.

[146] H. Schilllebeeckx, OP, *Theologische Telinten*, II, *Good en Mens*, Kapitel 6. La bonne providence de Dieu, III, S. 219–220. Franz. Übersetzung 1965, Ed. du Cerf, Bruxelles.

[147] *La contemplation mystique*, S. 207.

[148] Th. Philippe OP, *Vie spirituelle*, März 1938, Ergänzungsband S. 143.

[149] Handbuch der katholischen Dogmatik, Gotteslehre Nr. 357, Herder, Freiburg, 1948, S. 149.

[150] Stanislaus Fumet, zitiert bei A. Frossard, *Introduction au Livre Job*, Nr. 42, S. 11.

[151] In *Boethii De Trinitate*, II a. 2. Schlussfolgerung.

[152] A. D. Sertillanges, *Commentaire à la Somme théologique*, Desclée, Dieu, Band 1, S. 319.

[153] *La Libre Belgique*, 1, XII, 1974.

[154] Summa theologica, I, 8. 1.

[155] Thomas von Aquin, *Sentenzenkommentar*, Prolog zum 2. Buch.

[156] Thomas von Aquin, *De Veritate*, III, 5, ad sed contra 2.

[157] B. Froget, *De l'habitation du Saint-Esprit dans les âmes justes d'après la doctrine de saint Thomas*, S. 38.

[158] a.a.O. Seite 39.

[159] Thomas von Aquin, Ethik, L.I.b.

[160] Ansprache Pauls VI. bei der Generalaudienz vom 12. 12. 1973.

[161] La Libre Belgique, Bruxelles, 18. 4. 1972.

[162] Johannes 19, 11.

[163] Daniel 2, 20–21.

[164] *Journal spirituel de Lucie-Christine*, 17. Februar 1883.

[165] a.a.O., September 1880.

[166] a.a.O., 18. September 1882.

[167] S. Vincent de Paul, Edit. Albin Michel, S. 341.

[168] Ansprache vor Missionaren über die Suche nach dem Reich Gottes, 21. Februar 1659, Saint Vincent de Paul, *Entretiens spirituels,* Seuil, S. 559.
[169] Sprüche 21, 30.
[170] 1. Buch der Chronik 29, 14.
[171] 1. Korinther 4, 7.
[172] Charles Klein, *Saint Louis,* Paris 1972, S. 96.
[173] 2 Samuel 22, 2–3.
[174] Enarrationes II, zu Psalm 58, 11.
[175] Perihermeneias, Buch I, 14.
[176] Leben, Kapitel 40.
[177] Mit dem Theologen Hans Urs von Balthasar ist ein moderner Theologe der Meinung, dem biblischen Begriff der *Vanitas*, der in der gesamten alten Tradition bekannt war, müsse seine alte Bedeutung wiedergegeben werden. (M. J. Le Guillou OP., *Le Christ et l'Eglise,* S. 266).
[178] Ch. Sauvé, *Dieu intime,* S. 217–218.
[179] a.a.O. Seite 219.
[180] *Bernanos par lui-même,* Seuil, S. 96.
[181] B. Nobé, *Le Curé d'Ars, sa pensée, son cœur,* S. 202–203.
[182] a.a.O., Oktober 1881.
[183] Revelations of divine Love, Kapitel 5.
[184] Jesaja 40, 15.
[185] Jesaja 40, 17. Vgl. auch *Summa theologica,* I–II. 109.2 ad 2. «Die Geschöpfe existieren nur aus Gott; in sich selbst betrachtet, sind sie nichts».
[186] Paul VI., Öffentliche Audienz vom 30. Januar 1974.
[187] Regis Jolivet, *L'Homme métaphysique,* S. 12.
[188] Weg der Vollkommenheit, Kapitel 38.
[189] Augustinus, *De Genesi,* Buch 4, Kap. 12.
[190] Angelo Roncalli, der spätere Papst Johannes XXIII., vertraute während seiner Nuntiaturzeit in Paris seiner Nichte Anna folgendes an: «Seit ich die Überzeugung gewonnen habe, dass ich wirklich nichts bin, und dass der Herr *alles tut*, bin ich zu jedem Verzicht bereit. Eine solche Haltung ist zwar ein Opfer, man trägt sie ständig wie ein Büsserhemd. Aber der Herr behandelt uns gut.» (Brief vom 24. Juni 1947). *Lettere ai famigliari,* Band II, S. 106. – «Es ist ebenso unmöglich, etwas Gutes ohne Gottes Hilfe zu tun, wie nachts die Sonne scheinen zu lassen» (Theresia von Lisieux, Manuscrits autobiographiques, B. folio 22, recto).
[191] *Das Gottesproblem gestern und heute*, Herder S. 48.
[192] Lucie-Christine, *Geistliches Tagebuch*, Sommer 1879.
[193] a.a.O., 17. Februar 1883.
[194] a.a.O., 29. Januar 1884.
[195] a.a.O., 22. Januar 1884.
[196] 1 Timotheus 6, 15–16.
[197] Justo Collantes SJ, in *La Sacra Escritura, Testo y comentario por Profesores de la Compañia de Jesus, Nuevo Testamento, Band II, S. 1029–1030.*
[198] *Peter Ketter, in Die kleinen Paulus-Briefe*, S. 50. *Die Heilige Schrift für das Leben erklärt*, Band 15.
[199] Bossuet, Trauerrede für Henriette de France, Eingang.
[200] Bossuet, Discours sur l'histoire universelle, 3. Teil, Kapitel 8.
[201] Bossuet, Politique tirée des propres paroles de l'Ecriture sainte, L. 7, 5. Prop.
[202] Vgl. Cornelius a Lapide, *Kommentar zu 1 Timotheus 6, 15.*
[203] Gottesstaat, Buch 5, Kap. 9.
[204] Esther 13, 9–11.
[205] Bei einem Filmdrehbuch gehören Entstehung und Verwirklichung derselben Ebene an. Bei Gott aber liegt der Beschluss in der Ewigkeit, die Verwirklichung seines Plans jedoch in der Zeit.
[206] Jesaja 8, 9–10.

[207] Römer 9, 19.
[208] Kommentar zu den Paulus-Briefen zu dieser Stelle.
[209] Jeremia 10, 23.
[210] Jesaja 43, 13.
[211] Ijob 23, 13.
[212] Kommentar zum Buch Ijob, zu dieser Stellle.
[213] Apokalypse 1, 8.
[214] Judith 9, 5.
[215] Weg der Vollkommenheit, Kapitel 18.
[216] Teresa von Avila, Die Gründungen, Kapitel 22.
[217] Apokalypse 3, 7.
[218] Gaston Rabeau, *Dieu, son existence et sa providence,* Paris, 1933, S. 175.
[219] 4. Homilie über Lazarus.
[220] Johannes Chrysostomus, 28. Homilie über die Genesis.
[221] Johannes Chrysostomus, 2. Homilie zu Eutrophus.
[222] Homilie 15 zum Römerbrief.
[223] Predigt über den heiligen Paulus (Edition Lebarq, 2. Band, S. 334).
[224] Vgl. Apostelgeschichte 4, 27–28.
[225] P. Bellouard O. P.
[226] P. Bellouard O. P.
[227] Römer 8, 28.
[228] Philipper 1, 28–29.
[229] Les Davidées, S. 108.
[230] Zitiert in Geneviève Duhamelet, Convertits du XXe siècle, Band 4, S. 27.
[231] Interview am Radio Vatikan, 22. November 1973.
[232] Pour une philosophie de l'histoire, S. 69–70.
[233] Römer 11, 36.
[234] Joseph Huby SJ, *L'Epître aux Romains*, in *Verbum salutis*, S. 168.
[235] A. Viard, *Bible de Pirot* (Bd. 11, Kommentar zur Stelle im Römerbrief 11, 36, S. 132–133).
[236] *Christianity and history*, Kapitel 4, Absatz 4.
[237] Correspondance, édit. Coste, 2. Bd. S. 473.
[238] a.a.O., Band 1, S. 68.
[239] Discours sur l'histoire universelle, Dritter Teil, Kap. 8.
[240] Joseph de Maistre, *Considérations sur la France.*
[241] Sprüche 19, 21.
[242] Die jüngste Geschichte Deutschlands bietet ein eindrückliches Beispiel für die Machtlosigkeit der Mächtigen. Der im März 1945 von den Amerikanern wieder als Kölner Oberbürgermeister eingesetzte Konrad Adenauer wurde nach einiger Zeit auf Intervention der englischen Labour Party, welche die deutschen Sozialdemokraten unterstützte, vom britischen Gouverneur wegen Unfähigkeit abgesetzt. Wiederum, wie zur Zeit der Nazis, nur diesmal durch die Befreier, von allen politischen Ämtern ausgeschaltet, konzentrierte Adenauer seine ganze Kraft auf die Bildung einer Partei, der Christlich Demokratischen Union (CDU), um dem ebenfalls erstarkenden Sozialismus die Stirne zu bieten. Vier Jahre später schlug die CDU in den Wahlen von August 1949 die Sozialisten. Das war das Ergebnis der sorgfältigen Aufbauarbeit durch Adenauer. Hätten ihn die Engländer nicht abgesetzt, wäre ihm der Aufbau der Partei nicht möglich gewesen. Damit wurde die englische Labour Party indirekt Mitursache des Wahlergebnisses vom August 1949. – Genauso kann auch die Vorsehung einen scheinbaren Misserfolg als Ausgangspunkt für den späteren Erfolg einsetzen (Vgl. *La Métropole*, Antwerpen, 1. Januar 1959).
[243] A. Bessière, *La Croix*, Paris, 2. August 1950.
[244] Visionum et instructionum liber, cap. 22.
[245] Exerzitienvortrag im Säkularinstitut Notre-Dame de Vie, Venasque, 17. August 1965. – Es handelt

sich nicht um eine pantheistisch verstandene Unermesslichkeit des Seins, sondern um die Unermesslichkeit der Kraft: Gott ist überall, insofern es kein geschaffenes Wesen gibt, auf welches Gott nicht eine direkte und unmittelbare Wirkung ausübt (Vgl. *Summa contra Gentiles*, Buch 3, Kap. 68). «Gott ist gross nicht durch Masse, sondern durch seine Macht» (Hl. Fulgentius). Als zu ungenau verwirft Gregor von Nyssa sogar den Ausdruck, Gott sei als geistige Substanz überall gegenwärtig. Nach ihm müsste man richtiger sagen: «Gott *wirkt* überall», statt «Gott *ist* überall». Würde Gott nicht in uns wirken, wäre er nicht in uns. «Wie man nicht sagen kann, Gott wirke von Ewigkeit her in den Geschöpfen, so lässt sich noch weniger seine ewige Gegenwart in ihnen behaupten; denn diese würde sein Wirken voraussetzen» (Thomas von Aquin, *Sentenzenkommentar* I 37, quaestio 2, Art. 3).

246) *Divini Redemptoris*.

247) Thomas von Aquin erklärt diese Koexistenz in der *Summa theologica* (I, 83, 1. ad 3) mit einsichtigen Argumenten: «Es gehört nicht unabdingbar zur Freiheit, dass das, was frei ist, auch Erstursache seiner selbst sei. Genausowenig ist erfordert, dass etwas, um Ursache eines andern zu sein, dessen Erstursache sei. Gott allein ist Erstursache, welche den Seinsursachen und den Willensursachen ihre Bewegungen verleiht. Indem Gott die Seinsursachen in Bewegungen setzt, nimmt er ihnen ihr Sein nicht. Und wenn er die Willensursachen in Bewegung setzt, nimmt er ihren Akten nicht ihre Freiwilligkeit. Im Gegenteil vermittelt er ihnen diese Freiwilligkeit, denn Gott wirkt in den Geschöpfen entsprechend deren Sosein». Wenn Gott der Gazelle zum Springen verhilft, hindert er sie nicht daran, nach Art der Gazellen zu springen. Und wenn Gott in einem Kinde Freude entfacht, so dass es vor Freude singt, hindert er es nicht daran zu singen, wie Kinder singen.

248) Léon Bloy, zitiert von Paul VI. in seiner Ansprache vor dem Internationalen Kongress der Familienbewegungen am 13. November 1974.

249) Thomas von Aquin, *De veritate*, 22, 8.

250) *De potentia*, 3, 7, ad 13 m.

251) *La grâce*, S. 303, *Summa theologica*, französische Thomasausgabe, Ed. Revue des jeunes.

252) a.a.O., S. 303–306.

253) *Summa theologica*, II–II, 4, 7. ad 5.

254) a.a.O., II–II, 10, 3, c.

255) Maria-Eugen vom Kinde Jesus, OCD, Weihnachtshomilie 1955.

256) Mussolini, *Scritti e pensieri*, Bd. 7, S. 34. *Documentation catholique* 1929, col. 1536.

257) Brief des Kardinalstaatssekretärs Pietro Gasparri, 30. Mai 1929.

258) Mussolini hatte ein modernistisches Geschichtswerk zitiert, welches 1912 auf den Index gesetzt worden war.

259) Kardinal Pie, *Œuvres complètes*, Bd. 2, S. 505; zitiert durch François Charrière, Bischof von Lausanne, Genf und Freiburg, in seinem Nachruf auf Pius XII., *La Liberté* Freiburg, 16. Oktober 1958.

260) *Summa theologica*, I, 64, 4.

261) *La Croix*, Paris, 2. November 1973.

262) Christian Chabanis, *Dieu existe-t-il? Non.* S. 27.

263) Vgl. Kardinal Charles Journet, *Entretiens sur la grâce*, S. 106; und *Le mal, essai théologique*, S. 307–8.

264) Amos 3, 6.

265) 23. Homilie zur Apostelgeschichte Nr. 4.

[266] Johannes Chrysostomus, a.a.O.

[267] Johannes Chrysostomus, 4. Homilie über die Busse.

[268] Johannes Chrysostomus, 7. Homilie über die Statuen, Nr. 3.

[269] Johannes Chrysostomus, 1. Homilie über die Dämonen, Nr. 3.

[270] Johannes Chrysostomus, 7. Homilie über die Statuen, Nr. 3.

[271] Ansprache am päpstlichen Lombardenseminar zu Rom, am 7. Dezember 1967.

[272] *Enchiridion*, Kap. 3. Wir geben ein gekürztes Zitat, verweisen aber auf den vollständigen Text des heiligen Augustinus über die Allmacht Gottes, worin er auch ein Zeugnis des Dichters Vergil anführt (Aeneis X, 100): «Der allmächtige Gott, dem selbst nach dem Zeugnis der Ungläubigen die unumschränkte Herrschaft über alle Dinge zukommt, liesse die Gegenwart des Bösen in seinen Werken niemals zu, wäre er nicht mächtig und unumschränkt gut, um auch aus dem Bösen Gutes hervorzubringen.»

[273] Johannes 7, 30.

[274] Thomas von Aquin, *Kommentar zu den Paulusbriefen*, Römer 9, 17. «Zum Nutzen der Guten bedient sich Gott auch des Übels» (*Summa theologica*, II–II, 172, 6, ad 1).

[275] Augustinus, *De correptione et gratia*, Kap. 14.

[276] *Summa theologica*, I, 23, 8, ad 3; I, 19, 6.

[277] *Défense de la Tradition*, Buch 11, Kap. 5.

[278] R. Garrigou Lagrange, *Le Sens commun*, S. 313.

[279] *Summa theologica*, I, 21, 2; II–II, 30, 4.

[280] Biographie, Kap. 31.

[281] 26. Mai 1883; Deutsche Übersetzung aus: Lucie-Christine, Geistliches Tagebuch, übersetzt von R. Guardini, 4. Auflage, Mainz, o. J, 127.

[282] Römer 11, 32.

[283] *Die Heilige Schrift für das Leben erklärt*, Band 14, *Der Römerbrief*, S. 106–107.

[284] Römer 5, 20.

[285] Weisungen für das geistliche Leben, Nr. 1.

[286] Vgl. Biographie, Kap. 25, 17.

[287] *Opus imperfectum contra Julianum*, 1, V. N. 60, PL 45, 1495.

[288] Paul Renaudin OSB, Quatre mystiques anglais, Paris, , 1956, S. 80.

[289] a.a.O., Kapitel 27.

[290] a.a.O., Kapitel 29.

[291] a.a.O., Kapitel 32.

[292] a.a.O., Kapitel 32.

[293] *Dialog*, Kapitel 138.

[294] *La Croix*, 16. März 1971.

[295] AAS, 1941, S. 322–323.

[296] 2 Korinther 12, 7–10.

[297] Marie-Thérèse Huber, *La tactique de Dieu*, Augustinuswerk, St-Maurice, Schweiz.

[298] Hebräer 12, 6.

[299] *Kommentar zu Hebräer* 12,6.

[300] 2 Korinther 12, 10.

[301] Ordentlicher Informativprozess, Rom 1973, S. 479.

[302] Teresa von Avila, Weg der Vollkommenheit, Kap. 20.

[303] *Summa theologica*, I, 113, 7.

[304] *Summa theologica*, III, 46, 2.

[305] Jesaja 55, 8–9.

[306] *Seelenburg*, 6. Wohnung, Kapitel 4.

[307] a.a.O.

[308] Ohne Berücksichtigung der Tradition und ohne Hilfe des kirchlichen Lehramtes kann das Studium der Bibel eine Fülle von Fragen und Zweifeln aufwerfen, die den Glauben eher erschüttern als bekräftigen (Ansprache vom 30. Oktober 1968 über die dramatische Situation des Glaubens).

[309] *Enchiridion*, Kapitel 27.

[310] Brief vom 28. Februar 1889.

[311] *Summa theologica*, I–II, 114, 10.

[312] *Relatio* 29.

[313] *Kommentar zum Buch Ijob*, Kapitel 37, Vers 23.
[314] Alois Mayer OSB, im Artikel «Satan de nos jours», in *Etudes carmélitaines*, 1948, S. 635–643.
[315] Ijob 38, 10–11.
[316] *Enarrationes*, Psalm 8.
[317] Augustinus, *Gottesstaat*, Buch 2, Kapitel 23.
[318] Ijob 1, 12.
[319] Ijob 1, 21.
[320] Kommentar zum 1. Kapitel des Buches Ijob.
[321] Gregor der Grosse, *Moralia*, Buch 2, 17.
[322] Ijob 1, 11.
[323] *Moralia*, Buch 2, 16.
[324] Brief vom 12. Februar 1549 an Simon Rodriguez.
[325] Brief vom 22. Juni 1549 an die Jesuiten-Mitbrüder in Rom.
[326] Jacques Truchet, *Politique de Bossuet*, S. 55.
[327] Brief vom 12. November 1886 an Mutter Marie-Françoise.
[328] Maria-Eugen vom Kinde Jesus, OCD, *Je veux voir Dieu*, S. 657.
[329] a.a.O. S. 1030.
[330] *Je veux voir Dieu*, 298–299.
[331] L. Cristiani, in: *L'ami du clergé*, 13. September 1951, S. 52.
[332] L. Cristiani, a.a.O.
[333] L. Cristiani, a.a.O.
[334] P.H.D. Petitot, *Saint Thomas d'Aquin*, S. 144.
[335] Wie steht es um jene Menschen, die vor der Ankunft Christi gelebt haben oder in unseren Tagen in Regionen Afrikas oder Asiens wohnen, zu denen die Botschaft des Evangeliums noch nicht gelangt ist? Sicher ist, dass die Vorsehung sich ihrer annimmt, denn «Gott will, dass alle Menschen gerettet werden» (1 Timotheus 2, 4). Wenn sie getreu dem Naturgesetz folgen, das Gott in ihr Herz geschrieben hat, dann gehören sie unsichtbar zur Kirche und sind durch den Gehorsam gegenüber seinem Gesetz auf dem Weg zum Gottesstaat.
Die Gerechten befinden sich, ob sie nun sichtbar oder unsichtbar Glieder der Kirche Christi sind, auf dem Weg zum himmlischen Jerusalem. Sie werden von der Hand der Vorsehung durch alle Fährnisse der Geschichte hindurch zum letzten Ziel geführt.
[336] 20. April 1931, zum 1500. Todestag des heiligen Augustinus.
[337] Römer 8, 28.
[338] Weisheit 8, 1.
[339] Hebräer 13, 14.
[340] AAS 1967, S. 633.
[341] Jean Guitton, *Destinée, hasard ou providence*, Kapitel 5, S. 106.
[342] *Ce que je crois*, auszugsweise veröffentlicht in *L'homme nouveau*, 7. Nov. 1971.
[343] *La Croix de Paris*, 2. Dezember 1971.
[344] Der französische Wortlaut des Bergson-Zitates ist noch pointierter: «Dieu a voulu et conçu le monde comme une machine à faire des Dieux». Selbstverständlich spricht Bergson nicht von Dieux im wörtlichen Sinn. Vielmehr will er damit die gnadenhafte Teilnahme des Menschen an Gottes Leben und Vollkommenheit ausdrücken, die über die natürlichen Kräfte des Menschen hinausgeht. In einer Weihnachtspredigt braucht der heilige Augustinus folgende gewagte Formulierung: «Gott wurde Mensch, damit der Mensch Gott werde» (Predigt 128). Lassen wir uns von der Kühnheit dieser Sprache nicht schockieren, denn Jesus selbst erinnert die Juden an ein entsprechendes Schriftwort: «Steht denn nicht in Eurem Gesetz: ‹Ich habe gesagt: Ihr seid Götter›?» (Johannes 10,34). Die paradoxe Formulierung Bergsons ist also im Zusammenhang mit diesem Vers aus dem Johannes-Evan-

gelium und mit der Predigt des heiligen Augustinus zu sehen.

345) R. Jolivet, *L'optimisme chrétien*, La Croix, Paris, 1. Januar 1950.

346) *Über Schicksal und Vorsehung*, S. 133.

347) *Der Christ und die Geschichte*, S. 98.

348) Kolosser 1, 16. – *Der Christ und die Geschichte*, S. 102/103.

349) P. Grelot, *Sens chrétien de l'Ancien Testament*, S. 111.

350) Die Geschichte der Einzelmenschen und der Völker ist auf die Verwirklichung des mystischen Leibes Christi ausgerichtet. Es geht weder um die Mehrung zeitlicher Macht des Klerus noch um die Vergrösserung der angeblichen Reichtümer der Kirche, auch nicht um die Stärkung ihrer Strukturen. Dies zu betonen ist wichtig. Die Maxime «Die Kirche ist das Ziel der Geschichte» könnte sonst zu Missverständnissen verleiten. Gewiss bedarf die Kirche für ihre Lebensfähigkeit juridischer Strukturen und materieller Güter, aber diese haben sich in jedem Fall dem geistlichen Wachstum unterzuordnen.
Man unterscheidet die Streitende, die Leidende und die Triumphierende Kirche. Dazu schreibt die Kirchenkonstituion *Lumen Gentium* des II. Vaticanum in No. 49: «Bis der Herr kommt in seiner Majestät und alle Engel mit ihm (vgl. Mt. 25, 31), und bis nach der Vernichtung des Todes ihm alles unterworfen sein wird (vgl. 1 Kor 15, 26–37), pilgern die einen von seinen Jüngern auf Erden, die andern sind aus diesem Leben geschieden und werden gereinigt, wieder andere sind verherrlicht und schauen klar den Dreieinen Gott selbst, wie er ist.»

351) Jean Laloy, *Le Monde*, 5. Juli 1968, Rezension über das Werk von Irénée Marrou, Théologie de l'histoire.

352) Emile Olivier, *L'Eglise et l'Etat au Concile du Vatican*, 2. Auflage, Band 2, S. 348–349.

353) *La théologie de l'histoire, Herméneutique et eschatologie*. Arbeitsbericht und Akten des vom internationalen Zentrums für humanistische Studien und vom Institut für philosophische Studien in Rom organisierten Kolloquiums, herausgegeben bei Aubier, Paris, 1971, S. 69–70.

354) Y. Congar, *La théologie de l'histoire*, S. 68.

355) *Ecclesia*, Encyclopédie populaire des connaissances religieuses, Paris 1937, S. 313.

356) Ansprache an den Ratspräsidenten A. Fanfani am 11. April 1961.

357) 1. Korinther 3, 19.

358) *Kommentar zu den Paulusbriefen*, zu 1 Korinther 3, 19.

359) Unterweisungen und Verhaltensmassregeln, Nr. 60.

360) Römer 8, 28.

361) Hebräer 11, 27.

362) Jacques Ellul, L'irréductibilité du droit à une théologie de l'histoire, in *Théologie de l'histoire, Révélations et histoire.*

363) Divo Barsotti, *L'Apocalypse*, S. 290.

364) a.a.O., S. 125.

365) a.a.O., S. 129.

366) Apokalypse, 6. Kapitel.

367) Divo Barsotti, *L'Apocalypse*, S. 132–133.

368) *Gaudium et Spes*, Nr. 40.

369) a.a.O.

370) Konstitution *Sacrosanctum Concilium*, Nr. 10.

371) a.a.O.

372) Johannes vom Kreuz, *Geistliche Anleitungen und Sinnsprüche*, Nr. 102.

373) Ausgabe Desclée de Brouwer.

374) Tagebuch von Lucie-Christine, 20. Oktober 1890.

375) *Osservatore Romano*, 8. Okto-

ber 1972, *Don Giovanni Calabria, servo della Provvidenza.*

[376] *Weg der Vollkommenheit*, Kp. 2.

[377] Bruno de Jésus-Marie, O.C.D., *Vie de saint Jean de la Croix*, S. 230.

[378] Ähnliche Überlegungen stammen aus der Feder des heiligen Ignatius. Im Brief an Alexis Fontana, den Kanzleisekretär Kaiser Karls V., schrieb er, als dieser von Philipp II. seines Postens enthoben wurde: «Man muss der souveränen Güte Gottes danken, wenn sie uns das, wonach wir streben, entreisst; und zwar mit nicht weniger Freude, als wenn wir das Erstrebte erreicht hätten» (Brief vom 31. 3. 1556).

[379] Franz. Ausgabe der Briefe Thomas Mores aus dem Gefängnis, Paris, Seuil, 1953, S. 203.

[380] Diese Aussage muss präzisiert werden: Ein pures Nichts aus *sich selbst.* «Ein Geschöpf hat nur deswegen ein Sein, weil es dieses von einem andern empfangen hat; aus sich selbst ist es nichts (in *se considerata est nihil) (Summa theologica*, I–II, 102, 2, ad 2.). Von dieser grundlegenden Abhängigkeit war Vinzenz von Paul vollkommen überzeugt, während viele Christen vom Bestehen dieser vitalen Beziehung keine Ahnung zu haben scheinen. – Mit dem Satz: «Das Wirken in der Welt erfolgt durch Gott» wird darauf hingewiesen, dass die Zweitursachen nur unter dem Impuls der Erstursache handeln. Sie sind deren Instrumente.

[381] Jean Calvet, in: *Le bon Monsieur Vincent*, in: *La vie spirituelle*, März 1960, S. 244.

[382] Das Eingehen auf die Pläne der Vorsehung war auch ein Lieblingsgedanke Angelo Roncallis, des späteren Papstes Johannes XXIII. Am 4. August 1945 schrieb er von Paris aus seinem Neffen Battista: «Es genügt, sein Leben von einem Tag auf den andern zu leben und Hand in Hand mit der Vorsehung zu gehen.» *(Lettere ai famigliari*, Bd II, S. 18). Seinem Bruder Giovanni schrieb er: «Wir müssen uns gedulden können. Der heilige Vinzenz von Paul sagt, man müsse der Vorsehung folgen und ihr nicht vorgreifen» (10. März 1946, Bd. II, S. 43).

[383] M. Leuret-Dupanloup, *Le cœur de St-Vincent de Paul*, S. 247.

[384] U. Maynard, *Vertus et doctrine spirituelle de Saint-Vincent de Paul*, S. 273–274.

[385] a.a.O. S. 272–276.

[386] Bericht über die letzten Augenblicke von P. Maximilian Kolbe im *Osservatore Romano*, 23. Oktober 1972.

[387] U. Maynard, a. a. O. S. 277.

[388] De Gigord, *Morceaux choisis de Saint-Vincent de Paul*, S. 210–211.

[389] Geistliches Gespräch vom 23. Juli 1565.

[390] a.a.O. S. 268.

[391] Vier Ratschläge an einen Ordensmann, um zur Vollkommenheit zu gelangen, Ausgabe Seuil, S. 1170, dans les Précautions; Vida y obras de San Juan de la Cruz, BAC, Madrid, S. 1122.

[392] Brief vom 6. Juli 1581 an Schwester Katharina von Jesus.

[393] Brief vom 6. Juli 1591 an Sr. Maria von der Menschwerdung in Segovia, zitiert bei Bruno de Jésus-Marie, O.C.D., in *Saint-Jean de la Croix*, S. 340–341.

[394] P. Maria-Eugen vom Kinde Jesus, O.C.D., *Je veux voir Dieu, S. 818.*

[395] a.a.O., S. 819–820.

[396] Ansprache vom 28. Oktober 1970 an die Generaloberen von Ordensinstituten.

[397] *Nouvelliste et Feuille d'avis*, Sitten (Schweiz), 6. November 1973.

[398] Brief vom 18. Januar 1556 an Gerónimo Viñés, Neapel.

[399] Jean-Joseph Surin (1600–1663), *Dialogue*, I. S. 157.

[400] Zu beachten ist das Adjektiv *übergrosse* Angst. Auch wer ganz mit Gott verbunden ist, empfindet Schmerz, Beunruhigung und Furcht. Die souveräne Indifferenz ist das Privileg der Engel und der Auserwählten im Himmel, welche in Gott den letzten Grund der Prüfungen erkennen. Thomas von Aquin formuliert es darum so: Die mit Gott verbundenen Menschen empfinden zwar Leid, Beunruhigung und Angst, lassen sich aber von diesen Gefühlen nicht *überwältigen*.

[401] *Dialogue*, I, S. 256–257. – Die Heilige Magdalena de Pazzi war von einem Gänseblümchen tief gerührt, das in einem Blumenbeet inmitten des Kreuzganges im Karmel von Florenz aufgeblüht war. Sie war davon überzeugt, dass Gott von Ewigkeit dieses Blümchen gesetzt hatte, um ihr eine Freude zu bereiten.

[402] Aquille Gorrino, *San Giuseppe Cottolengo*, Pinerolo 1934, S. 165.

[403] Römer 8, 14.

[404] *La Libre Belgique*, 23.–25. Dezember 1972.

[405] *Nachfolge Jesu im 20. Jahrhundert nach Jesu Tod. Lebendiges Zeugnis*, Paderborn, Heft 4, 1972, S. 34–50.

[406] Generalaudienz vom 7. April 1971.

[407] Erzählung des Pilgers, Nr. 30.

[408] Biographie, Kapitel 40, 4.

[409] Zitiert bei F.D. Joret OP, in *La Contemplation mystique*, S. 209.

[410] a.a.O., S. 209.

[411] Zitiert bei P. Renaudin, in *Le Jardin mystique de la France*, S. 286.

[412] Matthäus 11, 25.

[413] Esther 4, 17.

[414] Vom heiligen Josef Cottolengo sagte einst sein Beichtvater, er besitze mehr Glauben als die ganze Stadt Turin.

[415] Lukas 8, 5–10.

[416] Römer 8, 31.

[417] 1. Petrusbrief 3, 13.

[418] Apol. 1, 2.

[419] Thomas von Aquin, *Kommentar zum Johannesevangelium* zu Kap. 10, 10.

[420] Arnold Rademacher, *Religion und Leben*, S. 117, zitiert bei Raul Plus SJ, in *Docilité au Saint-Esprit*, S. 150.

[421] Deuteronomium 20, 1.

[422] Deuteronomium 20, 3–4.

[423] Christian Chabanis, *Dieu existe-t-il? Non, répondent...*, S. 40.

[424] *Prière et vérité. Méditation sur le Pater*, Délivrez-nous du mal. Franz. Übersetzung, S. 192.

[425] *Summa theologica*, III, 55, 4.

[426] *Paroles catholiques*, 1954.

[427] Generalaudienz vom 1. März 1972.

[428] Bischof Pierre Mamie, Freiburg/Schweiz, Weihnachtsbotschaft 1972.

[429] F. Marin-Sola, *La evolucion homogenea del dogma cattolico*, Kap. 4, Abschnitt 5, Ausgabe BAC, S. 367.

[430] Paul VI., Generalaudienz vom 13. Februar 1974.

[431] *Sentenzenkommentar*, 4 distinctio, 49, 1, 1, quaestiuncula 2, ad 5.

[432] Anton Massoulié, *Méditations sur saint Thomas*, 3. Teil, Kap. 7, zitiert bei Meynard, *Petite somme de théologie ascétique et mystique d'après saint Thomas*, Band 2, Seite 317.

[433] Matthias Joseph Scheeben, *Dogmatik*, Band 1, Nr. 1005.

[434] Lukas 10, 16.

[435] Vgl. Dogmatische Konstitution über die Kirche, *Lumen Gentium*, Nr. 12.

[436] *Le mystère de l'histoire*, S. 147 und 154.

[437] Johannes 5, 17.

[438] Abhandlung 20 über das Johannes-Evangelium.

[439] Abhandlung 4 über die Genesis, Kapitel 12.

[440] *Manière courte et facile pour faire oraison de foi et de simple présence à Dieu.*

[441] Botschaft zum Welttag der sozialen Kommunikationsmittel, 1973.

[442] De Caussade, *De la vertu d'abandon*, 1, 2, 10.

[443] a.a.O.

[444] Vinzenz von Paul.

[445] Thomas von Aquin.

[446] Brief vom 21. Dezember 1929.

[447] Johannes Chrysostomus, 65, Homilie über die Genesis.

[448] Paul VI., Ansprache vom 23. Mai 1974 vor katholischen Krankenschwestern.

[449] Romano Guardini, *Vorschule des Betens*, Benziger, 1956, S. 206–207.

[450] Liturgie et contemplation, S. 75–76.

[451] *Enarrationes*, Psalm 54.

[452] Homilie 14 über den Philipperbrief.

Autoren-Verzeichnis

Gottes Vorsehung in der Schöpfung

Von Katharina von Siena *

Da wandte ihr der höchste und ewige Vater in unsäglicher Güte das Auge Seiner Milde zu, als wollte Er zeigen, dass dem Menschen die göttliche Vorsehung in nichts je ermangelt, sofern er sie gewähren lassen will, und mit sanftem Vorwurf gegen den Menschen sprach Er folgendermassen:
O Mein liebes Kind, wie Ich dir immer wieder sagte, will Ich Mich der Welt erbarmen und für die Notdurft Meines vernunftbegabten Geschöpfes vorsorgen. Aber dem törichten Menschen wird das, was Ich ihm zum Leben gebe, Ursache zum Tod, und so wird er grausam gegen sich selbst. Ich lasse nicht ab, vorzusehen, und tue dir kund, dass alles, was Ich dem Menschen gewähre, höchste Vorsehung ist. Denn in Vorsehung erschuf Ich ihn, und als Ich in Mich selber blickte, da entbrannte Ich in Liebe zur Schönheit Meiner Kreatur, und in grosser Vorsorge gefiel es Mir, ihn nach Meinem Bild und Gleichnis zu schaffen. Vorsehend stattete Ich ihn mit dem Gedächtnis aus, damit er sich Meiner Wohltaten erinnere, und liess ihn an Meiner, des ewigen Vaters Macht teilhaben. Ich gab ihm den Verstand, damit er in der Weisheit Meines eingeborenen Sohnes Meinen Willen begreife und einsehe, gab ihm den Willen zu lieben, auf dass er teilnehmend an der süssen Glut des Heiligen Geistes das zu lieben vermöchte, was der Verstand gesehen und erkannt hat.
Dies tat Meine sanfte Vorsehung einzig, damit der Mensch Mich begreifen und kosten könne, in der ewigen Anschauung Meiner ewigen Güte sich freue und zu diesem Endziel gelange. Der Himmel aber ward durch Adams Schuld verriegelt, der seinen Rang nicht begriff und nicht bedachte, mit welcher Vorsehung und unsäglichen Liebe Ich ihn erschaffen hatte. Und weil er dies nicht erkannte, fiel er in Ungehorsam, und in dessen Gefolge sind alle andern Übel entstanden. Ihr alle seid von diesem Gift verseucht. Ich aber, liebstes Kind, sorgte für den Menschen und gab ihm das Wort Meines eingeborenen Sohnes in grosser Klugheit und Vorsehung, um eurer Not abzuhelfen. Bedenke, dass Ich keine grössere Vorsehung üben konnte, als euch das

* Als Ausklang zu diesem Buch bringen wir einige Seiten von Katharina von Siena aus ihrem klassischen Werk «Gespräch von Gottes Vorsehung», übertragen von Ellen Sommer-von Seckendorff und Cornelia Capol, 2. Auflage, Johannes-Verlag, Einsiedeln.

Wort, Meinen eingeborenen Sohn, hinzugeben. Ihm auferlegte Ich den Gehorsam, um das Gift zu entfernen, das durch Ungehorsam in das Menschengeschlecht eingedrungen war. Und Er eilte als Liebender und wahrhaft Gehorsamer zum schmählichen Kreuzestod und schenkte euch mit Seinem Tod das Leben.
Meine väterliche ewige Dreifaltigkeit, Meine unendliche und ewige Vorsehung war darum besorgt, den Menschen neu zu bekleiden, der das Gewand der Unschuld verloren hatte und, aller guten Kraft entblösst, auf der Pilgerschaft vor Hunger und Kälte zugrunde ging. Allem Elend war er verfallen, das Tor des Himmels war verschlossen und jegliche Hoffnung dahin, die ihm – falls er sich daran hätte halten können – grosse Erquickung im Leben geboten hätte; doch sie mangelte ihm, und so fand er sich in grosser Trübsal. Ich aber, höchste Vorsehung, half diesem Mangel ab: Ich gab euch das Gewand, nicht gezwungen durch eure Gerechtigkeit und Tugend, sondern einzig aus Güte und durch die Vermittlung des sanften und liebreichen Wortes, Meines eingeborenen Sohnes. Er kleidete euch neu mit Unschuld und Gnade, indem Er sich Selber des Lebens beraubte. Diese Unschuld und Gnade empfangt ihr in der Taufe. Dann habe Ich den Menschen auch erwärmt, indem Mein eingeborener Sohn euch durch die geöffneten Wunden Seines Leibes das Feuer Meiner Liebe offenbarte, das unter der Asche eurer Menschheit verborgen war. Und weshalb sollte all dies das erkaltete Herz des Menschen nicht erwärmen, falls er nicht bereits so verstockt und von der Eigensucht verblendet ist, dass er nicht wahrnimmt, wie unsäglich er von Mir geliebt wird?
Meine Vorsehung versah ihn ferner mit Speise, um ihn, solange er hienieden pilgert und wandert, zu stärken. Davon sprach Ich dir schon. Und Ich habe seine Feinde geschwächt, so dass keiner ihm schaden kann, ausser er sich selbst. Die Strasse ist im Blut Meiner Wahrheit gehärtet, damit er zum Ziel gelangen kann, für das Ich ihn erschuf. Und was ist das für eine Speise? Der Leib und das Blut des gekreuzigten Christus, ganz Gott und ganz Mensch, Speise der Engel und des Lebens, die jeden Schmachtenden sättigt, der sich an diesem Brot erlabt, nicht aber einen, der nicht danach hungert, denn die Speise will mit dem Munde heiligen Verlangens empfangen und in Liebe genossen werden. Du siehst also, dass Meine Vorsehung auch dafür gesorgt hat, ihm Stärkung zu verschaffen.

Zudem schenkte Ich ihm den Trost der Hoffnung, wenn er im Licht des heiligsten Glaubens den für ihn entrichteten Blutpreis betrachtet, der ihm feste Hoffnung und Heilsgewissheit schenkt. Durch die Schmach des Gekreuzigten wird ihm seine Ehre zurückgegeben, ihm, der Mich mit allen Gliedern seines Leibes beleidigt, während Christus, Mein gebenedeiter süsser Sohn, in Seinem ganzen Leib grösste Qualen erlitt und mit Seiner Folgsamkeit eure Unfolgsamkeit hinwegnahm. Durch diese Folgsamkeit seid ihr alle zur Gnade gelangt, wie ihr durch die Unfolgsamkeit allesamt in Schuld gerietet.
Das hat euch Meine Vorsehung gewährt, die von Anfang der Welt bis auf den heutigen Tag vorgesorgt hat und weiterhin bis ans Ende für die Bedürfnisse und das Heil des Menschen auf vielfältige Weise vorsorgen wird, je nachdem Ich, gerechter und wahrer Arzt, es für eure Gebrechen als nötig erachte, und ob einer nun in die volle Gesundheit zurückversetzt oder darin erhalten werden muss. Meine Vorsehung wird keinem ermangeln, der sie annehmen will und unverbrüchlich auf Mich hofft. Und wer das tut, der klopft und ruft Mich wahrhaftig nicht bloss mit Worten, sondern liebend und im Licht des heiligsten Glaubens: er wird Mich in Meiner Vorsehung spüren. Nicht aber jene, die bloss anklopfen und mit Wortgetön zu Mir rufen: Herr, Herr! Ich sage Dir: bitten sie Mich nicht mit anderer Kraft, so werde Ich sie nicht im Erbarmen, sondern in Gerechtigkeit erkennen.
Du weisst, Hoffnung lässt sich nicht auf zwei entgegengesetzte Dinge richten. Das wollte euch Meine Wahrheit im heiligen Evangelium lehren, als sie sprach: *Keiner kann zwei Herren dienen, denn wenn er dem einen dient, wird er den andern missachten*[1]. Dienen lässt sich nicht ohne Hoffnung, denn der Knecht dient in der Hoffnung, dem Herrn zu gefallen, oder in der Hoffnung auf den Erlös und Nutzen, der ihm daraus zufällt. Dem Feinde seines Herrn würde er auf keinen Fall dienen; er könnte ja solchen Dienst nicht ohne Hoffnung versehen und sähe sich dann entgleiten, was er vom eigenen Herrn erwartet hat. So, liebes Kind, ergeht es auch der Seele: entweder dient sie Mir und hofft auf Mich, oder sie dient der Welt, setzt ihre Zuversicht auf sie und auf sich selber. Die Seele aber, die vollkommen auf Mich hofft und Mir mit ihrem ganzen Herzen

[1] Lk 16,13

und Liebesvermögen dient, wird alsogleich und notwendigerweise jedes Hoffen auf sich selbst und die Welt aufgeben müssen, auf die die eigene Gebrechlichkeit vertraut. Diese wahre und echte Hoffnung ist mehr oder weniger vollkommen, je nach der Vollkommenheit, mit der die Seele Mich liebt. Aber den Vollkommenen wie den Unvollkommenen wird Meine Vorsehung in keiner Weise fehlen, sofern sie sich nicht überheben und nicht auf sich selber vertrauen. Und weil solche Überheblichkeit und Hoffnung auf sich selbst der Eigensucht entstammt, trüben sie das Geistesauge, indem sie dem Verstand das Licht des heiligsten Glaubens entziehen. Daher fehlt auch das Licht der Einsicht, und Meine Vorsehung bleibt unverstanden. Nicht als ob der Mensch sie nicht erführe, denn es gibt keinen, weder Gerechten noch Sünder, der nicht in Meiner Vorsehung stünde, weil doch jegliches Ding von Meiner Güte geschaffen wurde, ausser der Sünde, die nicht ist. Die Menschen werden also von Meiner Vorsehung beschenkt, begreifen sie jedoch nicht, weil sie sie nicht kennen und in ihrer Unkenntnis nicht lieben; darum bringt sie ihnen keine Gnadenfrucht. Sie sehen alles verdreht, wo alles gerade ist, und wie Blinden ist ihnen Licht Finsternis und Finsternis Licht, und da sie ihre Hoffnung und ihren Dienst in die Finsternis gesetzt haben, verfallen sie in Murren und Ungeduld.

Wie mögen sie bloss solche Toren sein? O liebes Kind, wie mögen sie glauben, dass Ich, höchste ewige Güte, etwas anderes wollen könnte als ihr Bestes, sogar in den geringfügigen Dingen, die Ich täglich zu ihrem Heile zulasse, wenn sie in den grossen Dingen erfahren, dass Ich damit nichts anderes als ihre Heiligung will? Der törichte Mensch sieht nicht, dass Meine Vorsehung von jeher für die Welt im allgemeinen wie für jeden Einzelnen gemäss seinem Stand gesorgt hat. Und weil keiner in diesem Leben sesshaft ist, sondern sich unablässig mit der Zeit wandelt, bis er seinen endgültigen Zustand erreicht hat, darum versehe Ich ihn jeweils mit dem, was er der Zeit entsprechend braucht.

PROF. DR. FERDINAND HOLBÖCK

Gottes Nordlicht

Die hl. Birgitta von Schweden und ihre Offenbarungen

348 Seiten, 24 Fotos, davon 8 farbig, 15 x 21 cm, DM 28,–/Fr. 25.–

Durch die Offenbarungen, die Birgitta von Schweden als charismatisch begnadete Frau empfing und im Auftrag Christi niederschrieb, wurde sie zur grossen, prophetischen Mahnerin in einem durch Krieg und Niedergang zerrissenen Abendland. Ihre Sprache ist hinreissend, ihre Bilder und Vergleiche sind von visionärer Kraft, der Inhalt ihrer Offenbarungen von bestürzender Aktualität.

DR. LISL GUTWENGER

Pater Leopold Mandić

112 Seiten, 12 Fotos, DM 9,80/Fr. 8.–

Pater Leopold Mandić, von Papst Johannes Paul II. am 16. Oktober 1983 heiliggesprochen, der grosse Beichtvater von Padua, liebte seine Beichtkinder wie ein guter Vater seine Söhne und Töchter. In Scharen strömten ihm die Menschen zu. Ausgestattet mit dem Charisma der Herzensschau, nannte er den Beichtenden oft vergessene Sünden, löste ihre seelischen Probleme und half den Notleidenden mit seinem Rat, der sich sehr oft als inspiriert erwies, und der Kraft seines Gebetes. In seinem unerschütterlichen Vertrauen auf Gott wirkte er viele Wunder, und die Zahl unfassbarer Gebetserhörungen reisst bis heute nicht ab.

AMÉDÉE BRUNOT

Licht vom Tabor

Mirjam – die kleine Araberin

10 000 Exemplare, 172 Seiten, 8 Bildtafeln, Paperback, DM 16,50/Fr. 15.–

Das Leben dieser Landsmännin Jesu und Mariens ist ein grosses Geschenk an die Kirche, weil hier eine Heiligkeit aufleuchtet, die blendet, wie die Apostel auf dem Tabor geblendet wurden. Mirjam machte einerseits ausserordentliche Prüfungen durch, sie litt zeitweise sogar unter schrecklicher dämonischer Besessenheit; andererseits besass sie alle Charismen, alle Gaben des Geistes wie Ekstasen, Levitationen, Stigmen, Erscheinungen, Prophetien, Kenntnis verborgener Dinge, Bilokation. Mirjam ist ein Licht vom Tabor, das unsere unheilige und dunkle Welt an den Vater der Lichter und an die Verklärung des Auferstandenen erinnert.

CHRISTIANA-VERLAG CH-8260 STEIN AM RHEIN

PROF. DR. MAX THÜRKAUF

Christuswärts

Auflage: 10 000, 144 Seiten, DM 12,–/Fr. 11.–

Mit der ganzen Leidenschaft des Forschers fragt Thürkauf wieder nach dem Was und dem Wer, nach dem Sinn des Ganzen; er entdeckt die Schönheit der Schöpfung und die kausalen Zusammenhänge. So gelingt es ihm in diesem Buch, denen, die an Gott glauben, jene Argumente zu liefern, die sie in einer verblendeten Welt so dringend brauchen, und hilft, die Naturwissenschaft wieder zu einem Weg zu machen, der zu Gott führt. Max Thürkauf wird mit «Christuswärts» die junge Generation wieder für Gott begeistern, der allein unserem Leben Sinn und Richtung gibt. «Thürkauf sollte und könnte der Führer einer neuen akademischen Jugend ‹Christuswärts› werden.» Prof. Georg Siegmund

P. EBERHARD MOSSMAIER

P. Anizet Koplin

79 Seiten, farbiger Umschlag, 12 Fotos, DM/Fr. 6.80

P. Anizet Koplin, der Vater der Armen von Warschau, ein stadtbekanntes Original, wurde im KZ Auschwitz mit ungelöschtem Kalk überschüttet und bei lebendigem Leib verbrannt. Ein Märtyrerschicksal unserer Zeit, ein hinreissendes Beispiel der Liebe zu Christus und seiner Kirche.

P. GERHARD HERMES

Herrlichkeit der Gnade

208 Seiten, Paperback, DM 17,50/Fr. 16.–

Man kann ohne Bedenken sagen: Dieses Buch ist notwendig zu dieser Stunde. Wie viele sind es wohl, die noch um die radikale Trennungslinie zwischen Licht und Finsternis, Leben und Tod, Gnade und Sünde wissen? Grössere Nähe oder Ferne zu Gott bei den einzelnen, diese Vorstellung akzeptiert man, aber nicht die Wahrheit, dass zwischen der Gnade Gottes und dem Zorn Gottes ein unendlicher Abgrund klafft. Und doch liegt alles daran, dass diejenigen, die sich nach Christus nennen, «aus Seiner Fülle empfangen, Gnade über Gnade». Von den Wundern, von der Herrlichkeit der göttlichen Gnade spricht der Autor, der in sechsjähriger Kriegsgefangenschaft unter den Sowjets die Gnadenlosigkeit der Gottesfinsternis am eigenen Leib erfuhr. Er spricht davon mit theologischer Gründlichkeit, aber nicht in wissenschaftlicher Kühle, sondern herzhaft mit den christlichen Mystikern und Heiligen, immer auch in Tuchfühlung mit unserer Zeit, ihren Ängsten und Gefährdungen, und in der Auseinandersetzung mit den nivellierenden Absichten einer «neuen» Theologie.

CHRISTIANA VERLAG CH-8260 STEIN AM RHEIN